中日
共同犯罪比较研究

二十一世纪第二次（总第八次）

中日刑事法学术研讨会文集

马克昌 莫洪宪 主编

全国优秀出版社
武汉大学出版社

图书在版编目(CIP)数据

中日共同犯罪比较研究/马克昌,莫洪宪主编.—武汉:武汉大学出版社,2003.9

ISBN 7-307-04043-3

Ⅰ.中…　Ⅱ.①马…②莫…　Ⅲ.共同犯罪—比较法学—中国、日本　Ⅳ.D924.114

中国版本图书馆CIP数据核字(2003)第081591号

责任编辑:郭园园　　责任校对:黄添生　　版式设计:支　笛

出版发行:**武汉大学出版社**　(430072　武昌　珞珈山)

(电子邮件:wdp4@whu.edu.cn　网址:www.wdp.whu.edu.cn)

印刷:武汉市科普教育印刷厂

开本:850×1168　1/32　印张:10.125　字数:261千字

版次:2003年9月第1版　　2003年9月第1次印刷

ISBN 7-307-04043-3/D·544　　定价:16.00元

目录

序 …………………………………………… **马克昌** 1
共犯的分类 ……………………………………… **西田典之** 1
一、共犯的分类 …………………………………………… 1
二、共犯的基础——共犯的处罚根据和因果性 ……………… 4
三、共犯的从属性 ………………………………………… 7
四、共犯论的特色 ………………………………………… 9
论共同犯罪的若干问题——以共犯为中心 ………… **林亚刚** 12
一、共犯的分类标准 ……………………………………… 12
二、我国刑法中共犯的理解 ……………………………… 16
共同过失与共犯 ………………………………… **张明楷** 31
一、史论 …………………………………………………… 31
二、释论 …………………………………………………… 35
三、判例论 ………………………………………………… 41
四、立法论 ………………………………………………… 45
五、结论 …………………………………………………… 47
共同过失与共犯 ………………………………… **佐久间修** 50
一、前言——过失犯论与共犯论的交错 ………………… 50
二、过失共同正犯的意义和界限 ………………………… 53
三、共同过失与从属的共犯 ……………………………… 61
四、结果加重犯的共犯 …………………………………… 67
五、结语——组织过失中的共同过失 …………………… 70
间接正犯 ………………………………………… **高桥则夫** 72

一、引言 …………………………………………………………… 72
二、间接正犯的正犯性 ……………………………………………… 73
三、间接正犯的类型 ………………………………………………… 77
四、间接正犯实行的着手时间 ……………………………………… 82
五、间接正犯与教唆犯之间的错误 ………………………………… 84
六、间接正犯及其防卫 ……………………………………………… 86
间接正犯：以中国的立法与司法为视角 …………… 陈兴良 89
一、引言：从案例开始 ……………………………………………… 89
二、间接正犯的概念 ………………………………………………… 90
三、间接正犯的性质 ………………………………………………… 95
四、间接正犯的形式 ………………………………………………… 99
五、间接正犯的认定………………………………………………… 101
六、结语：以案例结束……………………………………………… 108
共犯与身份问题研究——以职务犯罪为视角……… 赵秉志 109
一、问题的提出……………………………………………………… 109
二、身份之界说……………………………………………………… 112
三、共犯之比较……………………………………………………… 116
四、共犯与身份关系之辨正………………………………………… 121
五、余论……………………………………………………………… 132
日本刑法中的“共犯与身份”………………………… 山口厚 134
一、“共犯与身份”规定的特色 …………………………………… 134
二、身份的概念……………………………………………………… 136
三、无身份者对有身份者的加功…………………………………… 139
四、身份者对于无身份者的加功…………………………………… 143
有组织犯罪的概念……………………………………… 川本哲郎 145
一、有组织犯罪的定义……………………………………………… 145
二、有组织犯罪的现状……………………………………………… 147
三、有组织犯罪的犯罪原因………………………………………… 156
四、结语……………………………………………………………… 157

有组织犯罪之概念分析……………………………… **莫洪宪** 159
一、中国有组织犯罪概念的变迁………………………………… 159
二、各国和地区对有组织犯罪的刑事立法……………………… 166
三、我国有组织犯罪概念之论争………………………………… 172
有组织犯罪之对策研究……………………………… **贾　宇** 177
一、预防有组织犯罪的社会政策………………………………… 178
二、预防有组织犯罪的刑事法律对策…………………………… 183
有组织犯罪的对策 ……………………………… **三浦守** 192
一、有组织犯罪对策的现状……………………………………… 192
二、有组织犯罪对策的三个法律（概论）……………………… 194
三、处罚有组织犯罪以及对犯罪收益进行规制等的法律
……………………………………………………………………… 195
四、为侦查犯罪而监听通信的法律……………………………… 201
五、部分修改《刑事诉讼法》的法律…………………………… 206
日本学者眼中的中国刑事诉讼法………………… **田口守一** 208
一、绪论…………………………………………………………… 208
二、对犯罪嫌疑人的侦查和犯罪嫌疑人的沉默权……………… 209
三、侦查阶段中的犯罪嫌疑人的辩护制度……………………… 212
四、证据排除法则的范围………………………………………… 216
五、当事人主义的审判构造的意义……………………………… 218
六、结束语………………………………………………………… 221
21世纪第2次（总第8次）中日刑事法学术研讨会实录 … 224
21世纪第2次（总第8次）中日刑事法学术研讨会
开幕式致辞 ………………………………………… **吴俊培等** 227
共犯的分类研讨述评——以中日刑法的比较为中心
……………………………………………………… **何荣功** 237
一、关于“放风”行为的法律性质……………………………… 237
二、关于“教唆犯”的刑事责任………………………………… 241
三、关于“教唆未遂”的司法认定……………………………… 242
四、关于“教唆犯中实行过限”的处罚原则…………………… 245

五、关于“组织犯”与“共谋共同正犯”的优越比较…… 248
共同过失与共犯研讨综述…………………………… 叶小琴 251
一、共同犯罪理论的价值……………………………………… 254
二、承认过失共同正犯的理论挑战………………………… 255
三、犯罪共同说与中国过失共同犯罪的立法取向………… 256
四、过失共同犯罪的存在范围……………………………… 257
五、过失共同犯罪的意思联络……………………………… 257
六、过失共同犯罪的共同注意义务………………………… 258
七、结果加重犯与共犯……………………………………… 258
八、“组织性过失”的犯罪成立要件……………………… 259
间接正犯研讨综述…………………………………… 赵　慧 261
共犯与身份研讨综述………………………………… 杜国强 268
一、关于身份的概念………………………………………… 268
二、关于共同犯罪与身份的关系…………………………… 269
三、与会代表共同研讨……………………………………… 272
有组织犯罪的概念研讨综述………………………… 王明星 274
一、有组织犯罪的定义之争………………………………… 274
二、有组织犯罪的范围界定………………………………… 276
三、有组织犯罪人数的标准………………………………… 278
有组织犯罪的对策研讨综述………………………… 张　勇 280
大会讨论记录………………………………………… 叶小琴 284
一、共犯的分类……………………………………………… 284
二、共同过失与共犯………………………………………… 286
三、间接正犯………………………………………………… 291
四、共犯与身份……………………………………………… 297
五、有组织犯罪的概念……………………………………… 301
六、有组织犯罪的对策……………………………………… 306
研讨会总结发言……………………………………… 高铭暄 311
闭幕式致辞…………………………………………… 西原春夫 314

序

21 世纪第 2 次（总第 8 次）中日刑事法学术研讨会 2002 年 10月 12 日至 14 日在武汉大学人文馆召开。讨论会的主题为“共同犯罪”（含有组织犯罪），下分六个题目，即共犯的分类、共同过失与共犯、间接正犯、共犯与身份、有组织犯罪的概念和有组织犯罪的对策。每一题目由中、日学者各写一篇论文，亦即每一题目都有两篇论文。论文事前印刷成册，送与会者阅读，以便有所准备。每次论文会上，先由两位作者做内容概要的报告，报告完毕，互相提问和回答。随后由其他与会者提问、评论或补充，彼此进行讨论。由于论文报告精练，时间比较充分，研讨得以展开。会上与会者发言踊跃，气氛热烈；质疑辩难，屡闪思想火花；唇枪舌剑，引致讨论深入，从而形成浓厚的学术空气。与会者深有感触地说：“这是一次真正的学术讨论会”，并认为中日刑事法学的互相交流，对促进双方的学术研究确实很有帮助。

为了使更多的学人能够从中受益，特依惯例将会上报告的十二篇论文和为武汉市中级人民法院所做的关于刑事诉讼法的报告汇集成书出版，本书就是这些论文和报告的文集。因为认识到讨论的重要性，事前安排一些研究生作好记录，并让他们分别对每一题目的讨论写出综述，将讨论情况如实反映出来。出于让更多学人受益的考虑，特设“21 世纪第二次（总第八次）中日刑事法讨论实录”，于其下收录开幕式致辞、各个题目研讨综述、大会总结发言与闭幕式致辞，一并付梓，使未曾莅会的读者读之，能有如同与会的感受。

本书的出版，得到武汉大学出版社的大力支持，于此表示衷心的感谢。张凌同志、黎宏同志对日本学者论文的译文，认真进行核校，付出辛勤劳动，这里一并深致谢意。为了编辑出版，我们作过不少努力，失误之处，恐仍难避免，诚望读者批评指正。

武汉大学法学院刑法学教授

中日刑事法律研究中心顾问　马克昌

2003年3月

共犯的分类

文：西田典之[①]
译：金 光 旭[②]

一、共犯的分类

（一）共犯规定的内容

日本刑法中有关共犯的规定有如下几条：

第60条“二人以上共同实行犯罪的，皆为正犯。”

第61条“1. 教唆他人实行犯罪的，处正犯的刑罚。2. 教唆教唆犯的，依前款论处。”

第62条“1. 帮助正犯的，是从犯。2. 教唆从犯的，处以从犯的刑罚。”

第63条“从犯的刑罚，比照正犯的刑罚减轻。”

第64条“仅应处拘留或科料之罪的教唆犯及从犯，如果没有特别规定，不予处罚。”

第65条“1. 参与由于犯人身份而构成的犯罪行为的，不具有身份的人，也是共犯。2. 因身份致刑罚有轻重时，对不具有

① 西田典之，日本东京大学教授。

② 金光旭，成蹊大学副教授。

身份的人判处通常的刑罚。”

（二）共犯规定的意义

刑法典为了覆盖复数犯罪参与者，从第 60 条至第 63 条规定了共同正犯、教唆犯、帮助犯（从犯）三种参与形态。首先，“二人以上共同实行犯罪的”是共同正犯，参与人作为共同实现犯罪的“正犯”受处罚（第 60 条）。其次，“教唆他人实行犯罪的”，即，促使他人产生犯意实行犯罪的人是教唆犯，对其“处正犯的刑罚”，即，在正犯相同的法定刑范围内加以处罚（第 61 条）。再次，“帮助正犯的”，即，援助已有犯意的人实行犯罪的人，是帮助犯，对其在正犯法定刑必要减轻后的范围内加以处罚（第 62 条第 1 款、第 63 条）。

第 64 条规定，法定刑仅是拘留或科料的轻罪，原则上对该罪的教唆犯及从犯不予处罚。例如，对刑法第 231 条的侮辱罪，其教唆犯和从犯不得处罚。但如有特别规定，则仍可处罚。如处罚轻微犯罪的《轻犯罪法》的法定刑虽然也仅是拘留或科料，但该法第 3 条规定，教唆或帮助他人实行轻犯罪的，也与正犯一样加以处罚。

第 65 条关于共犯与身份的规定是中国刑法没有的。犯罪中，犯罪主体要求具备一定身份的叫身份犯。例如，受贿罪（第 197 条）的主体须具备公务员的身份，常习赌博罪（第 186 条）的主体须具备赌博惯犯的身份。日本通说又把身份犯区分为两类，一类是具备一定身份进行犯罪方可成立的类型，这种叫真正身份犯或构成身份犯；另一类是因具备一定身份刑罚被加重或减轻的类型，这种叫不真正身份犯或加减身份犯。按通说的观点，第 65 条第 1 款规定的是构成身份的连带效果，而第 65 条第 2 款规定的是加减身份的个别效果。例如，受贿罪是构成身份犯，因此，没有公务员身份的人参与该罪时，依第 65 条第 1 款，作为该罪的共同正犯、教唆犯、帮助犯进行处罚。而常习赌博罪为加减身份犯，因此，非赌博惯犯实行赌博时，依照第65条第2款的规定，正犯构成常习赌博罪，而教唆只构成较轻的单纯赌博罪（第185条）的教唆犯。后种场合，应该说是对罪名从属原则，即对第61条规定的对教唆犯适用与正犯同一条文、罪名原则的一种修正。那么，为什么要对该罪名从属原则加以修正呢？对此论说不一，在此予以省略。

（三）共犯规定的必要性——必要共犯与任意共犯

刑法分则中，有的犯罪类型当初就预定有复数的人参与，例如内乱罪（第77条），骚乱罪（第106条），重婚罪（第184条），受贿、行贿罪（第197条、第198条）等。这种犯罪类型本身就预定有复数参与者，被称为必要共犯。这类犯罪的参与者受到处罚。但分则中有些犯罪类型，虽然当初就可预想到有当然的参与者，却没有规定像受贿、行贿罪之类的处罚条文。例如，猥亵物贩卖罪（第175条），没有猥亵物的购买人，该罪就不可能成立。但刑法典对购买人却未设处罚规定，对此存在两种解释的可能。一种解释为，对购买人可按刑法总则有关共犯的规定，比如作为教唆犯加以处罚；另一种解释为，既然对当然可以预想到的犯罪参与者未设处罚规定，说明了立法者的意思是对该种行为不予处罚。在日本，后一种解释为通说、判例的观点，被称为立法者意思说。

除必要共犯以外，分则的犯罪类型原则上规定的是单独犯的既遂类型。例如，第199条（杀人罪）中的“杀人者”，第236条第1款（强盗罪）中的“以暴行或胁迫手段强取他人财物者”都是指单独行为人的杀人或强盗。但实际发生的案件中，通过复数人共同参与、共同协作来实现犯罪的情况屡见不鲜。而且，从犯罪实现的确实性来讲，应说这种共同行为带来的危险性更高。因为，复数人的存在，客观上使犯罪更有组织地完成，主观上使行为人的意志相互受到约束，不易放弃犯罪意图。

然而，如上所述，刑法分则的规定预定的是单独犯的场合，因此，这些规定无法适用于上述共同行为。比如，甲教唆乙杀害丙，或甲提供凶器给乙帮助杀害丙时，“杀人者”是乙，甲的行为不符合“杀人者”这一构成要件。因此，为了在这类场合下仍能处罚甲的行为，有必要另设第61条、第62条的规定。甲和乙在意志互有串通的情况下，甲用手枪胁迫丙，乙从丙夺取财物时，甲、乙共同完成了强盗罪。但如把甲、乙行为分别来看的话，他们的行为仅分别构成胁迫罪（第222条）和盗窃罪（第235条）。在这种场合，为了对甲、乙都按强盗罪处罚，有必要另设第60条的规定。

正是基于以上理由，刑法典在第11章“共犯”中，设置了一般性规定以适用于分则的基本构成要件无法处罚的犯罪参与行为（这种共犯比照上述的“必要共犯”被称为“任意共犯”）。这些总则规定，是对分则的基本构成要件的修正，因此，被称为构成要件的修正形式；同时，这些总则规定把处罚范围从分则的单独犯扩张到共犯，因此被称为刑罚的扩张事由。

围绕这些共犯规定的议论不胜枚举，以致共犯论被比喻为刑法学中的迷宫。在此，笔者仅就其中的基本观点加以介绍。

二、共犯的基础——共犯的处罚根据和因果性

共犯（复数的犯罪参与人）处罚根据何在？对此大概有如下三种不同的观点：1. 第一种观点认为，共犯之所以被处罚是因为，与自己或他人的行为所引起的法益侵害或法益侵害的危险之间存在因果性。这种观点叫因果共犯论。2. 第二种观点认为，使他人堕落，使他人受到刑罚才是处罚共犯的根据所在。这种观点叫责任共犯论。3. 第三种观点认为，引发他人实行符合构成要件且违法的行为，才是处罚共犯的根据。但是，如果依2、3

的观点，那么现在一般被解释为不可予以处罚的必要共犯的事例，将都要受到处罚，这显然是不合理的。例如，如上所述，购买猥亵文书的人，一般被解释为不可处罚。但这种场合，既然卖者的行为符合猥亵文书贩卖罪的构成要件要受到处罚，则按照2、3的观点，很难找到对买者不予处罚的理由。更重要的是，刑法的任务在于保护法益，共犯处罚也是法益保护的一个环节，因此，应该说第一种观点即因果共犯论最为妥当。

如果采纳因果共犯论的观点，那么还需要对以下两个问题进一步加以探讨。第一，在何种范围内承认共犯行为（参与行为）和正犯行为的结果之间存在因果性，特别是帮助犯的因果关系范围如何。第二，该因果性是否和单独犯的场合一样，也以条件关系的存在为前提。

首先，对第二个问题加以探讨。按通说的观点，单独犯的场合，因果关系须以条件关系的存在为前提，即，若无该行为，则该具体结果不会发生。但共犯的场合，应该说，没有必要要求存在这种条件关系。否则，像如下场合的犯罪参与人的行为将无法处罚。例如，乙为甲侵入丙宅实行盗窃进行望风，而甲的行为未受任何阻碍就顺利完成的场合，即使没有乙的参与，也会发生相同结果，所以不存在条件关系。当然，不能排斥因乙的参与使甲的既遂时期有所提前的可能。但，即便承认构成要件的结果指的是具体结果而非抽象结果，则拿上述场合下的微弱差异来否定结果的具体性也颇为勉强。因此，应该说，共犯行为和正犯结果之间的因果关系，没有必要要求存在“若无共犯行为，则无正犯结果”这种条件关系，只要共犯行为在客观上、心理上促使正犯结果容易发生，便可以肯定存在因果关系。

下面对第一个问题进行探讨。采纳因果共犯论的观点，至少以存在心理上的因果性为其处罚共犯的前提。对此，坚持共犯场合也应和单独犯一样要求存在条件关系的观点则主张，帮助犯可按危险犯理解。例如，乙知道甲的扒窃后主动为其望风，而甲却不知道乙为其望风的场合，上述主张认为，虽然乙的望风未给甲实行犯罪带来影响，但乙的放风提高了甲犯罪成功的机会（危险性），所以，对乙可以作为盗窃既遂的帮助犯处罚。但是，这种把共犯行为视为危险犯的观点是不妥的。高等法院的判例（东京高等法院判决 1990 年 2 月 21 日判例タイムス（时报）第 733 号 23 项）也未必采纳这种观点。该判决的认定事实如下：乙知道甲计划在地下室用手枪杀害丙的事实之后，怕枪声传到外面，进行了望风。但甲改变了计划，在车内枪杀丙。对此，东京高等法院作出了如下判断：乙的行为是否构成帮助，要看甲的犯罪意志是否因乙的行为而得到了维持或强化，当甲未认识到乙的望风行为时，乙的行为不可能构成帮助犯。

然而，即便对共犯的因果性持上述观点，在因果性的认定上仍存在许多问题。但共犯场合，因为不得不肯定心理上的因果性（犯罪意志的引发、强化），所以，在因果性存在与否的认定上可能产生不明确的问题。例如，对要去杀人的人说一句“好好干”，就有可能被作为杀人帮助犯处罚。因为，不能排除这种鼓动行为通过强化正犯（实行犯）的犯罪意志，和杀人结果之间存在着因果性。但是，如果连这种场合都加以处罚的话，那么，将其逻辑延伸，甚至可能出现连不揭发犯罪也作为共犯加以处罚的情况。出于以上考虑，在认定共犯因果性的问题上，在明确认定参与行为和结果之间的物理的、心理的关系的基础上，虽然不要求该参与行为左右了结果的存在和形态，但至少必须促进或者使该结果容易发生。在这一点上，日本判例的态度应该说是慎重而妥当的。例如，为计划实施强盗的人提供鞋帽的行为，判例认为若不能证明该行为使强盗变得更为容易，则不构成帮助犯（大审院判决 1915 年 8 月 25 日，刑录第 21 辑第 1249 页）。

又如赌博场开张之际为祝财气撒盐的行为，判例认为该行为并不能使赌博图利行为变得更为容易，所以不构成帮助犯（名古屋地方法院判决 1958 年 8 月 27 日第一审刑集第 1 卷第 8 号第

1288 页)。

三、共犯的从属性

(一) 实行从属性

实行从属性的问题是指，甲虽然教唆了乙去盗窃，乙却没有决意犯罪或虽决意但未着手实行犯罪时，可否对甲按盗窃教唆的未遂处罚的问题。在这一点上，因为日本刑法没有中国刑法第29条第2款那样的明文规定，所以需要通过解释来解决。

首先，在这一问题上存在着两种相互对立的观点。(实行)独立说认为，教唆的未遂可以处罚。与此相反，(实行)从属说认为，至少正犯的未遂成立时教唆犯才可成立，教唆的未遂虽可存在，但教唆的未遂不能处罚。这一问题是新派和旧派学派之争的最大的争点。独立说从其社会防卫论、犯罪征表说的立场出发，主张教唆的未遂应该处罚。依该观点，共犯之所以被处罚，并不是借用正犯的可罚性，而是因为与犯罪结果之间存在因果性，故共犯具有独自的犯罪性。因此，既然教唆行为带来了行为人的危险性，那么，不必等待正犯的实行行为，就可对教唆的未遂按刑法第43条未遂犯的规定加以处罚。确实，如果把共犯的处罚根据放在共犯行为和正犯结果之间的因果性上，那么不能否定教唆行为引起了发生结果的抽象危险。但是，在如何解释正犯的实行行为着手时期，即未遂犯的成立时期的问题上，应当坚持客观说的立场。即必须要求开始实施符合构成要件的行为的部分或开始具有侵害法益的具体危险的发生。如果站在该客观说的立场上，那么，对教唆犯的处罚当然也应要求正犯着手实行行为带来的结果发生的具体危险。

其次，刑法第44条规定“处罚未遂的情形，在各本条中加以规定”。所以，刑法分则里没有规定的，不得处罚未遂犯。既然教唆行为本身不能解释为分则各条中的构成要件行为，那么，作为第43条、第44条的文理解释，教唆的未遂不得处罚，应说是当然的结论。

再次，正如有些从属说者所指出的那样，“防止破坏活动法”第38条、第39条，取缔爆破物罚则第4条等中，存在着独立教唆罪（只要教唆了犯罪即可处罚的规定），由此也可以看出，作为现行刑法的解释，采纳独立说是不妥的。如果教唆的未遂可以一般性地加以处罚，那么上述特别规定应说是完全多余的。

所以，现在日本的通说、判例的立场是不处罚教唆未遂，即采纳从属说。

其实质性的根据在于，从慎重处罚未遂的观点出发，认为对“着手实行犯罪”的解释应要求有结果发生的具体危险存在。其形式的根据在于，现行法在文理解释上难以对教唆的未遂解释为可罚。基于这种实质论和形式论，现在从属说为通说的立场。

（二）犯罪共同说和行为共同说

所谓共犯，“共同”的是什么呢？对此，日本自古就有争论。如果仅从第60条至第63条的字面上去理解，那么，最朴实的理解恐怕是，共犯只能构成同一犯罪。依这种见解，共犯是对他人犯罪的参与，或是为实现同一犯罪的心理统一体的形成。所以，这种观点被称为犯罪共同说、罪名从属说。依这种见解，1．当甲教唆乙伤害丙，而乙却杀害丙时，因为乙构成杀人罪，所以，甲的罪名也按罪名从属原则应定为杀人教唆，但在科刑上，可依照第38条第2款的规定，即“行为符合重罪，但行为时并不知道符合重罪这一事实的，不得按重罪处断”，按伤害致死罪的教唆处理（完全犯罪共同说）。2．关于共犯和身份，例如，甲教唆乙犯业务上侵占罪时，只要正犯是身份犯，那么，按照第65条第1款的规定，共犯的罪名也只能是业务上侵占罪（第253条）的共犯，只不过在科刑时可依第65条第2款的规定处通常的单纯侵占罪（第252条）的刑罚。与以上见解相对立的是行为共同说、事实共同说。即认为，共犯不过是犯罪实行方法的一个类型而已。依这种见解，犯罪参与者的罪名的同一性或共通的犯罪意志的存在并非共犯成立的绝对条件。因为这种观点认为，共犯是为了实现自己的犯罪，通过利用他人来扩张自己行为的因果影响范围的行为。依这种理解，上述1的场合，甲是伤害致死罪的教唆犯；2的场合，甲按与其身份相应的犯罪的教唆犯，即单纯侵占罪的教唆犯来处罚。然而，以上两种观点的对立现在可以说基本消失了。其原因在于部分犯罪共同说的抬头。依该说的主张，只要构成有重叠，在该重叠的范围内，不同的罪名间的共犯也可成立。但是，如果坚持因果共犯论的立场，即主张共犯的处罚根据在于共犯行为与正犯结果间的因果关系，那么，从理论上讲，应该说行为共同说更为妥当。

四、共犯论的特色

（一）过失犯的共犯

对过失犯承不承认共犯，也是和上述争议有关的问题。在这一点上，日本刑法中没有像中国刑法第25条第2款那样的明文否定的规定，所以，这一问题也需通过解释来加以解决。以往判例的主流是否定说，但战后情况却有变化。最高法院于1953年对甲购货物、乙销售的威士忌里含有毒物，造成消费者死亡的案件，判定甲乙构成过失贩卖有毒饮食品罪的共同正犯（最高法院判决1953年1月23日，载于“刑事判例集”第7卷第1号30页）。以此为契机，过失共同正犯肯定说在下级审判例中也已成定论。学说中原来从犯罪共同说的立场出发否定过失共犯的观点曾占支配地位。即认为，共犯的实质在于犯罪“意志”的共存，而过失犯的实质在于对犯罪结果的“无意识”。既然如此，对过失犯不可能承认共犯。针对这种观点，行为共同说认为，只要行为、因果关系共同存在，那么对过失犯也可肯定共犯。但是，即使从行为共同说的观点出发，在理论上也否认存在过失教唆、过失帮助，只承认过失共同正犯的观点也是占主导地位的。另外，持犯罪共同说的观点也开始改变了立场，认为过失犯也存在违反客观注意义务的危险行为，即实行行为，当存在共同进行该实行行为的意志和事实时，便可以肯定过失共同正犯。所以，现在过失共同正犯肯定说占支配地位。

如是，现在日本的通说和判例的立场是肯定过失犯的共同正犯，而否定过失教唆犯和过失帮助犯。例如，当甲和乙为了修理房屋共同从房顶抛下拆卸的房檐瓦，该瓦块击中过路人丙造成其死亡，而无法判明甲乙谁的瓦块击中丙的场合，甲乙将作为业务上过失致死罪的共同正犯受处罚。相反，当甲不注意把手枪放在桌子上，而乙使用该枪杀害丙时，对甲不能按过失杀人帮助犯加以处罚。

(二) 共谋共同正犯

针对刑法第 60 条共同正犯的要件是否要求行为人分担实行行为，即，符合基本构成要件行为的一部分，判例和学说之间曾有过尖锐的对立。以往的通说以二人以上共同实行犯罪的这一文理为根据，认为共同正犯是指分担实行行为全部或一部分的人，帮助犯（从犯）是指通过实行行为以外的行为来帮助正犯的人(形式的实行行为共同正犯论)。依这种见解，为侵入他人住宅盗窃望风的行为，一律不得以共同正犯论处。

形式说的最大优点在于，共同正犯的处罚范围、共同正犯和帮助犯的区别非常明确。但是，按照这种形式上的区别，很难根据犯罪参与人的当罚性给予相应的处罚。例如，当犯罪是有组织地进行的场合，对幕后策划犯罪或下达命令的首谋者，或者虽未亲自实行犯罪但发挥重要作用的人，即使没有实行行为，但仍应按共同正犯而不是按帮助犯加以处罚。共谋共同正犯论正是出于这种考虑，对未分担实行行为的人页肯定共同正犯的成立。判例早从1882年旧刑法时代起就一贯肯定共谋共同正犯。为这一结论首次提供理论根据的是共同意思主体说。这一理论认为，犯罪参与人之间，通过共谋形成了超越于自然人之上的共同意思主体，其结果，参与人一人的实行行为就是共同意思主体的实行行为。因此，参与人全体皆为共同正犯。然而，这一理论在承认超个人的团体责任的问题上遭到了批判。而且，按这种见解，所有共犯都作为共同正犯，没有必要区分教唆犯或帮助犯。因此，现在有力的见解是，对实行行为的概念加以实质性理解，通过把支配他人行为的人解释为实行人（行为支配说），来肯定共谋共同正犯。通过这一理论，就可以将上述犯罪集团中的主谋作为共同正犯处罚。但该行为支配论却无法解决下述场合的问题。例如，当甲和乙共谋销售假名牌商品后，甲来制造假名牌商品，乙将其销售给丙时，甲虽未实行诈骗罪的实行行为，但却处于和乙对等的立场为犯罪的实现发挥了重要的作用。在这种情况下，如果对甲也要按共同正犯处罚的话，靠行为支配论的说明显然是不够的。基于此，现在有的意见主张，除首谋者以外，对处于对等立场的犯罪参与人也应肯定共同正犯，此时标准应是其在犯罪的实现中发挥的重要作用。

论共同犯罪的若干问题
——以共犯为中心

林 亚 刚①

一、共犯的分类标准

“共犯”一词并非我国刑法及刑法理论的术语，而是德、日等大陆法系刑法及其理论上的术语。在德、日等大陆法系刑法及其理论中，共犯是共同犯罪人的一种称谓，理论上有广义与狭义的共犯概念。广义的共犯包括我国刑法中的主犯、从犯、胁从犯、教唆犯。而在德、日刑法及其理论中，则为正犯（共同正犯)、从犯、教唆犯，但其从犯仅是指实施帮助行为的帮助犯。狭义的共犯包括我国刑法中起辅助（帮助）作用的从犯、胁从犯、教唆犯。由于实施实行行为之人，在我国刑法中既可为主犯，也可为从犯，所以是与德日刑法理论中的“正犯”相对应的概念。由此也可以看出我国刑法对共同犯罪人分类标准与他国的区别。

对共同犯罪中各共同犯罪人如何进行分类，理论和立法例

---

① 林亚刚，男，武汉大学法学院教授，法学博士，中国刑法学研究会理事。

上，如果从标准的同一性考察，主要有三种分类法：一是分工分类法，即以共犯在共同犯罪中的分工为标准对共犯的身份予以分类，按照这种分类，共犯分为：正犯（包括共同正犯）、教唆犯、帮助犯。正犯为实施构成要件行为之人；帮助正犯实施犯罪的为帮助犯；教唆他人犯罪的为教唆犯。二是作用分类法，即以对共同犯罪的实施和完成的作用大小为标准，对共犯的身份予以分类，按照这种标准，共犯分为正犯与从犯。在这种分类标准下，即使从犯实施属于构成要件的行为，只要对于完成犯罪不起支配作用，仍然属于从犯。三是混合分类法。即以共同犯罪人在共同犯罪中的作用为主要标准，同时兼顾在共同犯罪中的分工为补充来确定共犯的地位与身份。按照这种分类标准，一般将共犯分为正犯（实行犯）、从犯（帮助犯）、教唆犯，有的还划分出组织犯一类。①

我国刑法对于共犯的分类，学者们一般认为采纳的是混合分类法，即对于共犯，根据作用分为主犯、从犯、胁从犯；同时在共犯中考虑到分工单独划分出教唆犯。② 同时，在理论上对于共犯中实施具体实行行为的行为人，在主犯中划分出包括实施犯罪构成要件具体行为的实行犯、组织犯；从犯中划分出包括实施次要实行行为的（次要作用的从犯）和实施帮助行为的（辅助作用的从犯）两种情况；至于教唆犯，在构成共同犯罪的情况下，则是根据教唆的具体情况归入主犯或者从犯之中。

对于我国目前刑法对于共犯的分类，理论界有学者不赞同分工分类标准，以及我国刑法以混合分类标准划分和区别共犯，认为只有根据“作用”这一标准的分类法，才是科学的分类法。论

① 参见马克昌主编：《犯罪通论》，武汉大学出版社 1999 年版，第 537 页。

② 参见高铭暄主编：《新中国刑法学研究综述》，河南人民出版社 1986 年版，第 358 页。

者认为，共同犯罪虽然由其行为的分工而使行为形式呈现出一定的复杂性，但共同犯罪行为是因具有共同故意的内在联系而组成一个行为整体，所以，组织的行为也好，实行的行为也好，还是帮助的行为也好，它们在一个共同的行为整体内有机联系而不可分割。不同行为形式，不同行为程度，只能表明犯罪人在共同犯罪中所起的不同作用，行为的不同作用则与不同的刑事责任紧密联系在一起，分工分类法在此是无能为力的。犯罪的性质是由具体犯罪构成的标准加以解决的，它与行为人的多寡，行为人在共同犯罪中的分工形式不发生内在联系，因此，分工分类法无法起到定性的作用。而混合分类法不恰当地引入分工分类法，这两种分类方法是互相排斥的，不能混合调和，同一个标准只能得出一个统一的结论，否则不科学。同时还认为，教唆犯没有自己独立的品格，因其刑事责任不是主犯就是从犯，没有自己的独立地位，因此教唆犯在我国刑法中不是共犯的独立种类。①

通说的观点认为，主犯、从犯、胁从犯是按作用分类的基本种类，而教唆犯则是按分工分类的特殊种类。我国刑法虽然按分工分类只规定教唆犯，但共同犯罪中教唆犯是以实行犯存在为条件的。没有实行犯犯罪，就没有作为共同犯罪人的教唆犯。在司法实践中，认定共犯行为的社会危害性程度时，一般是先以分工来看是属于实行犯、帮助犯，还是教唆犯、组织犯，然后再分析在共同犯罪中所起的作用大小，即是主犯，还是从犯或胁从犯的，由此，在刑法理论上可将我国刑法中的共犯分为两类：第一类，以分工为标准分为组织犯、实行犯、帮助犯、教唆犯；第二类，以作用为标准分为主犯、从犯、胁从犯。这样可以使共同犯罪人的分类在我国刑法理论上更趋于完善，同时又便于司法实践

① 参见杨兴培：《论共同犯罪人的分类依据与立法完善》，载《法律科学》1996 年第 5 期；张明楷：《教唆犯不是共犯人中的独立种类》，载《法学研究》1986 年第 3 期。

解决共同犯罪人的定罪量刑问题。不过，以分工为标准的分类，除教唆犯外，组织犯、实行犯、帮助犯都不是法定的共犯的种类。①

我认为，我国刑法对共犯的分类标准，的确存在不同一的问题，但是，其是否科学，正如学者指出的：在于这两种分类法是否能够结合，两者内容上是否相互排斥，如果不存在这种现象，那么，两者结合的分类是可行的。② 因此，是否具有科学性就在于是哪种分类能够满足对于共犯的定罪量刑问题。

我们知道，分工分类法将共犯分为正犯（实行犯）、组织犯、帮助犯和教唆犯，可以很好地解决共犯在共同犯罪中的法律性质而确定对其的定罪问题。例如，对组织犯、共谋而没有实施实行行为的共同实行犯，之所以对其可以判处实行犯的刑罚，在于对其法律性质界定为实行犯（正犯）。但是分工分类法，却不能圆满地解决其刑事责任的程度问题。因为共犯刑事责任的轻重，主要取决于其行为对社会危害的程度，而这只能通过考察共犯在共同犯罪中的作用才能确定。而作用分类标准，是将共犯分为主犯、从犯、胁从犯，虽可以恰当地确定共犯在共同犯罪中的刑事责任的程度，但是，却不可能准确地说明共犯在共同犯罪中行为的法律性质，如主犯和从犯都可以实施或者不实施实行行为，如果仅仅实施组织行为，或者共谋行为，而没有实施实行行为的，如果不从组织行为、共谋行为的法律性质着手，就确定他应当承担主犯或者从犯的刑事责任，在理论上是无法圆满地予以解释的。

不同的观点认为："共同犯罪的定罪问题是通过犯罪的故意

① 参见马克昌主编：《犯罪通论》，武汉大学出版社 1999 年版，第 540～541 页。

② 参见陈兴良：《共同犯罪论》，中国社会科学出版社 1992 年版，第 185 页。

内容和犯罪的行为内容这个将两者有机结合为一体的犯罪构成标准解决的。事实上，先有共同犯罪事实的存在，才有共同犯罪人的认定问题，先有共同犯罪的行为性质的确定，才有共同犯罪人的刑事责任的承担。既然共同犯罪人的多寡并不影响犯罪性质的认定，那么将如何定罪纳入到共同犯罪人的分类依据中就显得毫无必要。所以作用分类法的目的明确，依据充足，应当成为共同犯罪人的正确分类依据。"①

上述分析不能说没有一定的道理，但是，对共犯人的认定问题，如果认为仅仅属于共同犯罪后的问题，则是不全面的。例如，对于参与共谋而没有实施实行行为的，如果我们不根据分工的标准仅仅考虑参与共谋行为是否具有实行犯（正犯）的法律性质，则根本无法认定该犯罪是否属于共同犯罪，何谈对其应当认定为主犯或者从犯？显然"先有共同犯罪事实的存在，才有共同犯罪人的认定问题"的结论是值得商榷的。实际上，采取混合分类标准的并不仅仅是我国刑法，例如，日本刑法在根据分工将共犯分为正犯、从犯和教唆犯的同时，又根据共犯在共同犯罪中的作用为标准，对教唆犯规定：教唆他人实行犯罪的，处正犯的刑罚，即规定在教唆实行犯罪情况下的教唆犯是正犯；教唆从犯的，处从犯的刑罚，即教唆帮助正犯实行犯罪情况下的教唆犯为从犯，也是采取的混合分类标准。德国刑法亦采用类似的做法。因此，我们认为，单独采用一种分类标准，是不能圆满解决共犯的定罪量刑问题的。

二、我国刑法中共犯的理解

在我国刑法中，所谓的"共犯"是指"共同犯罪人"，立法

---

① 参见杨兴培：《论共同犯罪人的分类依据与立法完善》，载《法律科学》1996年第5期。

将共同犯罪人分为主犯、从犯、胁从犯和教唆犯，并没有类似德日刑法中正犯（共同正犯）的概念，不过，由于理论上实行犯即正犯，因此在我国刑法理论上，也经常使用“正犯”一语，如“间接正犯”，① 这是因为司法实践中同样存在需要对共同犯罪中的实行犯、共同实行犯等认定主、从以确定刑事责任的问题。但是，有区别的是，在大陆法系理论中，其共犯的概念是狭义的，是涉及正犯与共犯的区别而在立法中设计的“共犯”概念，即为正犯（包括共同正犯）与教唆犯、从犯的区别而提出的。而根据我国刑法的规定，虽然教唆犯和胁从犯实施的是非实行行为，而主犯与从犯都存在实施实行行为的情况。根据我国刑法的规定，这里“共犯”为广义上的，即是指“共同犯罪人”，由此，共犯包括主犯、从犯、胁从犯和教唆犯。

（一）主犯范围的理解

刑法第 26 条规定：“组织、领导犯罪集团进行犯罪活动的或者在共同犯罪中起主要作用的，是主犯。”第 97 条规定：“本法所称首要分子，是指在犯罪集团或者聚众犯罪中起组织、策划、指挥作用的犯罪分子。”根据上述规定，我国理论上对于主犯的范围和种类有不同的认识。第一种观点认为，主犯分为三种具体的犯罪人，即在集团犯罪和属于共同犯罪的聚众犯罪中的首要分子，以及在集团犯罪和其他形式共同犯罪中起主要作用的犯罪人。② 第二种观点认为，主犯分为两种，即在集团犯罪中的首要分子和在集团犯罪以及一般共同犯罪中起主要作用的犯罪人。由

---

① 马克昌主编：《犯罪通论》，武汉大学出版社 1999 年版，第 479 页；高铭暄、马克昌主编：《刑法学》（上编），中国法制出版社 1999 年版，第 290 页。

② 参见陈兴良：《共同犯罪论》，中国社会科学出版社 1992 年版，第 191～192 页。

于聚众犯罪在刑法中属于必要共同犯罪的情况，是直接按照刑法分则的规定予以处罚的，其首要分子可以是主犯，也可能不属于主犯。而刑法总则规定的主犯是任意共同犯罪中的，因此，聚众犯罪中的首要分子是否属于主犯，应当是按照“在共同犯罪中起主要作用”来认定。所以，聚众犯罪中的首要分子不是当然的主犯。①

对于集团犯罪中被评价为首要分子的犯罪人，应当是主犯，这在理论上没有争议，但对于聚众犯罪中的首要分子是否属于主犯以及聚众犯罪中的首要分子与主犯是何种关系？这些问题将直接影响到聚众犯罪中的首要分子是否应当按照主犯追究刑事责任的问题。

显然，上述两种观点对于聚众犯罪中的首要分子的认识，应当说有一致之处，即属于共同犯罪的聚众犯罪中的首要分子是主犯。之所以对主犯范围认识不一，分歧在于对聚众犯罪是否属于“必要共同犯罪”性质有不同认识，并由此而导致作为主犯的首要分子在聚众犯罪中应当以什么标准认定，但我认为后一问题并不是分歧的焦点。

聚集至少三人以上不特定的人参与犯罪活动，是聚众犯罪的特点之一。然而，参与违法犯罪活动的人，是否都应当视为“共犯”？这应当是梳理不同认识的前提。

首先，我认为，刑法第 97 条对首要分子的立法解释，其精神在于解释首要分子范围，而不是对作为主犯的首要分子的解释，所以，第 97 条应当是一种提示性的规定。从这一点而言，第二种观点的认识是正确的。聚众犯罪在我国立法中有三种规定：一是将聚众犯罪作为构成犯罪的客观条件或者从重处罚的必要条件之一。例如，刑法第 237 条强制猥亵、侮辱妇女罪第 2 款

① 参见马克昌主编：《犯罪通论》，武汉大学出版社 1999 年版，第 565～566 页。

规定："聚众或者在公共场所当众犯前款罪的，处……"其"聚众"是处罚条件；第309条扰乱法庭秩序罪规定："聚众哄闹、冲击法庭，或者殴打司法工作人员，严重扰乱法庭秩序的，处……"第315条破坏监管秩序罪第1款第3项规定："聚众闹事，扰乱正常监管秩序的"。在这些犯罪中，"聚众"则是构成犯罪的必要条件。二是以"聚众"为首要分子和其他积极参加者构成犯罪的必要条件，如刑法第268条聚众哄抢罪规定："聚众哄抢公私财物，数额较大或者有其他严重情节的，对首要分子和积极参加的，处……"第290条聚众扰乱社会秩序罪第1款规定："聚众扰乱社会秩序，情节严重，致使工作、生产、营业和教学、科研无法进行，造成严重损失的，对首要分子，处……对其他积极参加的，处……"在这些犯罪中，如果首要分子和其他积极参加者，不是以"聚众"方式实施行为，则不构成犯罪。三是以"聚众"为首要分子构成犯罪的必要条件，如第242条聚众阻碍解救被收买的妇女、儿童罪第2款规定："聚众阻碍国家机关工作人员解救被收买的妇女、儿童的首要分子，处……其他参与者使用暴力、威胁方法的，依照前款① 的规定处罚。"在这种犯罪中，是否以"聚众"方式实施阻碍国家机关工作人员解救被收买的妇女、儿童，只是首要分子构成犯罪的条件，换言之，也是罪与非罪的界限。因为，根据法律规定其他参加者如果不是以暴力、威胁方法阻碍解救被收买的妇女、儿童的，则根据刑法第452条第3款所列附件二，适用《关于严惩拐卖、绑架妇女、儿童的犯罪分子的决定》中行政处罚的规定予以行政处罚；反之，如果使用暴力、威胁方法阻碍构成犯罪，则为妨害公务罪。

比较上述规定，显然前二种立法的规定是作为犯罪成立的条件或者处罚条件的，必须或者可以是"聚众"方式，且符合规定

① 即根据刑法第242条第1款规定，按照第277条妨害公务罪定罪处罚。

的参与者都构成犯罪，因而，这种情况下的“聚众犯罪”是以必要共同犯罪形式出现的，其中的首要分子无疑可以是主犯。而后一种立法的规定，由于参与者并不一定都构成犯罪，还不能说参与者都是“共犯”，首要分子是主犯。因为，在参与者不构成犯罪的情况下，其首要分子显然只是“首要分子”而已，并不是主犯。只有根据法律规定，在参与者的行为构成犯罪的情况下，才与首要分子构成共同犯罪，其首要分子才可以是主犯。当然在这种情况下，即使参与者与首要分子构成犯罪的罪名不同，也不影响“聚众犯罪”，仍然属于“必要共同犯罪”的性质。由此可以看出，如果认为所有“聚众犯罪”都是必要共同犯罪，则是不确切的。

其次，在属于共同犯罪的聚众犯罪中，首要分子应当以何种标准认定为主犯，在上述不同认识中，第一种观点持的是起“组织、领导”作用为标准，这是根据刑法第97条规定所得的结论。而第二种观点则认为是起“主要作用”，以刑法总则第26条规定为标准。我认为，共同犯罪中实施组织、领导行为的，当然在共同犯罪中是起“主要作用”，同时，根据我国刑法的规定，在共同犯罪中起“主要作用”的是主犯，从这一点而言，两种观点都没有错误。但是，就刑法总则所规定的起“主要作用”的精神而言，是指实行行为的情况。而“聚众犯罪”只是在分则中有规定，即“聚众”行为应为实行行为而不属于非实行行为。如前所述，刑法第97条是对首要分子范围的界定，不是对于主犯的认定标准，何况，即使是“聚众犯罪”也不都是“共同犯罪”，因此，以第97条作为认定首要分子为主犯的标准，至少是不准确的，应当以“在共同犯罪中起主要作用”作为首要分子是否主犯的标准比较科学。

基于上述认识，我认为我国刑法中的主犯的范围，以第二种观点的认识为宜。

（二）从犯作用的理解

刑法第 27 条规定："在共同犯罪中起次要或者辅助作用的，是从犯。"根据上述规定，我国理论上将从犯划分为：在共同犯罪中起次要作用的从犯和起辅助作用的从犯两类。在共同犯罪中，从犯是相对于同案主犯而存在的，他们在共同犯罪中不是犯罪的主要实施者，而是起到帮助或促成共同犯罪实施之人。从犯在犯罪集团和一般共同犯罪中都可能存在。

所谓在共同犯罪中起次要作用，理论上一般认为是指直接参与了实行犯罪的实行行为，但对于犯罪的预谋、实施和完成起次要作用，行为不是后果发生的直接原因。因此，对于这种从犯，理论上一般称为"次要的实行犯"。① 它相对于同案主要的实行犯而言，虽然其实施了实行行为，但衡量其所起的作用，仍属于次要的。所谓在共同犯罪中起辅助作用，一般就是指为实施共同犯罪提供方便，创造有利条件的行为。如提供工具，窥探被害人行踪，指点对象、地点和路线，提出实施的时间、方法、建议，传递有关犯罪的消息，事先应允帮助窝藏其他共同犯罪人及其赃物，销赃、转移赃物等。起辅助作用的行为在实践中是多种多样的，但理论上一般认为，辅助作用的行为都不是直接参加犯罪的实行，换言之，起辅助作用的行为都不属于刑法分则规定的犯罪构成要件的实行行为，即非实行行为，因此，起辅助作用的从犯与作为实行犯的主犯和从犯的区别，就在于是否实施分则规定的实行行为。

在共同犯罪中，实施次要作用的实行犯是从犯，在理论上没

---

① 参见马克昌主编：《犯罪通论》，武汉大学出版社 1999 年版，第 571 页；叶高峰主编：《共同犯罪理论及其运用》，河南人民出版社 1990 年版，第 152 页；陈兴良：《共同犯罪论》，中国社会科学出版社 1992 年版，第 218 页。

有争议，但实施帮助行为是否只能成立从犯还有不同的认识。前述对于帮助犯认为是从犯的观点，可以说属于通说的认识。① 对此，也有学者持不同看法，认为帮助犯不一定都是从犯，有的帮助犯可能就是主犯。因为“帮助”和“辅助”不同，辅助行为在共同犯罪中是起次要作用，但实施帮助行为的有时恰恰能起主要作用，是主犯。②

在汉语中，“辅助”和“帮助”是同义词，③ 因此，从汉语的词义上是无法探讨清楚的。我认为，从分工角度看“帮助犯”的行为，只是为实行犯罪创造条件，而不直接实施实行行为，这样的帮助行为无疑不能起“主要作用”，所以，不可能成立主犯。但是，如果从行为“作用”的标准看，对犯罪实施起到帮助作用的行为，就不仅是非实行行为，有的情况下，实行行为也属于“帮助”性质。诚然，即使是帮助性质的实行行为，有的情况下也只能评价为是起到次要作用，但未必不可能起主要作用。例如，在抢劫犯罪中在旁边站脚助威的行为，是实施抢劫罪的“胁迫”的方法行为，属于实行行为，虽属实行行为，但从“作用”看，却无疑只能评价为在抢劫犯罪中，对非法占有他人财物的行为而言，起到的是帮助作用。

问题探讨到这里可以发现，事实上刑法规定的对于起“次要作用”和“辅助作用”的从犯，是从“作用”的角度对从犯进行分类的，而理论上对起“次要作用”的实行犯和“辅助作用”的帮助犯的分类，采取的是以“分工”为标准而并不是以“作用”

---

① 参见高铭暄、马克昌主编：《刑法学》，北京大学出版社、高等教育出版社 2000 年版，第 179 页；陈兴良：《共同犯罪论》，中国社会科学出版社 1992 年版，第 218～219 页等。

② 参见梁世伟：《刑法学教程》，南京大学出版社 1987 年版，第 210 页。

③ 参见《辞海》(缩印本)，上海辞书出版社 2000 年版，第 1626 页。

为标准。上述第二种观点，如果从理论上分类的“帮助犯”的概念予以考察，由于只能实施非实行行为，所以，是不可能起“主要作用”而成立主犯的；但如果从刑法规定的“作用”标准看，“帮助作用”的行为，未必不能起“主要作用”。因此，从不同视角看问题得到的结论是不同的。

例如，甲企图强奸乙女，丙女基于共同故意在甲没有实施强行的性行为前，欺骗乙女服用了麻醉品（属于我国刑法规定的强奸罪中的“其他手段”行为），使甲的强奸行为得逞。那么，丙女实施“帮助”性质的实行行为能否评价为主犯的行为？其行为虽然是起帮助性质的实行行为，但就丙女在本案中的作用而言，也应当承担主犯的责任，即对丙女只能以共同实行犯的强奸罪既遂论处，而不能作为单独犯处罚。① 基于上述认识，我认为从行为形式看，非实行行为的帮助犯的行为，是不可能成立主犯的，但如果从“作用”为标准的意义上看，不能认为“帮助”性质的实行行为不能在共同犯罪中起“主要作用”而成立主犯。

（三）胁从犯性质的理解

我国刑法第 28 条规定：“对于被胁迫参加犯罪的，应当按照他的犯罪情节减轻处罚或者免除处罚。”所以，胁从犯就是被胁迫参加共同犯罪的人。被胁迫参加犯罪，是指在精神上受到一定程度的威逼或强制，被迫参与共同犯罪，但因为行为人并没有完全丧失意志自由，因此，应当承担相应的刑事责任。实践中被认

① 强奸罪属于双重实行行为，是由手段行为和目的行为两部分构成，两种行为都具有实行行为的性质，只有手段行为的实施，并不能认为是完成犯罪，只有在实施目的行为，并达到一定程度或发生法定结果，才可能发生犯罪既遂形态。在上述案件中的丙女，仅仅实行了手段行为，并没有实行目的行为，如果不认为是共同实行犯，则丙女的行为即使说是实行行为，但因为缺乏目的行为，作为犯罪既遂论处在理论上也是解释不通的。

定为胁从犯的，主要是受主犯的威逼、恐吓而被迫参加共同犯罪。对于胁从犯的认定来说，其主观上是不自愿的这一点，我国理论上是没有争议的。但如何理解共同犯罪中的胁从犯，却有不同的看法。

一种观点认为，胁从犯的行为只能实施起“辅助作用”的帮助行为，而不能是实行行为。① 另一种观点认为，胁从犯的行为被胁迫实施的是次要实行行为和辅助行为。② 还有学者指出，认为胁从犯只能实施帮助行为的观点，是没有法律依据的。刑法规定的“被胁迫参加犯罪”，当然是指参加共同犯罪，而共同犯罪行为的形式包括实行行为和帮助行为，无论实施实行行为还是帮助行为，都属于参加犯罪，因此，不能认为胁从犯的行为只限于帮助行为。③ 我认为后一观点的认识是正确的，因为在胁从犯的规定中，不能得出只能实施帮助行为的结论。

此外，还有学者认为，胁从犯不应成立独立的共犯种类，提出“胁从犯是被胁迫而参加犯罪的人，而被胁迫参与犯罪这一事实是否充分说明了胁从犯在共同犯罪中所起的作用？胁从犯在共同犯罪中所起的作用是否必然小于主犯和从犯”这样的疑问，以及胁从犯向主犯或从犯转化是不成立的这样的结论。④

对于胁从犯的认定，是否仅仅依据是被胁迫参与共同犯罪这一点？可以说属于通说的观点认为，作为我国刑法中共犯人身危

---

① 参见张尚鷟：《中华人民共和国刑法概论》（总则部分），法律出版社 1983 年版，第 196 页；转引自陈兴良：《共同犯罪论》，中国社会科学出版社 1992 年版，第 237 页。

② 叶高峰主编：《共同犯罪理论及其运用》，河南人民出版社 1990 年版，第 166 页。

③ 参见陈兴良：《共同犯罪论》，中国社会科学出版社 1992 年版，第 237 页。

④ 刘骁军、刘培峰：《论胁从犯的几个问题》，载《中国刑事法杂志》2000 年第 4 期。

险性最小的共犯，其参与犯罪对社会的实际危害程度，也是认定其是否成立胁从犯的依据。即使是被胁迫参加了犯罪，但参与后其心态发生变化，从不自愿参与犯罪而变化为自觉自愿参加犯罪时，则不能再为胁从犯，因其参加犯罪行为的主动性，而使参与犯罪的原因不能再作为认定胁从犯的标准，或应成立从犯，或应成立主犯。① 我认为，通说观点在此只是表明受胁迫而参与犯罪仅仅是能够成立胁从犯的原因，并不是只要是因为该原因参与犯罪的就一定成立胁从犯，因为成立胁从犯不仅是被胁迫参与犯罪，还必须是在共同犯罪中起到的被迫而“胁从”犯罪的作用。当然，不可否认的是，立法在此并没有能够明确胁从犯不能只因被胁迫的原因而成立。从这一点而言，上述观点的第一点疑问不是没有道理的。但论者还认为：“犯罪人在共同犯罪中所起的作用不是片面的、阶段性的非确定结论，它是对犯罪人在整个犯罪过程中表现的全面总结和概括，无论理论或实践上，都不存在犯罪之始或者犯罪第一阶段的主犯而犯罪后一阶段的从犯，因而胁从犯对主犯或从犯的‘转化’难以自圆其说；再者，既然主犯、从犯、胁从犯的排列顺序已经限定了胁从犯在共同犯罪中的作用，那么，只要构成胁从犯，其作用就自然小于主犯和从犯，不存在构成胁从犯后，还要考察其作用的问题，否则，岂不是对作用的重复考察……既然胁从犯并不反映其在共同犯罪中的作用，胁从犯在实践中可能与主犯、从犯相融合，那么，它便没有独立性，就不是与主犯、从犯相并列的一类独立共同犯罪人……”②

① 参见高铭暄主编：《刑法学原理》第二卷，中国人民大学出版社1993年版，第479～480页；马克昌主编：《犯罪通论》，武汉大学出版社1999年版，第576～577页；苏惠渔主编：《刑法学》，中国政法大学出版社1994年版，第229页；张明楷：《刑法学》（上），法律出版社1997年版，第300～301页。

② 刘骁军、刘培峰：《论胁从犯的几个问题》，载《中国刑事法杂志》2000年第4期。

论者对共犯人在共同犯罪中作用的考察的观点，无疑是正确的，但是，其结论性的认识，我认为是对通说观点的理解有误所致。实际上，之所以认定成立胁从犯，是已经对共犯人参与犯罪的原因和在犯罪中所起作用综合考察之后的结论，并不存在首先认定是胁从犯再考察其在犯罪中作用的问题。论者显然误解了在认定参与犯罪原因后，再考察其在共同犯罪中作用，以确定是否成立胁从犯，与是否成立主犯或从犯是同一问题的两个方面，并不是相矛盾的。正确的认识应当是：被胁迫参加犯罪之人，既存在成立胁从犯的可能性，也存在成立主犯或从犯的可能性。通说观点中根本不存在成立胁从犯后再考察其作用“转化”为主犯或从犯之内容。如前所述，正是因为主动参与犯罪与被动参与犯罪的主观恶性不同，参与犯罪后与具有主动性的从犯在犯罪中的作用不同，因此，在共犯人中划分出“胁从犯”，以示对共犯人区别对待，是符合我国刑事政策精神的。

（四）教唆犯性质的理解

刑法第 29 条规定：“教唆他人犯罪的，应当按照他在共同犯罪中所起的作用处罚。”“如果被教唆的人没有犯被教唆的罪，对于教唆犯，可以从轻或者减轻处罚。”上述的立法规定，通常并不认为是教唆犯的定义。理论上一般认为教唆犯是指使用威逼、诱骗、怂恿、授意等方法故意引起他人实行犯罪决意的人。更简洁的也有表述为：故意唆使他人实行犯罪的人。由于教唆犯的分类是根据分工为标准的惟一的共犯种类，因此，在我国理论上对教唆犯尚有较多的问题没有取得共识。

如前所述，教唆犯是否应当视为共犯在理论上颇有争论，①

---

① 参见杨兴培：《论共同犯罪人的分类依据与立法完善》，载《法律科学》1996 年第 5 期；张明楷：《教唆犯不是共犯人中的独立种类》，载《法学研究》1986 年第 3 期。

也有学者为此而提出立法应设立独立的教唆罪的必要性。① 而这一问题，首先涉及的是对教唆犯的性质应当如何理解，如从这一角度看，则与立法上如何规定教唆犯有着直接的关系。在德日等大陆法系刑法中，该问题所涉及的是关于共犯从属性与独立性的争论，其教唆犯的定义，有的从从属性立场，有的则从独立性立场。② 但是，值得注意的是，就现代刑法理论而言，其从属性或者独立性的争论，已经不再涉及有无的问题，而是实行犯（正犯）的行为达到何种程度，教唆犯的行为具有犯罪性和可罚性。我国学者对此的观点虽然也各异，③ 但就德日等大陆法系刑法关于共犯从属性和独立性的基本理论观点而言，能为我们提供正确认识教唆犯性质的理论根据。

共犯从属性的理论认为，共同犯罪是数人犯一罪，即数人对一个犯罪实事予以加功而成立之犯罪，所以，共犯关系只存在于一个特定犯罪事实的范围内才能予以确认。共同犯罪人中对结果发生为原因者是正犯，为条件者是教唆犯（包括从犯）。由于教唆行为依附于实行行为之上，所以，正犯的犯罪性与可罚性，决定了教唆犯的犯罪性与可罚性，教唆犯因而不具有独立的犯罪性与可罚性。而共犯独立性理论认为，犯罪是个人主观恶性的征表，成立共同犯罪应以行为本身是否共同为条件，所以，即使实行的犯罪行为不同，也可以成立共犯。而且，共犯关系不以具有同一的犯意为必要，只在共同犯罪事实内论其共同犯罪责任。因此，共犯不论是直接实施实行行为的，还是对犯罪实行起帮助作

① 卢勤忠：《论教唆罪的设立》，载《现代法学》1996 年第 6 期；李向荣：《浅析教唆犯罪的立法缺陷》，载《人民检察》1999 年第 9 期。

② 参见魏智彬：《教唆犯的概念与成立要件问题研究》，载《社会科学研究》2000 年第 3 期。

③ 参见马克昌主编：《犯罪通论》，武汉大学出版社 1999 年版，第 553～555 页。

用，或对犯意产生起倡导的教唆行为，都是行为人自己主观恶性的外在表现，各自具有独立的犯罪性与可罚性，无所谓以加功之说成立共犯。具体到教唆犯，显然是具有独立性的。我们认为，教唆他人犯罪作为一种社会现象，应当如何认识它的性质，是不能脱离一国对其的立法规定抽象地探讨它的性质的。根据我国刑法对教唆犯的规定，学者一般认为成立共同犯罪时教唆犯性质具有“二重性”，① 即在对教唆犯的定罪上，表明的是教唆犯的从属性，处罚则表明了独立性；不成立共同犯罪情况下教唆犯的定罪和处罚，只表明了教唆犯的独立性。② 根据我国立法的规定，我认为上述解释是符合立法精神的。

我国学者们对于共同犯罪的认识，坚持主客观相统一的原则，即共同犯罪是主观上共同犯罪故意和客观上共同犯罪行为的辩证统一。而作为有教唆犯参与的犯罪，教唆犯是否应当为共犯的种类，是在是否成立共同犯罪前提下探讨的问题。有学者认为，教唆犯与被教唆者在所实施的犯罪上，不成立共同犯罪关系的理由是：“没有共同的故意和共同的行为。因为，前者的故意是有意促使被教唆人实施某种犯罪行为，后者的故意是有意实施某种犯罪行为，两个故意的内容是不一样的……就行为而言，二者也是截然不同的，一种是教唆他人犯罪的行为，一种是实施某种犯罪的行为。我们不能因为教唆行为的最终指向目的与被教唆人的行为目的有一致性，而将两种性质完全不同的行为归属为共同的行为。”③ 论者在这里将教唆他人犯罪的行为与被教唆人实

① 参见马克昌主编：《犯罪通论》，武汉大学出版社 1999 年版，第 556 页；陈兴良：《共同犯罪论》，中国社会科学出版社 1992 年版，第 54～56 页。

② 参见马克昌主编：《犯罪通论》，武汉大学出版社 1999 年版，第 556～557 页。

③ 李向荣：《浅析教唆犯罪的立法缺陷》，载《人民检察》1999 年第 9 期。

施的犯罪，认为属于“两种性质完全不同的行为”的理论依据是什么并不清楚，既然教唆行为与被教唆者的行为具有“目的的一致性”，为什么性质不同？就论者的观点而言，将成立共同犯罪的“共同故意”和“共同行为”之内容、作用要求一致才为“共同”的狭隘理解，是不符合我国刑法规定的，更与共同犯罪的基本理论相悖。教唆犯是不愿自己亲自实行某种犯罪，或者由于某种原因不能亲自去实行某种犯罪，而故意地引起他人实行犯罪的意图，唆使他人去实行犯罪。因而，在我国古代刑法中教唆犯被称为“造意犯”，而“造意”一语事实上已经非常准确地将教唆犯教唆他人犯罪和其自身的犯罪性、主观恶性和应受惩罚性作出了最好的诠释。

我国学者主张对教唆犯设立独立罪名的要求，主要的理论观点在于立法对教唆犯① 定罪量刑上具有不科学性，如被教唆者没有犯所教唆之罪，不成立共同犯罪，立法对此规定对教唆犯“可以从轻或者减轻处罚”，但由于没有独立的教唆罪，在按照所教唆之罪处罚时，仍然是将教唆犯作为从属于实行犯的共犯看待；所教唆之罪可以有多种量刑幅度，对教唆犯难以适用；在教唆之罪内容不确定的情况下，如果被教唆者没有犯所教唆之罪时，对教唆犯难以定罪量刑等，因此，主张对教唆犯应当独立规定罪名。② 我认为，学者指出的上述问题的确是存在的，但是，这更主要的是一个如何进一步规范执法的问题。就我国现行刑法的规定而言，共有几百个罪名，所规定的故意犯罪，都存在被教唆而实施的可能性，即使立法上规定了独立的教唆罪，独立教唆罪的法定刑则必须从最轻刑一直规定到最重刑。但即便如此，其法定刑的设置恐怕也无法适应处罚所有可能被教唆实施之罪的要

---

① 这里所说的教唆犯是指具有独立性的教唆犯。

② 参见卢勤忠：《论教唆罪的设立》，载《现代法学》1996 年第 6 期。

求，反而会更远地背离刑法处罚教唆犯的基本精神，同时这样一来会给刑事司法造就更大的自由裁量空间，这样做究竟对法治是否有利，我想是不难得出结论的。

共同过失与共犯

张明楷①

“共同过失犯罪”是刑法理论中的一个复杂问题。按照中国刑法的规定（将共同犯罪限定为故意犯罪）以及汉语的语意，“共同”不只是相同的含义，似乎还具有犯意联络（犯意的共通）的含义；但过失犯的特点，决定了二人以上过失犯罪时缺乏犯意的联络，而实务中又存在需要以共同犯罪处理的情形。可是，由于种种原因，中国刑法理论对共同过失犯罪还缺乏系统、深入的研究。本文主要介绍共同过失犯罪的立法史与学说史、现行法的解释与判例以及立法论，并发表个人浅见。②

一、史论

（一）早在20世纪20年代，中国刑法理论关于是否存在过失的共同犯罪，便存在不同学说。第一种学说为肯定说或积极说。当时主张行为共同说的学者认为，所谓共犯，是指犯罪的成立乃由数人共同加担；至于其加担，则不问其出于故意还是过失，不问其为故意之罪还是过失之罪。凡一犯罪成立，有数人共

① 张明楷，男，清华大学法学院教授。

② 在本文中，“过失共同犯罪”与“共同过失犯罪”是在相同意义上使用的。

同行为时，便成立共犯。惟出于故意者为故意共犯，出于过失者为过失共犯。并且认为，这样处理在学理上与立法上皆无障碍。第二种学说为否定说或消极说。当时主张犯罪共同说的学者认为，共同正犯以双方具有故意的共通为必要，因此，过失犯罪不可能存在共同正犯；过失教唆、帮助他人的行为时，即使他人具有故意之行为的，也不成立过失之教唆犯与帮助犯；故意教唆、帮助他人实施过失犯罪的，也不成立共犯。第三种观点为折中说，认为共犯者，乃数人参与犯罪，不问其意思为故意或过失，因此，以过失行为参与一罪之成立者，应认定为过失的共同正犯；但教唆犯与帮助犯的体样，以因果关系的中断而存在，而他人过失行为的介入，其因果关系便不为之中断。在这种场合，虽然产生间接正犯的体样，却不产生共犯关系。由此可见，折中说认为，存在过失共同正犯，但不存在过失教唆犯与过失帮助犯。①

（二）旧中国刑法关于共同过失犯罪的规定，经历了由全面肯定→部分肯定→全面否定的过程。1912 年的《暂行新刑律》全面肯定过失的共同犯罪。其第 29 条规定："二人以上共同实施犯罪之行为者，皆为正犯，各科其刑。"第 35 条规定："于过失罪有共同过失者，以共犯论。"第 36 条规定："值人故意犯罪之际，因过失而助成其结果者，准过失共同正犯论，但以其罪应论过失者为限。"虽然从第 29 条还不能得出《暂行新刑律》承认过失共同犯罪的结论，但第 35 条与第 36 条明显既承认过失的共同正犯，也承认过失的教唆犯与帮助犯，还承认过失犯与故意犯的共同正犯。当时的学者也作出了这样的解释。如陈文彬指出："依文理解析，应谓暂行律过失犯之规定，对于共同正犯教唆犯从犯均采积极说。"② 1928 年的刑法仅肯定了过失的共同正犯，

---

① 参见郗朝俊：《刑法原理》，商务印书馆 1928 年版，第 263 页。

② 陈文彬：《中国新刑法总论》，商务印书馆 1936 年版，第 187 页。

其第 42 条原则上规定："二人以上共同实施犯罪之行为者，皆为正犯。"第 47 条则规定："二人以上于过失罪有共同过失者，皆为过失正犯。"取消了《暂行新刑律》第 36 条的规定，这便将过失共同犯罪限定为过失共同正犯；"此观之该法法文以'共犯论'、'皆为过失正犯'二语可知之"。① 据此，过失教唆犯与过失帮助犯便不复存在。1935 年的刑法则进一步取消了过失共同正犯的规定。其第 28 条规定："二人以上共同实施犯罪之行为者，皆为正犯。"第 29 条第 1 款规定："教唆他人犯罪者，为教唆犯。"第 30 条第 1 款规定："帮助他人犯罪者，为从犯。虽他人不知帮助之情者，亦同。"再也没有规定过失的共同犯罪。当时的学者认为，1935 年刑法已经否认了过失的共同正犯。如陈文彬指出："新刑法（指 1935 年刑法），不认过失罪的共同正犯，故将旧法（指 1928 年刑法）第 47 条之规定删除。""在新刑法，教唆犯亦无过失犯，故因过失教唆他人犯罪者，不问被教唆者实施犯罪时为故意抑或过失，均不成立过失教唆犯。例如，甲在远山采薪，乙误为猿，教唆丙射杀之，若丙射杀甲时，如系认明为甲，则乙之教唆杀猿行为，与丙之杀甲行为，无教唆被教唆之关系，自不成为教唆犯；若丙亦系误认为猿者，则乙之过失教唆行为，刑法上并无处罚明文，应认为无罪。""从犯无过失犯，因过失帮助他人犯罪，其所犯之罪，虽应论过失，帮助者亦不成立过失从犯。"② 现在，我国台湾学者也认为，1935 年的刑法不承认过失的共同正犯以及过失的教唆犯与帮助犯。③

① 陈文彬：《中国新刑法总论》，商务印书馆 1936 年版，第 187 页。

② 陈文彬：《中国新刑法总论》，商务印书馆 1936 年版，第 181、187、194 页。

③ 参见蔡墩铭：《刑法总则争议问题研究》，台湾五南图书出版公司 1988 年版，第 269 页以下；林山田：《刑法通论》（下册），台湾元照出版公司 1998 年版，第 398 页以下。

（三）为什么存在上述立法变迁呢？1912年的《暂行新刑律》全面肯定过失的共同犯罪，可能是受新派学说的影响。1906年，冈田朝太郎受清朝政府的招聘，来中国协助沈家本从事立法调查、法学教育及近代法典编纂工作。在中国的10年间，冈田朝太郎除了从事教育、咨询和研究工作外，还帮助起草了《大清新刑律草案》。该草案在辛亥革命后，几乎原封不动地被作为1912年的《暂行新刑律》发生法律效力。① 冈田朝太郎的进化主义的刑法观是在批判折中主义刑法学说的过程中展开的，其特征基本上属于新派理论。② 笔者还没有资料证明冈田朝太郎肯定过失的共同正犯、过失的教唆犯与帮助犯，但从学说沿革来看，新派主张行为共同说，并承认过失的共同犯罪。既然冈田朝太郎的刑法学说基本上属于新派理论，大体上应该主张行为共同说，而全面承认过失的共同犯罪，并将这种观点反映到1906年的《大清新刑律草案》中，随后被1912年的《暂行新刑律》采纳。

1928年的刑法之所以仅承认过失的共同正犯，而不承认过失的教唆犯与过失的帮助犯，是因为当时的刑法理论认为，《暂行新刑律》第35条所规定的“于过失罪有共同过失者，以共犯论”，并不明确。因为先有正犯才有共犯，“以共犯论”并不能解决谁为正犯谁为共犯的问题，故不如规定过失共同正犯，对各行为人科处过失罪之刑罚，不使其负他人过失之责任。而《暂行新刑律》第36条的规定，在理论上并不妥当。在一方为故意犯、一方为过失犯的场合，以过失共犯论，更不协调。如果行为人具有过失，自应承担过失责任；如果令行为人对他人故意行为的结果承担责任，则欠公平。所以，1928年的刑法删除了该规定。

---

① 参见李海东主编：《日本刑事法学者》（上），法律出版社、日本成文堂1995年版，第20页。

② 参见［日］小林好信：《冈田朝太郎的刑法理论》，载吉川经夫等：《刑法理论史的综合的研究》，日本评论社1994年版，第185页以下。

结局，1928年的刑法仅承认过失的共同正犯。①

1935年的刑法已经由1912年刑法的新派立场转向于旧派立场。这在共同犯罪的立法上表现得尤其明显。当时之所以连过失的共同正犯也予以否认，是因为完全采取了犯罪共同说。当时的刑法理论认为："数人共同实施构成犯罪事实之行为，其行为为共同正犯行为，其人即共同正犯。共同正犯之行为，相合为一犯罪行为，在意思共通范围内，有利用其他共同正犯人之行为，以达其犯罪目的，故对于其他共同正犯所为行为之全部，应负责任。"② 而过失的共同正犯，并无具有利用他人的行为达到犯罪目的的意思，故1935年的刑法否认了过失的共同正犯。

不难看出，在旧中国，关于过失犯罪与共犯的关系，立法上与理论上都采取了这样的定式：新派→主观主义→行为共同说→承认过失的共同犯罪；旧派→客观主义→犯罪共同说→否认过失的共同犯罪。1912年的《暂行新刑律》与1928年刑法采取了新派的立场，所以承认过失的共同犯罪；1935年的刑法采取了旧派的立场，所以否认过失共同犯罪。

二、释论

新中国的两部刑法均规定："共同犯罪是指二人以上共同故意犯罪。二人以上共同过失犯罪，不以共同犯罪论处；应当负刑事责任的，按照他们所犯的罪分别处罚。"该规定肯定了"共同过失犯罪"的存在，但又不承认它们为共同犯罪，因而只能分别处罚。这在某种程度上避免了理论上的争论，却也阻碍了刑法理论的发展。在这种立法背景之下，作为解释论，刑法理论上存在三种观点：第一是通说，否认过失的共同犯罪；第二是仅承认结

① 参见郗朝俊：《刑法原理》，商务印书馆1928年版，第264页。

② 陈文彬：《中国新刑法总论》，商务印书馆1936年版，第179页。

果加重犯的共犯；第三是认为存在过失的共同正犯、过失的教唆犯与过失的帮助犯，只是不按共同犯罪处罚而已。其中，后两种观点只是极少数学者的主张。

(一) 刑法理论的通说否认过失的共同犯罪，不仅否认过失的教唆犯与帮助犯，而且否认过失的共同正犯，当然也否认结果加重犯的共同犯罪。理由大体如下：第一，共同过失犯罪不具有共同犯罪的本质特征——共同犯罪行为是一个统一的有机整体。因为正是由于二人具有共同犯罪故意，通过互相意思联络，才使各行为人围绕一个共同的犯罪目标而活动，从而才使各个人的行为形成一个不同于个人单独犯罪的行为整体——共同犯罪。而共同过失犯罪，彼此缺乏意思联络，不可能使各个人的行为形成一个互相支持、互相配合的统一体，因而各个行为人只能分别构成过失犯，而不可能是共同犯罪。第二，过失共同犯罪不存在行为人在共同犯罪中所具有的那样的分工和所起的不同作用。只要根据各人的过失犯罪情况论罪科刑就可以，不需要按照共同犯罪的规定来处理。换言之，对于过失的共同正犯，没有必要以共同犯罪论处，分别定罪处罚即可；对于过失的教唆犯、帮助犯则不应视为犯罪。①

通说显然是以现行刑法为基本依据的，但理论上的论证则未必充分：第一，通说并未说明共同犯罪的本质特征的根据。事实上，在没有犯意联络的情况下，各行为人的行为完全可能共同造成法益侵害的结果，但其在主观上却属于过失。第二，认为过失共同犯罪时，各行为人所起的作用相同也是不符合事实的。例如，车主令司机超速行驶因而发生交通事故时，将车主与司机均认定为（过失的）交通肇事罪，但车主与司机的行为方式与所起的作用也并不相同。第三，通说认为，对于过失共同犯罪分别定

---

① 参见马克昌主编：《犯罪通论》，武汉大学出版社 1999 年版，第 519 页；姜伟：《犯罪故意与犯罪过失》，群众出版社 1992 年版，第 428 页。

罪科刑即可，没有必要按共同犯罪处罚，但事实上并非如此。因为在不可能判明各个人的行为与结果之间的因果关系，而各个人又都有义务防止结果发生的情况下，只有认定为共同犯罪，适用部分实行全部责任的原则，才可能定罪量刑，否则就不能分别定罪量刑。

应当承认，现行刑法并没有承认过失的共同犯罪。之所以如此，主要是基于以下原因：

第一，在立法者以及刑法理论看来，刑法规定共同犯罪的原因之一，是共同犯罪比单个人犯罪具有更为严重的社会危害性。因为共同犯罪人可以共同协商、共同谋划，通过共同故意使彼此的行为相互支持，相互配合，从而使数人结成犯罪的整体；在这种情况下，他们互相分工，采用更复杂、更狡猾的犯罪方法，易于作大案要案；在作案后，他们又研讨对策，互相包庇，采用各种手段消灭罪迹，毁灭罪证，逃避侦查。但在过失犯罪的情况下，行为人之间不可能相互利用、相互配合，其犯罪不可能达到故意共同犯罪那样的危害程度，所以，没有必要承认过失的共同犯罪。①

第二，与前一点相联系的是，立法者在刑法中规定共同犯罪的根本目的是为了打击首要分子与主犯；而根据中国的历史传统，认定行为人是否首要分子与主犯，关键因素之一是行为人是否犯罪的提倡者。《唐律》规定："诸共犯罪者，以造意为首，随从者减一等。"所谓"造意"，即指倡首先言。过失犯罪不可能存在造意者，因而也不会存在首要分子与主犯，没有必要对其中的部分犯罪人从重处罚；于是，共同过失犯罪的，分别定罪处罚。在革命根据地时期以及新中国成立之初，对共同犯罪一直采取"首恶必办、胁从不问"的政策；犯罪的指挥者、策划者、主谋

---

① 参见李光灿、马克昌、罗平：《论共同犯罪》，中国政法大学出版社 1987 年版，第 29、39 页。

者、教唆者，即使没有亲手实施犯罪行为，也会受到严厉处罚；反之，即使在客观上造成了重大法益侵害结果，但只要行为人并非自愿而是在被胁迫、被诱骗的情况下犯罪，也会减轻或者免除处罚。在共同犯罪人的分类上，也按照各共犯人在共同犯罪中所起的作用大小，将其划分为主犯、从犯与胁从犯；行为人的主观恶性对于决定其是主犯还是从犯与胁从犯起重要作用；犯罪的组织者、指挥者、策划者均被认定为主犯；采取这一分类的主要目的也是为了重点打击首要分子与主犯。过失犯罪不可能成为刑罚处罚的重点，所以，新中国成立后的历次刑法草案，都否认了过失的共同犯罪。① 可以印证这一点的是，立法者以及刑法理论基本上没有考虑到"部分实行全部责任"原则，迄今为止，刑法理论界很少有人提及该原则。这便导致共同犯罪成立与否的结局，不在于是否适用部分实行全部责任的原则，而在于是否对首要分子与主犯从重处罚。

第三，中国历来严格限制刑法的处罚范围，许多在国外构成犯罪的行为，在中国并不构成犯罪。因此，对于二人以上的过失行为造成了结果，但又不能查明因果关系时，作为无罪处理，以往也能够被人们接受。所以，严格地说，刑法所规定的"二人以上共同过失犯罪……按照他们所犯的罪分别处罚"，也只限于二人以上的过失行为均与结果具有因果关系的场合。但是，另一方面，由于刑法对过失犯罪的实行行为没有具体规定，在二人以上的过失行为造成了法益侵害结果，但又不能查明因果关系却又需

---

① 1950 年 7 月的《刑法大纲草案》将共同犯罪限定为"事前同谋"与"事前无预谋，临事同情"；1954 年 9 月的《刑法指导原则草案》与 1956 年 11 月的《刑法草案》明文将共同犯罪规定为"二人以上共同故意犯罪"；1957 年 6 月以后的《刑法草案》均规定："共同犯罪是指二人以上共同故意犯罪。二人以上共同过失犯罪，不以共同犯罪论处；应当负刑事责任的，按照他们所犯的罪（分别）处罚。"

要处罚的场合，法院也往往认定各行为人均构成过失犯罪。这种不妥之处，或许是现在少数人主张过失共同犯罪的理由之一。

（二）陈兴良教授根据刑法的规定否认过失的共同犯罪，①但肯定结果加重犯的共同正犯。他指出：“共同实行犯中发生加重结果的情形不同于实行过限。在实行过限的情况下，过限的犯罪行为超出了共同犯罪故意的范围，其他共同犯罪人主观上对于过限的犯罪行为没有罪过，因此不负刑事责任。但在结果加重犯的情况下，共同犯罪人既然共谋实施某一犯罪，对于犯罪中可能发生的加重结果是应当有所预见的，所以主观上亦有过失。因此，共同实行犯中的各共同犯罪人对加重结果都应承担刑事责任，而不论其加重结果是否由本人的行为直接造成。例如，甲、乙共谋伤害丙。在共同伤害的过程中，甲不注意一石击中丙的头部致其死亡，构成了故意伤害罪的结果加重犯。为此，甲、乙就成立结果加重犯的共同实行犯。”②

陈兴良教授的观点给人以自相矛盾的感觉。③一方面，A、B二人共同过失致人死亡时不成立过失的共同正犯；另一方面，甲、乙二人共同故意伤害他人、因过失导致他人死亡时，则不仅就故意伤害部分成立共同正犯，而且就过失致人死亡部分成立共同正犯。实际上，就过失致人死亡部分而言，A、B与甲、乙并没有实质区别。所以，既然否认过失的共同正犯，就没有理由肯定结果加重犯的共同正犯（对加重结果持故意的除外）。

陈兴良教授的观点还需要进一步论证。因为成立共同犯罪，

---

① 参见陈兴良：《共同犯罪论》，中国社会科学出版社1992年版，第69页。

② 陈兴良：《共同犯罪论》，中国社会科学出版社1992年版，第419页。

③ 参见冯军：《论过失共同犯罪》，载《西原先生古稀祝贺论文集》，中国法律出版社、日本成文堂1997年版，第167页以下。

不仅需要有犯意的共同，而且需要行为的共同。而在陈教授所举的上例中，如果说丙的死亡完全由甲的行为引起，而不是由甲与乙的共同行为造成，就不能仅仅因为乙对丙的死亡具有预见可能性，便肯定其成立结果加重犯的共同正犯。换言之，乙对丙的死亡的预见可能性，不能直接说明乙与甲就过失致人死亡部分成立共同正犯。事实上，肯定上述中的甲、乙成立结果加重犯的共同正犯的最根本理由，在于丙的死亡是由甲、乙二人的共同行为所致。

（三）侯国云教授认为，共同过失犯罪，是指二人以上的过失行为共同造成一个或数个危害结果所构成的犯罪；以行为人在共同过失行为中的分工为标准，可以将共同过失犯罪人分为过失实行犯、过失教唆犯与过失帮助犯。过失教唆犯是过失引起他人过失犯罪的人，即以要求、命令、劝说、鼓动、怂恿或者其他方法，使本来没有实施过失行为意图的人，产生实施过失行为的意图，或者使本来有实施过失行为的意图但尚不坚定的人，决意实施行为。过失帮助犯，是指没有直接参与过失行为的实施，但过失地为他人实施过失行为提供方便、创造条件、给予帮助的过失犯罪人。这种观点虽然承认过失的共同犯罪，但同时认为，对共同过失犯罪的各行为人依然只能分别处罚。①

但是，首先，刑法分则条文规定的只是实行行为，教唆犯与帮助犯是刑法总则规定的行为；既然刑法总则的规定明文将教唆犯、帮助犯限定为故意犯，那么，将过失教唆行为与过失帮助行为直接根据刑法分则的规定处罚便缺乏根据。其次，承认过失的共同犯罪，尤其是承认过失的教唆犯与过失的帮助犯，就是为了适用刑法总则关于共同犯罪的规定，贯彻处罚共同犯罪的原则(如部分实行全部责任的原则)。侯国云教授承认各种过失的共同

---

① 侯国云、苗杰:《论共同过失犯罪》，载《刑法问题与争鸣》第三辑，中国方正出版社 1999 年版，第 310 页以下。

犯罪，同时主张对各行为人分别定罪处罚，这便丧失了承认共同犯罪的意义。最后，所谓“过失教唆犯就是过失地引起他人实施过失行为的意图”的说法，不仅与教唆的语意相矛盾，而且也与过失犯的本质相冲突；换言之，“实施过失行为的意图”的说法，本身就难以成立。

三、判例论

（一）迄今为止，最高人民法院、最高人民检察院并无承认明确过失共同犯罪的判例与司法解释。最高人民法院、最高人民检察院1987年8月12日《关于严格依法处理道路交通肇事案件的通知》指出:“单位主管负责人或者车主强令本单位人员或所雇佣人员违章驾车造成重大道路交通事故的，应按刑法第一百一十三条（即新刑法第133条——引者注）的规定，追究其刑事责任。”新刑法颁布后，最高人民法院2000年11月10日《关于审理交通肇事刑事案件具体应用法律若干问题的解释》第7条也规定:“单位主管人员、机动车辆所有人或者机动车辆承包人指使、强令他人违章驾驶造成重大交通事故，具有本解释第二条规定情形之一的，以交通肇事罪定罪处罚。”由于本条没有言明“以交通肇事罪的共犯论处”，故不能肯定本条也肯定了过失的共同犯罪。

虽然刑法理论基本上赞成上述司法解释，但也存在值得研究的问题。如果承认上述情形构成交通肇事罪的共犯，则可能意味着强令、指使司机违章驾驶车辆的行为属于刑法总则规定的教唆行为；但刑法总则规定的教唆犯仅限于故意犯，故不能认定上述行为成立过失的教唆犯，也不能因此认为强令、指使司机违章驾驶车辆的行为属于故意的教唆犯，因为司法解释认定这种行为成立属于过失犯的交通肇事罪。如果不承认上述情形构成交通肇事罪的共犯，则意味着强令、指使司机违章驾驶车辆的行为属于刑法分则规定的交通肇事罪的实行行为，只有这样，才能将强令、指使司机违章驾驶车辆的行为独立地认定为交通肇事罪；然而，强令、指使司机违章驾驶车辆是否属于交通肇事罪的实行行为，还有疑问。事实上，在现行法之下，刑法理论与审判实务对交通肇事罪的实行行为作了相当缓和的解释，这从一个方面暴露出否认过失的共同正犯的缺陷。

（二）新刑法第133条规定了交通肇事罪，并规定："因逃逸致人死亡的，处七年以上有期徒刑。"最高人民法院2000年的上述解释第5条第1款与第2款分别指出："'因逃逸致人死亡'，是指行为人在交通肇事后为逃避法律追究而逃跑，致使被害人因得不到救助而死亡的情形。""交通肇事后，单位主管人员、机动车辆所有人、承包人或者乘车人指使肇事人逃逸，致使被害人因得不到救助而死亡的，以交通肇事罪的共犯论处。"这一司法解释似乎肯定了过失的共同犯罪，但事实上还不能得出这种结论。

审判实践上对这种解释持肯定态度，是基于以下理由："第一，车辆驾驶人员肇事引发交通事故虽然是过失的，但在交通肇事后的逃逸行为却是故意的。尽管前后在主观方面发生变化，有所不同，但刑法并非因此对故意逃逸的行为单独定罪，而是将'交通肇事后逃逸'以及'因逃逸致人死亡的行为'规定为交通肇事罪的加重处罚情节，一罪论处。第二，指使者虽未帮助或教唆实施肇事行为，但在明知肇事已发生的情况下，仍指使、教唆肇事人实施逃逸行为。最终，肇事行为与共同逃逸行为造成了被害人死亡的后果，指使者和肇事者对肇事后的逃逸具有共同的故意，故指使者应与肇事者共同对这一后果承担刑事责任，并且只能以交通肇事罪的共犯论处。"①

刑法理论上也有学者对这种解释持肯定态度。如储槐植教授

---

① 孙军工：《〈关于审理交通肇事刑事案件具体应用法律若干问题的解释〉的理解与适用》，载《刑事审判参考》第一辑，法律出版社2001年版，第78页。

指出："（司法解释第5条）第1款已表明，肇事人对因逃逸致使被害人死亡这一结果的心态已经不是过失，而是故意（一般为间接故意）。肇事人将他人撞伤，这一行为导致产生救助被害人的法律责任，因逃跑而不履行此义务便构成了刑法上的不作为；逃跑时由于逃避法律追究心切而置被害人的死活于不顾，被害人因得不到救助而死亡，肇事人对死亡结果持放任心态是毫无疑义的。第2款，有关人员出于不同动机指使肇事人逃逸时，对被害人的死亡结果实际上也是持放任态度。这就是说，有关人员与肇事人在主观上有共同的故意（共同故意包括共同间接故意）。在客观上，肇事人逃跑行为是在有关人员'指使'下产生的（'指使'至少对肇事人逃跑起到一定推动作用），因而两者之间存在因果关系，所以有共同的行为（有关人员指使肇事人逃跑和肇事人逃跑行为对死亡结果而言均为不作为的犯罪形式，共同行为包括共同不作为）。有共同故意和共同行为当然可以构成共同犯罪。"①

上述观点显然是在维护共同犯罪只限于故意共同犯罪的刑法规定与理论通说。但这里有如下问题值得进一步研究：其一，如果说刑法第133条规定的第三种情形属于结果加重犯，而"因逃逸致人死亡"属于间接故意犯罪，则意味着过失的交通肇事罪包含了故意的结果加重犯，换言之，存在着"基本的过失犯+故意的加重犯"的情形，这是难以被人理解和接受的。其二，如果说刑法第133条规定的第三种情形是数罪或者是特殊的结合犯（一般交通肇事罪+故意杀人罪②），则与刑法条文仅将"因逃逸致

---

① 储槐植：《读"因逃逸致人死亡"司法解释》，载《人民法院报》2001年1月23日第3版。

② 既然是故意的不作为致人死亡，除了危害公共安全的故意犯罪以外，只能认定为故意杀人罪了。所以，说"因逃逸致人死亡"指故意致人死亡，实际上意味着"因逃逸致人死亡"属于故意杀人。这样，"交通肇事后因逃逸致人死亡"，就成为过失的交通肇事罪与故意杀人罪的结合或者数罪了。

人死亡”作为法定刑升格的规定不相符合。其三，如果说“因逃逸致人死亡”属于不作为的故意杀人罪，则导致罪刑不均衡：一般情形的故意不作为致人死亡，被认定为故意杀人罪，处死刑、无期徒刑或者10年以上有期徒刑；而在交通肇事后故意不作为致人死亡的，反而仅处7年以上有期徒刑。其四，指使司机逃逸并不意味着指使者对被害人的死亡持间接故意，换言之，指使者完全可能对被害人的死亡只有过失的心理态度。其五，能否将逃逸本身认定为间接故意致人死亡的行为，也还需要研究。在行为人没有采取积极措施防止结果发生时，并不能简单地认为所发生的结果就是行为人的“不作为”所致，而应当考虑造成法益基于何种原因（前行为）处于危险状态、危险的程度，法益对行为人的依赖程度，行为人履行义务的可能性大小，行为人的“不作为”是否造成结果的原因，是将结果归责于前行为合适还是归责于“不作为”合适，如此等等。事实上，前述司法解释也指出：“行为人在交通肇事后为逃避法律追究，将被害人带离事故现场后隐藏或者遗弃，致使被害人无法得到救助而死亡或者严重残疾的，应当分别依照刑法第二百三十二条、第二百三十四条第二款的规定，以故意杀人罪或者故意伤害罪定罪处罚。”其六，“因逃逸致人死亡”属于交通肇事罪的一种加重情节，但其前提是行为人因为违反交通规则而发生了交通事故，导致被害人伤害（基本犯）。将指使司机逃逸因而导致被害人死亡认定为交通肇事罪的共犯，则缺乏基本犯这一前提条件。换一个例子来说明：甲使用暴力抢劫丙的财物，已经导致丙伤害，也已取得财物。此时甲的朋友乙经过现场，指使甲尽快逃逸。甲逃逸后，丙因为没有人救助而死亡。在这种情况下，我们显然不能认定乙与甲构成抢劫罪的共犯。所以，要做到既否认过失的共同犯罪，又赞成上述司法解释，是比较困难的。

（三）事实上，在审判实践中也存在悄悄地按共同犯罪的原则处理共同过失犯罪的情况。例如，雷某与孔某两人相约在一阳台上，选中离阳台8.5米左右处一棵树干上的废瓷瓶为目标比赛枪法（共用一支JW-20型半自动步枪）。两人轮流各射击子弹3发，均未打中，但其中一发子弹穿过树林，飞向离阳台100余米附近，将行人龙某打死。虽然不能查明击中被害人的子弹由谁所发，但重庆市九龙区人民法院以及重庆市中级人民法院，均认定两被告人构成过失犯罪，各判处4年有期徒刑，却又没有适用刑法总则关于共同犯罪的规定。① 类似这样的案件与判决，并不少见。

但是，既然否认过失的共同正犯，就不能适用部分实行全部责任的原则。上述判决没有承认雷某与孔某成立过失的共同正犯，却又适用了部分实行全部责任的原则。在此意义上说，该判决存在缺陷。另一方面，我们也可以认为，该判决实际上承认了过失的共同正犯，因而适用了部分实行全部责任的原则。但由于刑法明文否认过失的共同犯罪，所以，该判决没有适用刑法总则关于共同犯罪的规定。

四、立法论

面对上述理论与司法的现状，近年来，刑法理论上有人从立法上讨论过失共同犯罪的问题。如冯军副教授针对现行刑法的规定指出，刑法理论不应停留在实为的层次注释刑法规定的含义，而应提高到当为的层次论证刑法规定的合理性。当我们在论证刑法规定的合理性时，就应当对世界各国的刑法规定进行比较、分析，然后得出结论，而不应把一国的刑法规定当做结论，前者是科学，后者是迷信。冯军副教授认为，将过失共同犯罪作为共同犯罪处理不仅是完全必要的，而且是明智之举。并且指出，过失

① 最高人民法院中国应用法学研究所编：《人民法院案例选·刑事卷》（1992～1996年合订本），人民法院出版社1997年版，第46页以下。

共同犯罪是二人以上的行为人负有防止危害结果发生的共同注意义务，由于全体行为人共同的不注意，以致危害结果发生的一种共同犯罪形态。①

冯军副教授将过失共同犯罪限定于过失共同正犯，即只有在直接参与实施造成危害结果的过失行为的行为人之间才能成立过失共同犯罪，过失的教唆行为或过失的帮助行为不应被纳入过失共同犯罪的共同行为的内容之中。这是因为在教唆行为、帮助行为与危害结果的发生之间本来就只有间接性，如果这种带有间接性的教唆行为、帮助行为是源于行为人的过失，那么，就不具有可罚性。②

冯军副教授还认为，过失共同犯罪与共同过失犯罪是两个不同的概念，后者是指二人以上的过失行为共同造成了一个危害结果，但是在各行为人之间不存在共同注意义务和违反共同注意义务的共同心情。例如，司机甲开车不慎将一个行人撞倒在地，司机乙开车时精神也不集中，没有发现前方有人被撞，待发现时已刹车不及，车从被害人身上轧过，致其死亡。司机甲与司机乙属于共同过失犯罪，但不是过失共同犯罪。③

显然，冯军副教授是以大塚仁教授的限定肯定说为根据来区分过失共同犯罪与共同过失犯罪的。④ 由于现行刑法明文规定"共同过失犯罪"的不按共同犯罪处理，冯军副教授特意区分"共同过失犯罪"与"过失共同犯罪"二个概念。但是，其一，

---

① 冯军:《论过失共同犯罪》，载《西原先生古稀祝贺论文集》，中国法律出版社、日本成文堂 1997 年版，第 165 页以下。

② 冯军:《论过失共同犯罪》，载《西原先生古稀祝贺论文集》，中国法律出版社、日本成文堂 1997 年版，第 169 页以下。

③ 冯军:《论过失共同犯罪》，载《西原先生古稀祝贺论文集》，中国法律出版社、日本成文堂 1997 年版，第 171 页。

④ 关于大塚仁教授的限定肯定说，参见［日］大塚仁:《刑法概说(总论)》，有斐阁 1992 年改订增补版，第 253 页以下。

冯军副教授所举的属于共同过失犯罪之例，实际上并不是人们通常所说的共同过失犯罪，只是过失的竞合。以此例来区分“共同过失犯罪”与“过失共同犯罪”并不具有说服力。不仅如此，在汉语中，“共同过失犯罪”与“过失共同犯罪”二个概念，实际上没有区别，就像人们常说的故意共同犯罪与共同故意犯罪一样。所以，冯军副教授主张过失的共同正犯的观点，并不是对现行刑法的解释，只是一种立法建议。其二，冯军副教授提出的共同过失犯罪的成立条件，也有待进一步研究。冯军副教授认为，只有当各行为人在法律上处于平等的地位时，才产生相互注意的协作义务，才可能成立过失的共同正犯。但各行为人在何种情况下处于法律上的平等地位，是一个相当不明确的问题。从冯军副教授所举之例来看，实际上只有当各行为人的外部客观行为完全相同时（如二人同时开枪射击、二人一同将一根木头从脚手架上扔下等），才能肯定过失的共同正犯，这似乎过于缩小了过失共同正犯的成立犯罪。

五、结论

中国现行刑法的规定，明确否认了过失的共同犯罪，不仅否认过失的教唆犯与帮助犯，而且否认过失的共同正犯。因此，试图从解释论上肯定过失的共同犯罪，几乎不可能。但是，否认过失的共同犯罪的结局，一方面会导致一些应当作为犯罪处理的行为（如共同实施过失行为，但不能证明死亡结果由谁的行为造成）不能当做犯罪处理；另一方面也会导致法官在没有认定为过失的共同正犯的情况下，悄悄地适用“部分实行全部责任”的原则。

从立法论上主张过失的共同正犯的观点具有合理性。首先，认定是否成立共同正犯的重要结局，在于是否适用部分实行全部责任的原则。故意与过失都是责任的要素或形式（种类），故意犯与过失犯都有各自的实行行为，从现实上看二人以上既可能共同实施故意犯罪，也可能共同实施过失犯罪，既然对故意犯的共同实行行为能够适用该原则，就没有理由否认对过失犯的共同实行行为适用该原则。其次，之所以对共同正犯适用该原则，是因为二人以上的行为共同引起了法益侵害，即二人以上的行为均与法益侵害结果之间具有因果性。是否具有这种因果性，应当根据客观的因果法则进行判断，而不是取决于二人以上具有意思的联络。当然，"意思的联络"有助于二人以上的行为形成共同行为，换言之，意思的联络是判断二人以上的行为成立共同行为的资料。但是，意思的联络不应当限定为犯罪故意的联络，只要就共同实施构成要件的行为具有一般意义的意思联络即可。因为一般意义的意思联络（如前述约定射击比赛致人死亡的案例）也完全能够起到相互促进、强化对方不履行注意义务的作用，从而使任何一方的行为与他方行为造成的结果具有因果性，因而任何一方对他方造成的事实、结果，只要具有预见可能性，就必须承担责任。

如果能够在理论上肯定过失的共同正犯，那么，随之便可以肯定结果加重犯的共同正犯。既然二人以上共同实施了基本行为，并且由基本行为导致了加重结果，即二人以上的共同行为造成了加重结果，而且二人以上均对加重结果具有预见可能性，故二人以上都应对加重结果承担责任；即使加重结果在表面上由其中一人的行为所致，但该行为依然是共同基本行为的一部分，从整体上仍然能够肯定是二人以上的共同行为造成，故应适用部分实行全部责任的原则。

至于过失的教唆与过失的帮助，以及教唆、帮助过失犯则不应成立共犯。从语义上看，教唆、帮助都是一种有意识的行为，教唆是使他人产生实施特定犯罪的决意的行为，帮助是有意识地促成他人犯罪的行为，正因为如此，我们才能肯定："教唆犯、帮助犯通过正犯的行为引起法益侵害，进而受刑罚处罚"；刑法分则规定的过失犯仅限于实行行为，将过失教唆、帮助作为共犯处罚，会与刑法总则第15条例外处罚过失犯的规定相抵触。至于故意唆使、促成他人实施过失犯罪的，则宜作为间接正犯处罚。

总之，没有必要继续维持“客观主义→犯罪共同说→否认过失的共同犯罪”、“主观主义→行为共同说→承认过失的共同犯罪”的定式；在行为人共同引起了法益侵害，并且均对法益侵害具有故意或者过失的情况下，各行为人理当对共同引起的法益侵害承担刑事责任；在此基础上还要求各行为人之间具有犯罪故意的联络，进而否认过失的共同正犯，或许是过于重视行为人危险性格的主观主义立场的表现。

不过，由于共同犯罪仅限于故意犯罪的观念在中国根深蒂固，故上述立法论要被人们接受进而被立法采纳，或许还需要耐心等待。

共同过失与共犯

文：佐久间修①

译：林 亚 刚②

一、前言——过失犯论与共犯论的交错

（一）共同过失的诸形态

以往对于“共同过失和共犯”的问题，可以说在学说上难以十分详尽地论述。③ 这是因为，对于过失共同正犯具有不同的见解，出于过失的教唆、帮助、过失犯的教唆、帮助，都是以在现行法上是不可罚的行为为前提的。即使在被称为所谓“过失的竞合”的情况下，充其量不过是着眼于各个人的单独过失的过失同

---

① 佐久间修，日本大阪大学法学系教授。

② 林亚刚，武汉大学法学院教授。

③ 这里举其一部分，有松生光正：《出于过失的共犯（一）、（二）》，载《法学论丛》117 卷 1 号（1985 年）42 页以下，同 117 卷 5 号（1985 年）27 页以下；土本武司：《过失犯和共犯》，载《刑法基本讲座》（4）（1992 年）138 页以下等。

时正犯的问题而已。① 另一方面，共同过失在左右是否成立共犯时，如适应数人参与形态的又分为分工型过失和支配型过失等多种多样的类型。② 对于过失的共犯，通常由于学者对其主观方面缺乏共同认识的契机，因而，从狭义共犯角度予以研究的非常少。因此，这里我想就造成同一结果的集团成员的管理、监督过失为研究的素材，尝试考虑其背后的共犯与在现场的正犯的关系。当然，管理过失如果是因为单纯的设备的问题而引起的，则不包括在这里所说的共同过失的范围。以现代社会中的企业、法人造成的大规模灾害事故为中心，从某种意义上说，相当于组织性过失的共同过失的事例，应当是与“共犯和有组织犯罪”为题探讨的内容相称的。③ 另外，可以说组织体的过失属于广义上的共同过失，如根据公司、法人所具有的要素为考察的中心，则必然要涉及企业、法人犯罪的领域。在这个意义上，我打算将以数

---

① 在日本的判例中，数个过失竞合的情况下，作为同时犯的为数不少。例如，广岛高判 1957 年（昭和 32 年）7 月 20 日高等法院《刑事裁判特报》4 卷追录 696 页的记载，一边表明了二个以上的医生因过失共同实施的医疗行为时，不限于医疗特别的阶段，医疗人员全体共同承担过失责任，一边又在判决中表明不过是单独过失行为的竞合，不成立过失致死罪的共同正犯。

② 除此之外，作为分类从过失犯的见地看，有所谓的直接预防型和间接预防型的区别［佐藤文哉：《监督过失——以火灾事故为素材》，载芝原邦尔编：《刑法的基本判例》（1988 年）48 页］，一般地说，共犯论关注人为性的加担方法，如果说也着眼于物质性的防止结果手段的不同，就不会产生具有决定性意义的差异。

③ 另外，有关管理、监督过失与过失共犯关系的文献在日本有林干人：《监督过失》，载《刑法的现代课题》（1991 年）35 页以下；松宫孝明：《关于过失犯的正犯概念（一）、（二）、（三·完）——以火灾事故为讨论的素材》，载《立命馆法学》235 号（1994 年）1 页以下，同 238 号（1994 年）41 页以下，同 279 号（2001 年）1 页以下；内海朋子：《论过失共同正犯与管理、监督过失》，载《法学政治学论究》51 号（2001 年）35 页以下等。

人加担于同一过失事件为例，探讨象征着组织体过失的监督过失。①

(二) 共同过失与过失犯的理论

暂且不论是否把过失的共犯都视为同时犯，但对侵害结果的发生有关系的各个共犯者而言，无视其行为态样，采取并列对待的态度，无非是放弃对于共同过失的分析，由此统一的正犯概念将无所作为。② 例如，对于行为人背后给于轻微加担行为作为过失的正犯的观点,不考虑过失内容不同,一律对待这一点,可以说有不恰当扩大过失共同正犯成立范围之虞。所以,我在本文中,以限制的正犯概念为前提,首先,在对过失共同正犯是否成立的探讨中,我想提出过失犯的教唆、帮助和出于过失的教唆与帮助的问题。另外,像后叙的那样,过失共同正犯的学说上的争论,对过失理论的发展有相当影响,共犯者之间客观性注意义务是否存在以及程度,影响到共同过失存在与否,作为过失理论本体性的问题,已经在前届(第七届)日中刑事法学术讨论会讨论了。③所以，在

---

① 此外，关于管理、监督过失，参见前田雅英：《关于监督过失》，载《法曹时报》42 卷 2 号（1990 年）1 页以下；林干人：《刑法的现代课题》，3 页以下；井田良：《关于大规模火灾事故的管理、监督责任与刑事过失论》，载《法学研究》66 卷 11 号（1993 年）1 页以下；佐久间修：《管理、监督过失和过失犯的理论》，载《现代刑事法》4 卷 6 号（2002 年）12 页以下。

② 另外，关于德国刑法中扩张的正犯概念，参见内海朋子：《关于过失犯的正犯与共犯界限的判断标准——以德国学说状况为中心》，载《法学政治学论究》36 号（1998 年）251 页以下等。

③ 另外，关于中日过失理论的异同，参见大塚裕史：《企业灾害和过失论》，载《（第七届）日中刑事法学术讨论会报告书·日中过失论比较》(2001 年，成文堂)；张凌：《关于中国刑法中的管理监督过失》，载《西原春夫先生古稀祝贺论文集》(2)（1998 年）115 页以下等。

本届（第八届）的学术讨论会上，我想仅就与“共犯论和有组织犯罪”这一统一的议题有关的进行讨论。而且，与此相随，还想就故意的基本犯和过失的（加重）结果犯相结合场合的结果加重犯，以及关于其共犯存在的方面也予以探讨。此外，在理论上，虽然应当考虑过失犯的间接正犯，但是，关于间接正犯的一般性问题，因有高桥则夫教授的报告，所以，在我的报告中，只论及关于共同过失和“组织性过失”的犯罪成立的要件。

二、过失共同正犯的意义和界限

（一）判例中的过失共同正犯

在以往的学说中，关于“共同过失和共犯”是围绕着过失共同正犯是否成立为讨论中心的。决定其发展趋势的，主要是第二次世界大战前后日本判例的发展动向。在大审院时代，包括共同正犯在内，关于共犯的刑法总则的规定，对过失犯不能适用。① 第二次世界大战后，最高法院有判决认为，餐饮店的共同经营者相互之间具有意思联络，违反有毒饮食物取缔令第 4 条第 1 款后段，将含有甲醇的饮料卖给顾客，成立过失的共同正犯。在这里，将产地来源不明的饮料卖给顾客时，应当负有检查“甲醇”含量的注意义务，由于怠于履行该义务而贩卖，所以，“有相当理由确认两被告人之间成立共犯的关系，原判决对此适用刑法第 60 条是妥当的”。因而，可以说在违反特别法时，判例上也认为

---

① 例如，大判 1911（明治 44）年 3 月 16 日刑录 17 辑 380 页，大判 1914（大正 3）年 12 月 24 日刑录 20 辑 2 618 页，大判 1922（大正 11）年 10 月 23 日《法律报》2 057 号 21 页。另外，大判 1911（明治 44）年 3 月 16 日刑录 17 辑 380 页，对于伤害致死罪的结果加重犯，否认共犯的成立。

能够成立过失犯的共同正犯。①

在此之后，下级审判的判例中认为，在二人作业分担道口警戒时，怠于确认接近的列车，由于过失没有降下道口遮断机，发生列车相撞事故，造成二人死亡，被认定成立业务过失致死罪的共同正犯。② 根据该判决，两名被告应当相互协助确保道口安全，达成履行该注意义务是职务行为的一部分，在共同不注意的相互意识的支配下，二人应成立过失犯的共同正犯。而且，在失火罪中，也能够成立共同正犯。③ 例如，在旅店进行的扩建工程中承担对建材进行焊接作业时，虽然负有预先应对焊接场所用不易燃烧物遮盖下方可燃物的业务上的注意义务，因怠于履行而实施焊接作业，由于焊接的热度以及溅落的火花而将建筑物烧毁，认定构成业务上失火罪的共同正犯。④ 理由是，数名被告人处于对等的地位而相互协助，另外，行为人相互之间在事前有怠于采取充分的措施避免危险，而实施危险作业的心理状态，被认为违反了共同预见义务。

如此，根据相互间意思联络下的一个共同的意思，具有与伴随该结果发生的具体危险的实行行为一起实行的事实，可以说肯定过失共同正犯的成立。近年，对世田谷通讯电缆火灾事故的判

① 最判 1953（昭和 28）年 1 月 23 日刑集 7 卷 1 号 30 页。另外，对该判决，因贩卖者自己是故意的，能否全面肯定过失的共同？有人认为不过是过失举动犯的共同正犯，在行为人贩卖不知道属于禁止贩卖物时，不成立过失的同时犯这一点上，作为先例的意义是非常大的［土本武司：《刑法基本讲座》（4）1992 年 140 页］。

② 京都地判 1965（昭和 40）年 5 月 10 日下刑集 7 卷 5 号 855 页。

③ 名古屋高判 1956（昭和 31）年 10 月 22 日高等法院《刑事裁判特报》3 卷 21 号 1007 页。

④ 名古屋高判 1986（昭和 61）年 9 月 30 日高刑集 39 卷 4 号 371 页。

决，认定构成业务上失火罪的过失共同正犯。① 即在从事检查地下隧道电话电缆断线作业的数名作业人员，使用数个焊接灯进行共同作业，在暂时中断作业从现场离开时，对自己使用的焊接灯和共同从事作业的同事的焊接灯，相互之间负有确定是否熄火的共同注意义务，由于数名被告人忘记履行这一注意义务，没有确认焊接灯熄火而离开，能够构成共同的过失责任。除此之外，不具有船舶航行技能和经验的二名被告人，出于单纯的好奇心理共同驾驶旅游船，在造成与礁石相撞致使船舶毁坏结果的情况下，判决也认定构成过失妨害交通罪的共同正犯。②

（二）学说中理论的展开

以往的“犯罪共同说”强调的是主观上“犯意共同”的“犯罪共同”，过失犯由于欠缺故意，因而否定共同正犯观念的见解是非常有影响的。③ 致力于从主观联系性探求共同正犯本质，各共同者相互补充具有相当于为实现一个犯罪结果的心理状态的犯意或者故意，就只能否定过失的共同正犯。即过失行为中，即使过失行为的那一点是具有共同意图的部分，这也不是对侵害结果具有共同实现的意思。所以，由于数人的过失行为惹起同一结果

① 东京地判 1992（平成 4）年 1 月 23 日《判例时报》1 419 号 133 页（不过，本案目前仍在控诉中），而且，认为成立重过失失火罪的共同正犯。

② 佐世保简略式命令 1961（昭和 36）年 8 月 3 日下刑集 3 卷 7~8 号 816 页。

③ 这曾经是通说的见解，例如，植松正：《刑法概论Ⅰ》（再订版·1974 年）352 页；团藤重光：《刑法纲要总论》（第三版追补 1995 年）393 页；庄子邦雄：《刑法总论》（第三版 1996 年）449 页；西原春夫：《刑法总论》（1977 年）393 页；香川达夫：《刑法讲义总论》（第三版 1995 年）366 页；曾根威彦：《刑法总论》（第三版 2000 年）285 页；前田雅英：《刑法总论讲义》（第三版 1999 年）426~427 页等。

的情况下，充其量也不过是过失的同时犯。与此相对，如根据主观主义的行为共同说，认为能够征表社会危险性的自然行为的共同就够了，所以，也能够确认过失行为“犯意的共同”。①

不过，如果考虑各参与者个人独立的过失，一部分行为人遵守了能够避免结果发生的注意义务，但如扩展到数人“符合义务的择一的举动”，就不能完全否定各个人的行为与侵害结果的因果关系吧。② 在重叠过失、择一竞合关系中能否成立过失犯，由于是涉及对因果关系本身的理解，我不打算在此详细讨论，但至少由一部分共同者没有能够防止结果发生的情况下，能够认定是由于违反共同的注意义务而引起结果的发生。另一方面，刑法第60条规定的共同正犯，在主观面上也并不仅仅是以故意犯为前提的，能够成立的客观事实成为犯罪行为的目的，各共同者具有相互利用同事行为的意思，换言之，具有以其他共同者的行为补充自己的行为的意思就够了。③ 并且，该意思共同者之间存在相互的认识（共同意思），如果据此成立共同过失行为（共同实行），可以说成立过失犯的共同正犯，前述最高法院1953（昭和

① 例如，牧野英一：《日本刑法》（上卷）（重订版1941年）459页；宫本英修：《刑法学粹》（1931年）409页；佐伯千仞：《刑法讲义总论》；（四订版1981年）354～355页等。这里不用说过失行为的共同，也能够肯定故意犯与过失犯的共同关系。参见川端博：《刑法总论讲义》（1995年）529页以下；山中敬一：《刑法总论Ⅱ》（1999年）802、831页等。

② 另外，参见井田良：《关于大规模火灾事故的管理、监督责任与刑事过失论》，载《法学研究》66卷11号（1993年）12页以下。有一种批评观点认为，关于大规模火灾事故中的管理、监督过失，运用程序法的选择的认定或概括的认定，可以说是在能够挽救一部分被害人生命的范围内论以过失的，所以，不应当以事实认定方法来回避实体法上的难点（参见松宫孝明：《关于过失犯的正犯概念（一）、（二）、（三·完）——以火灾事故为讨论的素材》，载《立命馆法学》235号（1994年）12页以下）。

③ 具有相同认识的，如土本武司：《过失犯和共犯》，载《刑法基本讲座》（4）（1992年）144页。

28）年1月23日的判决表明的是相同的精神。①

而且，近年来犯罪共同说与过失犯一般理论发展相呼应，即便就构成要件过失的中心是违反注意义务的“共同”而言，也变为主张由共同危险行为惹起客观性结果为已足。的确如此，如果寻求在责任阶段的不注意的心理态度为过失的本质，则对于无意识部分共同的说明是困难的，所以需要确认过失犯的实行行为，如果是脱离了以共同行为标准之行为，也是能够成立过失共同正犯的见解，可以说是现在的多数说。② 例如，从事处理对于人身有害的化学物品、爆炸性危险物品的人员，负有防止有害物品的泄露、爆炸、发生火灾而危及居民的共同注意义务。而且，在这种情况下，不以单独从业人员个人自己实行慎重的作业行为为已足，对于同事的行为也应相互间注意确定安全等，必须对能够预见的危险防止其成为现实。③ 所以，共同者的全体成员，怠于履行这种安全确认的义务而发生侵害结果，假如由一部分从业人员的不注意的行为成为发生的直接契机，对其余的人员而言，对过失结果负有共同的刑事责任。

的确如犯罪共同说所认为的，根据行为共同说的观点，认为仅仅存在自然意义上的共同行为是不够的，所以，在朋友相邀一

① 另外，参见京都地判1965(昭和40)年5月10日下刑集7卷5号855页。

② 作为肯定说，参见团藤重光：《刑法纲要总论》（第三版追补1995年）403～404页；大塚仁：《刑法概说总论》（第三版1997年）282页；福田平：《刑法总论》（全订第三版1996年）265页；大谷实：《刑法讲义总论》（新版2000年）441页；川端博：《刑法总论讲义》（1995年）557页；齐藤信治：《刑法总论》（第三版1998年）274页；佐久间修：《刑法讲义总论》（1997年）375页；内田文昭：《刑法中过失共犯的理论》（1973年）223页等。

③ 参见大塚仁：《犯罪论的基本问题》（1982年）320页。这里，列举了不熟练的操作人员，由于单纯疏忽大意的过失而发生重大事故，造成氯气泄漏事故［最判1988（昭和63）年10月27日刑集43卷8号1109页］。

起持猎枪外出时，对朋友的开枪行为造成死伤结果，不能认定成立共同过失。① 不过，即使可以说注意义务的违反是依据多个行为人无意识的部分，但所谓共同实行的意思，需从期待同事实施符合义务的行动，懈怠了自己的注意义务的不注意的主观态度去探求，这里正是存在着行为人相互补充为宗旨的主观的连带性关系。② 但是，过失的行为人的目的预先是在合法方向，不具有共同实行意思，从目的行为论的见解看，这种批判只在从指向了非构成要件事实的目的的意思中去探求过失犯的主观要件的情况下才是妥当的。③ 再者，虽说过失的未遂实际上是不可罚的，但是，既然过失犯也存在实行行为的观念，那么，对伴随惹起该结果的客观的危险有共同的不注意，这时也就能够认定与过失共同正犯相适合的实际形态。④

---

① 另外，参见大塚仁：《刑法概说总论》（第三版 1997 年）281 页，《犯罪论的基本问题》（1982 年）316 页以下；福田平、大塚仁：《刑法总论Ⅰ》（大学双书 1979 年）380 页以下；大谷实：《刑法讲义总论》（新版 2000 年）442 页。

② 参见内海朋子：《论过失共同正犯与管理、监督过失》，载《法学政治学论究》51 号（2001 年）40 页。成为问题的是，是否要求认识同事违反了注意义务。如果认识其不注意的态度而置之不理，由此而放任结果成立故意的（间接）正犯，通常作为这种认识条件的，是多余的要求吧。所以，这种认识，停留在是作为共同行为人一体性的判断之际所附随的情况的［内海朋子：《论过失共同正犯与管理、监督过失》，载《法学政治学论究》51 号（2001 年）42 页］。

③ 参见福田平：《刑法总论》（全订第三版 1996 年）60～61 页。

④ 参见山中敬一：《共同正犯的诸问题》，载芝原邦尔：《刑法理论现代的展开总论Ⅱ》（1990 年）205～206 页；福田平：《刑法总论》（全订第三版 1996 年）265 页；大塚仁：《刑法概说总论》（第三版 1997 年）282 页；大谷实：《刑法讲义总论》（新版 2000 年）442 页；佐久间修：《刑法讲义总论》（1997 年）361 页；内田文昭：《刑法中过失共犯的理论》（1973 年）61 页等。

（三）共同正犯中的共同过失与监督过失

现在的通说，是将过失共同正犯的本质视为违反注意义务的“共同”，不只是要求主观上的过失。毋庸置疑，从以客观的注意义务为中心的新过失论的立场看，如果数人怠于履行共同的避免结果的义务，致使侵害事实发生，能够认定由于共同的过失行为而符合构成要件以及违法性。① 在这种意义上，只要对同事的不注意行为置之不理表现于外部的态度，被评价为“共同的犯罪行为”，在共同正犯的主观要素上，就不存在把共同实行的“意思”与共同实行的“故意”同等看待的必然性。这里的问题在于对“共同”的对象主观上不具有故意，而只能是符合犯罪构成要件的意思态度。当然，在肯定过失共同正犯的论者中认为，旅社、旅馆大规模火灾事故中的监督过失，并不是没有包含着过失的共同正犯。② 不过，相对于各人在组织内部的地位，如果课有不同的注意义务，认定共同正犯是困难的。

现在，对于存在上下级关系的监督过失，也有不少学者认为，在数人的过失的不作为竞合的情况下，由于经营者与在现场的人担负不同的注意义务而是同时犯的关系。③ 而且，认为在各人遵守自己的注意义务时，独立能够避免该结果的情况下，由于各参与者之间缺乏主观及客观的共犯关系，因此可以说仅仅只是

---

① 参见大塚仁：《刑法概说总论》（第三版 1997 年）281～283 页，《犯罪论的基本问题》（1982 年）316 页以下；川端博：《刑法总论讲义》（1995 年）530 页以下；佐久间修：《刑法讲义总论》（1997 年）361 页等。

② 参见北川佳世子：《旅店、百货店火灾事故中实务的动向和管理、监督者的刑事过失论（一）》，《早稻田大学大学院法研论集》63 号（平成 4 年）137 页注（9）。另外，内海朋子：《论过失共同正犯与管理、监督过失》，载《法学政治学论究》51 号（2001 年）35 页以下。

③ 参见井田良：《关于大规模火灾事故的管理、监督责任与刑事过失论》，载《法学研究》66 卷 11 号（1993 年）11 页。

同时犯。即监督过失的理论，假如强调组织内部人与人之间的联系，对于被监督者的过失而言，则是其背后监督责任的根据，即使对于过失犯也以限制的正犯概念为前提，最终的结果，支配着因果关系的经营者，将作为过失的间接正犯，应当是与现场担当的过失犯负不同的罪责。① 在该限度可以说，监督过失的理论，与依据共同过失的过失共同正犯不能等同视之。

但是，对于只有背后的上位者掌握了使得该业务具有危险性的相关信息、知识的情况，也有以同时正犯理论难以解释的地方，这是因为，同时正犯理论设定了犯罪行为的加担者具有同等的原因力。毋庸置疑，对于掌握危险征兆者而言，也应当考虑担负着特别加重的注意义务。② 而且，我认为在各个能够采取避免结果措施的责任者不同时，应当不限于其背后人单独成立过失犯，而有必要确认不同共同正犯类型，以根据各人不同作用科处相应的刑罚。另一方面，在欠缺作为直接正犯必要的注意能力而被作为工具利用的情况下，背后的人应成立间接正犯，假如背后的经营者在具有结果未必发生认识的情况下，有时对处于最终端的从业人员作为过失正犯认定有疑问时，则存在着成立监督过失的可能性。这里，对结果发生的加担行为并不能反映出组织体内部人员的结构，由于恶意的业主不采取必要的避免结果发生的措施，如果因从业人员轻微的过失而发展成为大规模的灾害事故，也有认定过失犯成立故意的共犯的余地。不过，这里通常是企业犯罪或者说有组织犯罪的法理的领域，因此，可以说有部分内容

---

① 参见井田良：《关于大规模火灾事故的管理、监督责任与刑事过失论》，载《法学研究》66 卷 11 号（1993 年）30 页。

② 参见石塚章夫：《关于监督者的刑事过失责任》（2），载《判例时报》46 号（1980 年）4 页以下。因而，根据专家在最近药品危害的事件中，对因血液制剂而感染疾病的详细资料，可以说对临床医生注意义务的范围更广了。

只依靠传统的共犯论是不能解决的。

这样一来，过失的共同正犯是以对等的当事者之间具有共同的注意义务为前提的，如同监督过失一样，在位于上位者与下位者之间负有不同注意义务的情况下，不能认定共同意思和共同实行。但是，即使是过失犯，和故意的共谋共同正犯一样，由于处于优越支配地位的人与处于从属地位的人，能够实行共同的犯罪行为，不一定只是对等的人与人之间的关系，因此，也没有必要对过失共同正犯的成立予以限制。① 的确，即使是过失犯，也有这种情况：离发生侵害结果较近的人相当于直接正犯，而背后的监督者仅仅只是对现场行为人的过失行为起到助长、促进的作用。这里，应当认为主张成立过失的从属共犯也是有相当的理由的。而且，从把原管理权者看做不真正不作为犯第一层次保障人的见解看，现场的防火责任人是作为其履行义务的辅助者，应当是作为第二层次承担刑事责任的从属共犯，在学说上也是有力地被提倡着。②

三、共同过失与从属的共犯

（一）对过失犯的教唆、帮助的可罚性

对于过失（正）犯的共犯，必须考虑是出于过失的共犯行为，这其中，如果根据行为共同说，则关于过失犯的共犯，即使

① 参见土本武司：《过失犯和共犯》，载《刑法基本讲座》（4）（1992年）144页，认为共同的注意义务是不必要的，只要共同行为人相互利用或者具有补充关系就足已了。

② 参见内田文昭：《大洋百货火灾事故控诉审判决》，载《法律广场》42卷2号（1989年）70、71页；松宫孝明：《千日百货大楼火灾与管理、监督责任》，载《判例选》88号（1989年）29页等。

是数人各个不同犯罪的意思而共同实施实行行为的情况，由于通常情况下共犯的成立是完全可能的，不用说对过失犯的教唆犯，也是能够认定为属于过失犯的从犯的。① 与此相对，在犯罪共同说中也有观点认为，过失的正犯和故意的共犯，并不相当于“犯罪的共同”，从而否定上述观点的见解也很有影响。② 但是现在多数观点认为，即使根据犯罪共同说，也认为如果对过失犯实施帮助的，可以肯定成立过失犯的从犯。③ 例如，司机的同车人 B 知道 A 通常粗野驾驶，虽然已经充分地预见和认识到了有撞翻行人 C 的危险性，可是却出于分散 A 注意力的目的，开始和 A 拉起家常话，这种行为助长了 A 的不注意，对 B 的行为也可认为成立 A 业务上过失致死伤罪的从犯。④

与此相反，过去的判例认为，对过失犯的教唆、帮助都是不可罚的，例如，前述在违反有毒饮食物取缔令的事例中，对过失

① 参见牧野英一：《日本刑法》（上卷）（重订版 1941 年）458～459 页；宫本英修：《刑法学粹》（1931 年）409 页；木村龟二：《刑法总论》（增补版 1978 年）412 页；佐伯千仞：《刑法讲义总论》（四订版 1981 年）355 页；中野次雄：《刑法总论概要》（第三版 1992 年）141、161 页。

② 参见团藤重光：《刑法纲要总论》（第三版追补 1995 年）413 页（二）；植松正：《刑法概论Ⅰ》（再订版·1974 年）380 页；庄子邦雄：《刑法总论》（第三版 1996 年）480 页；福田平：《刑法总论》（全订第三版 1996 年）280 页；前田雅英：《刑法总论讲义》（第三版 1999 年）430、435 页等。

③ 参见大塚仁：《刑法概说总论》（第三版 1997 年）306 页；庄子邦雄：《刑法总论》（第三版 1996 年）480 页；内田文昭：《刑法Ⅰ总论》（改定版 1986 年）309 页；大谷实：《刑法讲义总论》（新版 2000 年）470 页；川端博：《刑法总论讲义》（1995 年）569 页；香川达夫：《刑法讲义总论》（第三版 1995 年）399 页；大判 1933（昭和 8）年 12 月 9 日刑集 12 卷 2 272页等。

④ 参见大塚仁：《刑法概说总论》（第三版 1997 年）307 页；川端博：《刑法总论讲义》（1995 年）569 页。

犯教唆没有处罚的余地。①而且，由于对成立无证驾驶的帮助犯，必须对司机没有驾驶证而驾驶有表象、认容，所以，假如对正犯者没有采取确认无驾驶证的措施而具有过失的，不能成立过失犯的帮助犯。② 如果根据原来的犯罪共同说，对于过失犯的教唆，由于没有惹起对方的犯意（故意），而只要认为刑法上的“犯意”和“故意”是同义的，就能够否定对教唆过失犯的可罚性。③ 而且，如果同车的人只是对正犯由于打瞌睡驾驶而置之不理（对不作为的帮助），同车人作为助手负担独立的注意义务的情况，无论如何也不能直接成立过失犯的从犯。④

这就意味着，即使在过失正犯的背后教唆实现该结果的情况下，除了利用过失正犯而成立的间接正犯以外，也可以说教唆过失犯不能成立。但是，这里否定的依据，只是处罚过失要求有明文规定的这种形式上的理由，是不十分充分的。的确，根据有关学说，刑法第 38 条第 1 款但书规定的“没有故意的行为，只在

---

① 东京高判 1951（昭和 26）年 11 月 7 日高等法院《刑事判决特报》25 号 31 页。

② 富良野简判 1959（昭和 34）年 7 月 14 日下刑集 1 卷 7 号 1639 页。除此之外，还有作为否定教唆过失犯可罚性的判例，是东京高判 1951（昭和 26）年 11 月 7 日的判例。对于委托他人贩卖超过法定甲醇含量烧酒的委托者而言，不能认为其有教唆正犯的过失犯的意思，也不能认为其成立间接正犯。

③ 参见大塚仁：《刑法概说总论》（第三版 1997 年）271、299 页；福田平：《刑法总论》（全订第三版 1996 年）276 页；大谷实：《刑法讲义总论》（新版 2000 年）463 页；川端博：《刑法总论讲义》（1995 年）559 页；香川达夫：《刑法讲义总论》（第三版 1995 年）391 页；前田雅英：《刑法总论讲义》（第三版 1999 年）430 页等。

④ 不同看法的，见大塚仁：《刑法概说总论》（第三版 1997 年）307 页（正确地说，是以具有未必故意为前提的），再参见《犯罪论的基本问题》（1982 年）349 页；此外，京都地判 1979（昭和 54）年 1 月 24 日《判例时报》598 号 135 页。

有特别规定时才处罚”的原则也适用于共犯的规定，所以，除刑法分则上有明文规定的罚则外，通常全面否定过失犯的共犯。① 但是，这是对总则与分则关系的一种误解，例如，多数的正当化事由，能够适用于过失犯就没有明文规定，所以，如果根据反对说，对所有的过失犯很有可能不存在适用违法性阻却的余地了。② 不用说，由于否定了适用类推解释认定犯罪成立的可能性，否定说的主张，能够看做原则和例外地具有“分开适用”的便宜性。而且，由于对过失正犯限于从属的参与，所以“绝对认定”欠缺可罚性，如后述那样将产生在否定利用过失犯成立间接正犯的情况下如何处理的问题。

更进一步地说，共同正犯的情况是不同的，至少在从犯时，不需要相互性意思的联络，③ 即便是共犯者的片面协助行为，只要客观上使得正犯的实行行为易于实行，就可作为过失正犯的片面共犯，在现行法上也能够处罚。而且，被利用人标准说认为，关于间接正犯实行的着手时期应推迟到工具的侵害行为开始之时，被利用者实施行为之前，背后的人利用的行为充其量是正犯者犯罪行为的预备，而在预备的共犯不可罚的情况下，则必须保留着作为过失的共犯处罚的可能性。④ 具体地说，对于因饮酒而

---

① 例如，关于共同正犯，参见浅田和茂：《共犯论备忘录》，载《中山研一先生古稀祝贺论文集》(3)（1997 年）282 页；中野次雄：《刑法总论概要》(第三版 1992 年）160、165 页。

② 参见内海朋子：《论过失共同正犯与管理、监督过失》，载《法学政治学论究》51 号（2001 年）37 页。

③ 凡是从犯，如果知道正犯者的行为而具有帮助的意思就足够了，不需要相互性意思的联络［大判 1925（大正 14）年 1 月 22 日刑集 3 卷 921 页］。

④ 毋庸置疑，这里只限于存在超出了普通过失程度的预见可能性或者存在有未必的认识的情况。例如，加强了高速公共汽车的司机或航空器驾驶员的过失，利用危险物品使用人员的场合等，就是这种情况。

驾车造成人身伤亡事故的司机，从过去的经验看，对于重大事故的发生尽管已经预见，但轻率地劝司机多喝酒，对于在回家途中的犯人只好驾驶汽车这种状况，其朋友和卖酒的老板，仅仅认为违反道路交通法（的共犯）是不够的吧。

（二）出于过失的教唆、帮助的可罚性

有人认为在对直接实行者施加了具有支配的影响力的情况下的利用者是以过失正犯为工具的间接正犯。① 但是，即使共犯者具有未必故意时，很多是欠缺相当于间接正犯的实行行为。例如，在前述的例子中，即使犯罪人已经预见到人身伤亡事故的发生，但仅是劝正犯者喝酒，仍然是没有间接正犯的实行行为的。而且，与共同正犯一样，没有必要将正犯者的犯罪意思与构成要件的故意作同义的解释，即便使过失犯的正犯形成实行的决意，能够说是“使得犯罪实行”。② 这就意味着即便是犯罪共同说，也认为对过失犯的教唆、帮助是能够肯定作为一种片面共犯的。

但是，我认为对于过失犯的共犯不同，必须否定出于过失的教唆、帮助的可罚性。例如，对于实行犯罪处于踌躇中的正犯，与之谈话的朋友不经意说话的结果，由于过失使正犯者产生犯意（教唆），或者，使正犯者已有的犯意被强化等，对全部犯罪行为起到助长、促进的情况下（帮助），应当如何认定呢？首先，着眼于自然行为共同的行为共同说认为，出于过失的教唆也能够处

① 参见木村龟二：《刑法总论》（增补版 1978 年）403 页。

② 参见内田文昭：《刑法Ⅰ总论》（改定版 1986 年）309 页；中野次雄：《刑法总论概要》（第三版 1992 年）161 页；佐久间修：《刑法讲义总论》（1997 年）376 页。不同观点有，井田良：《犯罪论的现在与目的的行为论》（1995 年）197～198 页。认为不如说是间接正犯的观点有，大塚仁：《刑法概说总论》（第三版 1997 年）306 页；大谷实：《刑法讲义总论》（新版 2000 年）470 页；川端博：《刑法总论讲义》（1995 年）569 页。

罚。① 但是，犯罪共同说认为，在教唆犯的场合，必须是具有使他人对特定犯罪实现产生决意的意思为要旨的，这对认定出于过失的教唆是困难的。② 即出于过失的教唆，由于欠缺“使对方实行犯罪”的表象、容认，可以说是修正了的构成要件，但这不仅仅缺乏刑法第38条但书对过失犯适用的明文规定，而且很可能成为是对一种违反了阻止犯罪义务的处罚。③ 同理，对出于过失的帮助也应该否定。④ 毕竟有共犯从属性的限制，因为教唆、帮助的故意是从属于正犯的意思的，包含认识到使正犯的实行容易的这一内容，所以，帮助者的故意，必须是从属于正犯者实行的意思。

① 参见牧野英一：《日本刑法》（上卷）（重订版1941年）458～459页；宫本英修：《刑法学粹》（1931年）409页；木村龟二：《刑法总论》（增补版1978年）412页；佐伯千仞：《刑法讲义总论》（四订版1981年）354页。

② 植松正：《刑法概论Ⅰ》（再订版·1974年）375～376页；团藤重光：《刑法纲要总论》（第三版追补1995年）404页；庄子邦雄：《刑法总论》（第三版1996年）479页；福田平：《刑法总论》（全订第三版1996年）276页；大塚仁：《刑法概说总论》（第三版1997年）279页；香川达夫：《刑法讲义总论》（第三版1995年）390页；西原春夫：《刑法总论》（1977年）351页；大谷实：《刑法讲义总论》（新版2000年）462页；川端博：《刑法总论讲义》（1995年）557页等。

③ 另外，根据一部行为共同说认为，作为处罚过失犯例外的理由，既然没有法律明文规定，就应否定出于过失的教唆、帮助［山中敬一：《刑法总论Ⅱ》（1999年）802、850页］。

④ 参见植松正：《刑法概论Ⅰ》（再订版·1974年）380页；团藤重光：《刑法纲要总论》（第三版追补1995年）413页（二）；福田平：《刑法总论》（全订第三版1996年）280页；大塚仁：《刑法概说总论》（第三版1997年）303页；香川达夫：《刑法讲义总论》（第三版1995年）398页；大谷实：《刑法讲义总论》（新版2000年）468页；川端博：《刑法总论讲义》（1995年）566页等。

四、结果加重犯的共犯

(一) 结果加重犯的共同正犯

所谓结果加重犯，是指在实现基本犯罪构成要件（基本犯），发生一定的重大结果（加重结果）时，对基本犯的法定刑予以加重而符合特别类型的情况。通常，基本犯是故意犯，至于因基本行为而发生的加重结果，是以没有故意为前提的。假如对于加重结果发生有认识、认容的场合，毋庸置疑，是足以认定行为全体成立故意的既遂犯的。的确，在我国（日本国）的判例，是以基本犯和加重结果之间具有因果关系为已足，① 学说中多数认为，从责任主义是近代刑法的基本原则的见地看，限于行为人对于重结果的发生有过失。这就意味着，基本犯中包含着结果发生的高度危险性，实际上与重结果联系的事实是特别加重的类型。② 而且，在理论上，结果加重犯的构造不过是故意的基本犯与过失的结果犯的结合形态。③

① 大判 1928（昭和 3）年 4 月 6 日刑集 7 卷 291 页；最判 1957（昭和 32）年 2 月 26 日刑集 11 卷 2 号 906 页等。学说有植松正：《刑法概论Ⅰ》（再订版·1974 年）135 页；香川达夫：《刑法讲义总论》（第三版 1995 年）251 页；西原春夫：《刑法总论》（1977 年）188 页等。

② 另外，参见佐久间修：《结果加重犯的共同正犯——以德意志判例为中心》，载《名古屋大学法政论集》96 号（1983 年）96 页以下；同《结果加重犯的共同正犯——关于德意志学说上的诸见解》，载《名古屋大学法政论集》98 号（1983 年）1 页以下。

③ 参见团藤重光：《刑法纲要总论》（第三版追补 1995 年）337 页；大塚仁：《刑法概说总论》（第三版 1997 年）196 页；大谷实：《刑法讲义总论》（新版 2000 年）222 页；丸山雅夫：《论结果加重犯》（1990 年）224 页以下；香川达夫：《结果加重犯的本质》（1978 年）62 页以下等。

对于结果加重犯有问题的是，虽然对于基本犯是共同（意思），但是对重结果欠缺表象、认容，关于过失部分能否认为成立共同正犯？例如，X 和 Y 以共同伤害 Z 的意思实施暴行，直接由 X 的行为造成 Z 死亡结果的发生时，Y 也是伤害致死罪的共同正犯吗？根据判例，基本犯和加重结果之间如果具有条件的关系就足够了，如果成立基本犯的共同正犯，即使关于加重类型的致死的罪责，当然也能够肯定成立共同正犯。① 不过，现在学说上对于结果加重犯的共同正犯持肯定见解的是处于支配的地位。② 如前所述，只要对刑法第 60 条规定的“共同（实行）”理解包含着行为人不注意的行为，对于共同实施了故意的基本犯的实行者而言，就过失部分认定共同正犯也无不妥。

（二）结果加重犯的教唆、帮助

前述的犯罪共同说也认为，背后推动故意的基本犯（正犯）实施犯罪，由于过失而惹起加重结果发生的参与者，可以说的确使得正犯对过失部分产生“犯意”。如前所述，既然肯定了对过

---

① 参见大判 1928（昭和 3）年 4 月 6 日，最判 1947（昭和 22）年 11 月 5 日刑集 1 卷 1 页。具体确认的，伤害罪［最大判 1948（昭和 23）年 10 月 6 日刑集 2 卷 11 号 1 267 页］，伤害致死罪［最判 1958（昭和 33）年 6 月 17 日刑集 12 卷 2 141 页］，强盗致伤罪［最判 1948（昭和 23）年 4 月 17 日刑集 2 卷 4 号 378 页］，强盗致死罪［最判 1951（昭和 26）年 3 月 27 日刑集 5 卷 4 号 686 页］，强奸致死伤罪［大判 1908（明治 41）年 4 月 14 日刑录 14 辑 391 页］。

② 参见团藤重光：《刑法纲要总论》（第三版追补 1995 年）402 页（二）；大塚仁：《刑法概说总论》（第三版 1997 年）284 页；庄子邦雄：《刑法总论》（第三版 1996 年）468 页；大谷实：《刑法讲义总论》（新版 2000 年）443 页；川端博：《刑法总论讲义》（1995 年）533 页；山中敬一：《刑法总论 Ⅱ》（1999 年）804 页；佐久间修：《刑法讲义总论》（1997 年）362页；桥本正博：《结果加重犯的共犯》，载《刑法基本讲座》（4）159 页；丸山雅夫：《论结果加重犯》（1990 年）390 页以下等。

失犯的教唆、对过失犯的帮助，在此延长线上，就要肯定结果加重犯的教唆、帮助。① 的确，如果着眼于所谓共犯者过失行为，出于对正犯的行为欠缺支配力这种抽象的理由，而认为对结果加重犯的教唆、帮助不可罚的观点是存在的。② 但是，如将责任主义贯彻到底，在结果加重犯的共犯者对基本犯的实行予以加担之际，对惹起一定类型的重大结果的危险性是预先知道的，在此限度内，由于正犯者的行为包含着加重结果的发生，所以不得不认为成立共犯。因而，暂且不论共犯者对特别的加重结果采取了避免措施这种情况，即使就惹起或者促进了结果加重犯的正犯这种狭义的共犯而言，只要违反客观的注意义务和存在具体的预见可能性，就可以适用该加重类型。③

如果对所有的过失犯的共犯（广义）予以否定的话，且不论结果加重犯，即使从具有因果关系作为处罚根据的判例的立场看，在学说上对于由基本犯而产生的加重结果的过失犯的共犯也不可谓不处罚。不过，促进和助长了基本犯的共犯，对重大结果发生有未必发生认识的情况下，根据不少对于基本行为所包含的高度危险性是知道的情况，应当是肯定结果加重犯共犯的成立的。的确，对所谓的危险性完全不能认识的情况下，即使可以说对重大结果的发生置之不理，出于过失的共犯也是不可罚的。这就意味着，关于结果加重犯共犯的成立范围是应当有所限制的。

---

① 参见木村龟二：《刑法总论》（增补版 1978 年）416 页；大塚仁：《刑法概说总论》（第三版 1997 年）324 页；大谷实：《刑法讲义总论》（新版 2000 年）490 页；前田雅英：《刑法总论讲义》（第三版 1999 年）458 页；丸山雅夫：《论结果加重犯》（1990 年）391 页以下；大判 1924（大正 13）年 4 月 29 日刑集 3 卷 378 页等。

② 参见桥本正博：《结果加重犯的共犯》，载《刑法基本讲座》（4）160 页。

③ 参见大塚仁：《刑法概说总论》（第三版 1997 年）324 页；《犯罪论的基本问题》（1982 年）312 页。

结果加重犯自身的条件，如果从刑法分则所设立的特别类型这一点来考虑，出于过失的共犯也并不是没有例外地被允许处罚。

五、结语——组织过失中的共同过失

（一）监督过失中共犯论的意义

最后所要谈的，围绕着监督过失成立与否，有一种观点主张，组织体内某一成员过失的不作为，就相当于原管理者对过失正犯的帮助形态。[①] 但这里所谈的并不是作为原管理权者的代表董事，而是在一般董事将危险性事项搁置一旁的情况下，难以认定与过失正犯相适应的实行行为性。并且，即使是过失犯也有正犯与共犯的区别，所以，关于过失犯中共犯的可罚性，有个别考察的必要性。[②] 即可以说在刑法典上，并没有明文规定限定是故意的共犯的精神，在限制共犯的概念下，因狭义的共犯的规定是刑罚扩张的事由，所以，对过失犯的共犯，必须说明什么是其实质性处罚的根据。不然的话，从因果论上看，故意犯的过失的共犯一律予以处罚时，尽管在中途有第三者故意行为的加入，但从先行的正犯者和加担者之间的关系看，对后者，可以说他很可能设定一般的阻止犯罪的义务。

① 参见内田文昭：《大洋百货火灾事故控诉审判决》，载《法律广场》42卷2号（1989年）71～72页；《大洋百货火灾事故最高判决论点》，载《ジュリスト》994号（1992年）53页。

② 参见松宫孝明：《立命馆法学》238号（1994年）50、53页；佐伯千仞：《刑法讲义总论》（四订版1981年）354页，及《共犯论的源流》（1987年）117页；松生光正：《法学论丛》117卷5号（1985年）51页以下。

（二）组织性的过失与过失的共犯

另一方面，组织体的经营者，认识到违反行政法规从事的事业具有的危险性，而敢于继续违法经营的结果，与在现场的担当者相辅而引起重大事故时，是否不能在间接正犯之外处罚呢？理论上一种观点认为，刑法典中尽管没有基本犯，但有基于先行违法行为（行政犯）所派生出的加重结果所形成的结果加重犯。① 在此，否定过失共犯论者认为，在第一层次不承担责任的监督者，由于仅仅作为过失共犯是不可罚的，这种形式意义上的处理方法，是否即是组织性过失的样态，是有很大的疑问的。如果从行为人领导着实质的事业活动看时，可以说是作为具有优越支配行为的首谋，即使不成立过失的同时（正）犯，或者间接正犯，② 鉴于对未必性或抽象性结果有认识这一点，至少应当作为是对现场担当者的过失正犯有助长（故意）的共犯予以处罚。而且，如前所述，根据结果加重犯是刑法典中的特别类型，即使是对于过失部分非故意的参与，我认为今后仍然有对其可罚性再探讨的余地。

① 最近，刑法典增加了危险运输致死伤罪，所以，对于交通事故犯罪，一方面需要再考虑故意和过失的关系，另一方面，这也包含着修正过失共犯形态处罚范围的契机。

② 例如，有旅店的经营者，无视重大火灾以至于一般的危险性的情况下，以未必发生的故意不建立防火体制，由于现场的担当者构成过失的结果犯，造成投宿旅客死伤的场合。

间接正犯

文：高桥则夫①
译：王昭武②

一、引　言

我国现行刑法对间接正犯并无规定，只是在改正刑法草案(1974年)中对此作了如下规定：“利用非正犯之他人实行了犯罪的，为正犯”(第26条第2款)。但把被利用者限定为“非正犯之他人”，则在立法上完全否定了诸如“正犯背后之正犯”这种法律形态的存在可能性，此外还会阻碍有关间接正犯学说的发展。由于间接正犯是直接正犯的例外法律形态，一旦将其立法化，则有扩大间接正犯成立范围之虞，这一点不容否认。现在看来，该草案根本就没有通过的可能性。

因此，在解释论上往往将间接正犯理解为符合各犯罪构成要件的正犯。间接正犯是与直接正犯相并列的。但在“利用他人”实现犯罪这一点上又不同于直接正犯的单独正犯。再者，由于间接正犯也是正犯，因而又不同于广义的共犯(共同正犯、教唆犯、帮助犯)。如何区别间接正犯与这些犯罪参与类型，是学界

① 高桥则夫，日本早稻田大学法学部教授。

② 王昭武，武汉大学法学院刑法研究生。

的一个难点。尤其是有关间接正犯与教唆犯的区别、间接正犯与共同正犯的区别，无论是判例还是学说，迄今为止均展开了激烈的论争。

下面想以如何探求间接正犯的正犯性之理论根据作为出发点，并在此基础上进一步就间接正犯的类型、间接正犯的实行的着手时间、间接正犯与教唆犯的错误、间接正犯及其防卫等问题展开一些探讨。

二、间接正犯的正犯性

如前所述，一般认为间接正犯是正犯。也有观点认为，间接正犯为共犯所消化，因而并不需要间接正犯这一概念。有鉴于此，首先把间接正犯的正犯性之根据作为一个问题提出来，就显得很有必要。

由过去的共犯独立性说所演变而来的间接正犯不要说，① 其主观主义刑法的立场本身就并不妥当，而在其中占有很重要地位的不要论也是由共犯的处罚根据论中的纯粹惹起说所主张。纯粹惹起说认为，由于共犯对惹起犯罪结果这一点具有固有的犯罪性，并完全独立于正犯的违法性，因而使用间接正犯这一概念毫无意义，应把幕后者定性为共犯。例如，在利用他人的无过失行为或利用不知情的被害人的情况下，幕后者就不是间接正犯，而是共犯。② 但该观点并未得到彻底贯彻，于是便出现了根据规范的障碍的有无而作出是否存在成立间接正犯余地之判断的修正的观点。③ 按照该修正的观点，在利用他人的无过失行为或利用不

---

① 参见牧野英一:《日本刑法》(上)(1937 年) 461 页。

② 参见佐伯千仞:《刑法讲义总论》(四订版 1984 年) 346、355 页。

③ 参见中义胜:《讲述刑法总论》(1980 年) 193、229 页；植田重正:《共犯的基本问题》(1952 年) 73 页。

知情的被害人的情况下，由于不存在规范的障碍，因而是间接正犯。

这些肯定扩张的共犯概念的观点不仅会造成共犯概念的松散，还会造成放弃正犯概念在犯罪现象中的中心形态地位这一结果。

因此，应该把间接正犯定性为正犯，但其正犯性根据却依然不太明晰。①

应该说，从来的通说观点仅仅停留于从实行行为性探求间接正犯的正犯性这一形式的观念，② 但如果实行行为性的内涵并不明晰，那该观点就会招致被认为是以问求问的批判。这样就有必要揭示出实质的解释标准，但这又是一个极其困难的课题。

例如，就从被利用者所具有的工具的特性探求根据的“工具理论”而言，因在必须具有何种内容才能判断其具有工具性这一点上并不一定明晰，即存在究竟是事实的判断，还是规范的判断这一问题。这一问题同样存在于从“行为支配”这一概念探求根据的观点③ 之中，即也会产生究竟是趋向于“事实的”行为支配，还是趋向于“规范的”行为支配这一问题。对此，也有观点认为，在探求根据时还应加上“危险性”这一事实的判断，④ 即从利用被利用者的行为探求实现一定犯罪的现实危险性。但在间接正犯的情况下，现实危险性一般并不发生在利用行为之时，而存在于被利用者实施行为之时，按此观点，就会以不存在危险性

① 作为对间接正犯的有代表性的研究，参见大塚仁：《间接正犯的研究》（1958年）、西原春夫：《间接正犯的理论》（1962年）、中义胜：《间接正犯》（1963年）。

② 参见团藤重光：《刑法纲要总论》（第三版1990年）153页；大塚仁：《刑法概说总论》（第三版1997年）153页。

③ 关于行为支配说，参见桥本正博：《“行为支配论”与正犯理论》（2000年）。

④ 参见大塚仁：《刑法概说总论》（第三版1997年）155页。

为理由而将其定为共犯，最终回归到间接正犯不要说。另外，“规范的障碍说”以是否介入了规范的障碍作为判断的标准，① 不仅在以什么为内容来判断规范的障碍这一点上表现得不明晰，而且，其试图仅仅以规范的责任论作为区别正犯与共犯的标准的理由也显然不够充分。

近来，有一种观点很引人注目，② 该观点认为，在被利用者本身对犯罪构成要件之结果存在自律的决定时，便可以否定背后者的间接正犯性；反之，只要存在相当因果关系，背后者便为间接正犯。该观点从结果归属的程度、因果关系的强度这一角度把握间接正犯的正犯性，针对背后者的“行为之后所介入的情事”这一性质，并基于事后判断而决定其正犯性的有无。这种观点以自己答责原则、禁止溯及论为根据，先从结果着手研究，颇具特色，与仅仅着眼于背后者的行为性质的通说有所不同。但行为支配论与这种研究方法也并不一定矛盾。行为支配论的问题在于行为支配的内容本身过于模糊，其实，行为支配论也提出了规范的标准，只是其讨论仅限于此，事实上，作为其下位标准，即可以提出诸如自己答责性等标准。

如此一来，其结果是否就只能满足于个案分析这种一直受到批判的方法了呢？然而，如果把犯罪参与类型的区别问题理解为应该按照个别情况分别决定这一“开放性评价问题”，那么，个案分析的判断方法也就理所当然了。也就是说，在有关间接正犯与教唆犯的区别、共同正犯与帮助犯的区别以及间接正犯与共同正犯的区别等正犯、共犯论中，应该在对该犯罪的客观的要素、

① 参见西原春夫：《刑法总论》（下卷）（改订准备版 1993 年）358 页；山中敬一：《刑法总论Ⅱ》（1999 年）769 页。

② 参见岛田聪一郎：《正犯、共犯理论的基础理论》（2002 年）。反对这种观点的有照沼亮介：《利用错误之间接正犯》，载《法学政治学论究》52 号（2002 年）293 页。

主观的要素及规范的要素作同等考虑之后再作判断。① 这一问题与由行为规范、义务规范所构成的规范的判断并无关联，而属于由刑罚目的派生出来的可罚性判断（可罚性违法性、可罚性责任）所构成的“制裁规范”问题。据此，犯罪参与类型的区别，应该按照以下顺序来进行：首先，要考察是否存在共谋，如果存在共谋，则成立共谋共同正犯；只有在不存在共谋的情况下，才会考虑是否有可能成立教唆犯、帮助犯，或者间接正犯。而要判断究竟是教唆犯、帮助犯，还是间接正犯，就只能以是属于犯罪现象的中心形态还是周边形态为标准。在这一点上，就可以认为有无犯罪事实的支配，特别是有无优越的支配这一行为支配的观念原则上有存在的价值，对此，也应该理解为“事实的”行为支配。罗克辛（Roxin）把间接正犯作为意思支配来把握，设定了因受强制而引起的情况、因错误而引起的情况、因组织的权利系统而引起的情况等下位标准。② 我认为，没有必要仅仅限定为意思支配，实际上前述三种情况都很有可能被赋予间接正犯特征，只是前文所提到的“在不存在共谋的前提下”这一点不容忽视。

一种观点认为，如果根据事实的行为支配（犯罪事实的优越的支配）来判断间接正犯的正犯性，那么，即便是在处于“前台”的行为人具有正犯性的情况下，也能够肯定背后者的正犯性。即应该肯定存在“正犯背后的正犯”这一法律概念。与此观点相反，按照把“行为支配”作规范性理解的观点，在处于“前台”的行为人已被定性为正犯的情况下，此人便取得了被追究主

---

① 这是德国判例的基本立场。参见 BGHSt.35，347，352f.；39，381，388f.；40，219，235f. 其他，也可参照托马斯·魏根特著，高桥则夫译：《德国刑法中的间接正犯的新形态》，载《比较法学》（早大）31 卷 1 号 133 页。

② 参见 Roxin，Taterschaft und Tatherrschaft，7.Aufl.，2000，S.141ff.

要法律责任的地位，背后者则只承担次要的法律责任，即只能把背后者作为教唆犯来处罚，这样也就否定了“正犯背后的正犯”这一法律概念的存在。

三、间接正犯的类型

以被利用者的性质为区分标准，可以将间接正犯分为以下几类：1. 利用刑事法上的无行为能力者；2. 利用无故意者；3. 利用适法行为者；4. 利用无有责性者；5. 利用有故意之工具者。

在1的情况下，并无特别问题，虽然有时也可以评价为直接正犯，但由于是利用他人的行为形态，因而也可以纳入间接正犯的范畴。

关于2的情况，有以下一些判例：让不知情的第三人进行申请，进而对公证证书原本作不实记载的（大判1911年5月4日刑录17辑753页）；欺骗被害人可以死而复生，而让被害人自己勒住脖子的（大判1933年4月19日刑集12卷471页）；间接正犯利用被害人的动机错误，使袒露了心迹的被害人误信行为人也会随之自杀而自杀的，判例对此并未认定为自杀参与罪，而是认定构成杀人罪（最判1958年11月21日刑集12卷15号3519页）。

问题在于，在利用本身存在过失的被利用人的情况下，背后者是否构成间接正犯。例如，在利用护士的过失，让其给患者注射烈性药的情况下，由于过失行为者本身存在规范的障碍，被利用者便缺乏了工具性，因而的确难以肯定背后者的间接正犯性。但由于背后者存在故意，因而就可以认定其具有超过被利用者的优越性，进而也能认定其中存在应被称为优越的支配的犯罪事实。也就是说可以认定背后者构成杀人罪的间接正犯。

另外一个问题在于，在被利用者本身具有不同于背后者的（较轻之罪的）故意的情况下，是否能够肯定背后者的间接正犯性。例如，甲明知屏风后面有人，而唆使乙用手枪枪击屏风，不知情的乙的行为造成了他人被杀害这一结果。在这种情况下，乙是器物损坏罪的正犯，那甲应承担什么样的罪责呢？就重罪而言，乙仅仅只是工具而已，而甲则存在优越的支配，这样，可以认定甲构成杀人罪的间接正犯。① 对此案例，也有反对意见认为，由于可以肯定乙存在规范的障碍，所以只能认定甲为杀人罪的教唆犯。②

对于3这种情况，有这样一个判例：行为人受孕妇嘱托实施堕胎行为，但不仅没有达到堕胎的目的，反而给孕妇的身体造成异常，如不手术产出婴儿便会危及孕妇的生命，在这种情况下，手术产出婴儿就是出于挽救孕妇生命而迫不得已采取的一种紧急避险，行为人便利用这一点，而让医师实施了堕胎手术。对此案情，判决判定行为人利用了医师的正当业务行为，构成同意堕胎罪的间接正犯（大判1921年5月7日刑录27辑257页）。最近还有这样一个判例：行为人实施所谓“限制运输”③ 行为，对此，即便是本身被作为工具利用的运输业者知道实情，判例也认定行为人构成关税法上的禁制品进口罪的间接正犯的既遂（最决1997年10月30日刑集51卷9号816页）。

就4这种情况，问题在于利用无责任能力人、特别是利用刑事法上的未成年人的行为是否构成间接正犯。对此，判例并未作简单划一的判决，而是在对背后者有无实施强制行为及强制程度、有无压制未成年人的意思及压制程度等作了实质性考察之后才作判决的。针对这种情况，有三个判例值得注意：

---

① 参见团藤重光：《刑法纲要总论》（第三版1990年）159页注解(14)。

② 参见西原春夫：《刑法总论》（下卷）（改订准备版1993年）360、361页注解（4）。

③ “限制运输”一词由controlled delivery翻译过来——译者注。

第一个是1983年9月21日刑集37卷7号1070页所登载的最高法院判例。对于被告人让12岁的养女实施盗窃的行为，判决认定构成间接正犯，对此可以理解为是判决肯定了被告人存在强制性支配。① 当然，对此案情也还存在可以探究被告人与其养女之间是否存在共谋的余地。认定本案所应采取的顺序是，只有在否定了被告人与其养女之间存在共谋之后，才可以去研究是否构成犯罪现象的中心形态，而在认定不构成教唆犯后，即可转而探讨是否构成间接正犯。

第二个是1995年11月9日判决明报1569号145页所登载的大阪高等法院判例。被告人指示、命令10岁的少年将因交通事故而倒地的被害人的提包拾来并自己拿走，对此行为，判例认定构成间接正犯，但辩护人则主张构成共谋共同正犯。判例可能是基于以下考虑：从单纯的命令的支配力强度以及少年当时瞬间的机械的行动来考察，可以认定存在意思压制，该少年只是一种作条件反射的运动的工具而已。②

指示型、支配型的共谋共同正犯与意思压制型的间接正犯之间的区别非常微小。理论上，对共同正犯采用限制从属性说的观点（违法连带性说），对可能构成刑事法上的未成年人的共同正犯持肯定态度。但由于对共同正犯是适用“部分实行全部责任之法理”，因而，从这一角度考虑，就有必要对刑事法上的未成年人作实质的判断。

第三个是登载在2001年10月25日刑集55卷6号519页上的最高法院判例。母亲指示、命令12岁零10个月的长子实施抢

① 关于本案，参见园田寿：《刑法判例百选Ⅰ总论》（第四版1997年）148页。

② 关于本案，参见高桥则夫：《判例スレクト’96》，（法学教室198号别册1997年）35页；龟井源太郎：《都立大法学会志》38卷2号（1997年）489页。

劫行为，对此，判决判定既不构成抢劫罪的间接正犯也不构成抢劫罪的教唆犯，而是构成共同正犯。在本案中，该长子本身具有是非辨别能力，母亲的指示、命令也不足以压制长子的意思，长子是基于自己的意思而决意实施抢劫行为，并且还随机应变地处理问题而最终完成了抢劫。判例正是以此为理由而判定构成共同正犯。①

就5而言，可以分为二种类型：一是利用“无目的有故意之工具”，例如，使印刷工误信为是印刷电影材料，出于行使目的而伪造通货的行为；二是利用“无身份有故意之工具”，例如，公务员让自己的妻子收受贿赂的行为。问题往往出现在后面这种类型，通说认为，丈夫构成受贿罪的间接正犯，妻子构成从犯。与此相对，也有基于妻子存在规范的障碍这一点，而认为丈夫构成受贿罪的教唆犯，妻子构成从犯的观点；② 还有观点主张丈夫与妻子构成共同正犯。③ 笔者认为，如果能够认定丈夫的行为对于妻子所实现的犯罪事实具有优越的支配，则应认定丈夫构成间接正犯；如果二者之间存在作为共同正犯之基础的共谋，则应认定构成共同正犯。

另外，还有利用有故意的帮助工具的问题。即作为工具而实施行为的行为者具有故意，也具有正犯的其他一切构成要素，在这种情况下，能否认定该行为者构成帮助犯、背后者构成间接正犯，也是一个问题。有这样一个判例：公司的董事命令该公司的雇工违反食粮管理法搬运大米，在此案中，无论该雇工是否知情，均是用自己的手脚实施了搬运、运输大米的行为。对此，最

---

① 关于本案，参见岛田聪一郎：《法学教室》259号（2002年）124页。

② 参见中山研一：《刑法总论》（1982年）476页。

③ 参见西原春夫：《刑法总论》（下卷）（改订准备版1993年）363页。

终判定仅由该董事承担实行正犯的罪责（最判1950年7月6日刑集4卷7号1178页）。但就正犯与共犯的区别而言，要认定利用有故意的帮助工具的利用者构成间接正犯，则只能采取主观说，对这一点存在疑问。因此，对自己实施实行行为者不能提供帮助的，根据情况，应该认定构成共同正犯。

就前面谈到的"正犯背后的正犯"问题，"铎纳（Dohna）事例"值得探讨。① 即在背后者利用（已决意实施犯罪的）直接正犯者的（对客体的）认识错误而杀害了被害人的情况下，背后者应承担何种罪责的问题。例如，C知道A有意杀害B，就使得A把C本人意欲杀害的D误信为B，C便利用A的这种错误而杀死了D。

要想对背后者C的行为支配性作出判断，如何理解C与处于前面的A之间的关系就很重要。在本案中存在这样一个事实，即本来并不处于危险状态的被害人D正是因为背后者C的操纵而丧失了生命，并且该事态是基于背后者C惹起了正犯者A对客体认识错误这一事实才产生。这样就存在一个问题：惹起客体错误并利用这种错误的行为是否构成间接正犯。在客体错误的情况下，这种错误对于直接正犯者的违法性（在量的方面）毫无影响，但正是由于背后者惹起了直接正犯者对客体的认识错误，才使得直接正犯者的违法性内容出现了质的不同。也就是说，一方面，正犯者对杀人罪的构成要件中的"人"这一抽象的人存在认识，并引起了结果的发生；另一方面，背后者对具体的"人"存在认识，也引起了结果的发生。在这种情况下，被害者对正犯者而言是抽象的人，而对背后者而言则是具体的人。从此意义上

① 关于"铎纳事例"，参见Graf zu Dohna, Ubungen im Strafrecht und Strafprozesrecht, 3. Aufl., 1929, Fall Nr.36。还可参见高桥则夫：《共犯体系与共犯理论》（1988年）77页；斋藤诚二：《关于所谓"正犯的背后的正犯"》，载《警察研究》55卷10号（1984年）3页。

看，杀害被害人这一具体实行行为的操纵者，就是把被害人当做具体的人来把握的背后者，因而也就能够认定背后者较正犯者而言具有“优越的”行为支配。构成要件只是抽象的概念，而行为支配则是能够根据具体情况进行判断的概念。这样就可以认定背后者构成杀人既遂的间接正犯。

四、间接正犯实行的着手时间

即便是间接正犯的正犯性得到了肯定，何时为其实行的着手时间也仍成为一个问题，这是一个实行行为概念与危险概念相互交叉的问题。

从背后者的利用行为探求间接正犯的实行着手时间的观点，主要是基于以下根据：被利用者的行为是因果关系的经过，离开间接行为者的手之后再开始认定实行行为并不合理，实行意思的主体与实行行为的主体不可分离亦即此意。① 这样又会出现一个问题：即使着手时间大幅提前，而事实上在利用行为之时危险性并不急迫。

此外，还有从被利用者的行为时（或者危险发生时）去探求间接正犯的实行着手时间的观点，但该观点在其构成理论上也存在问题。

第一个观点认为应采取以下构成理论：把实行行为概念与着手概念相互分离，在达到被利用行为之时则存在着手，其时，至此为止还仅是预备行为的利用行为（自然的行为）便转化为实行行为。② 这种观点是把实行的着手这一概念作为单纯的时间概念

① 参见团藤重光：《刑法纲要总论》（第三版 1990 年）355 页；大塚仁：《刑法概说总论》（第三版 1997 年）168 页；福田平：《刑法总论》（全订第三版 1996 年）223 页。

② 参见平野龙一：《刑法总论Ⅱ》（1975 年）318 页。

来理解，把实行着手之后的阶段称为实行行为，这简单明了；另外，按照这种观点，即便就共犯而言，在正犯达到实行的着手之时，共犯也便具有了实行行为性。但这种观点运用在尚未采用统一正犯体系的我国刑法典上还存在问题。

第二种观点认为，可以把间接正犯理解为作为与不作为的复合形态，而在不作为阶段去探求实行的着手时间，① 但对其仅把作为义务理解为一种先行行为（犯罪行为）的见解，则存在疑问；再者，在被利用者行为之时（在隔离犯的情况下为到达之时）丧失了作为可能性的情况下，就会出现无法追究不作为犯的罪责的问题。

第三种观点认为，对实行行为与实行的着手时间不加分离，而将它们与未遂的概念相分离。② 也就是说，在利用行为之时肯定实行行为及其着手，如没有被利用者的行为则依然构成犯罪预备，而在被利用者行为之时则构成未遂。在区别实行行为的危险性与未遂犯成立的危险性这一点上，这种观点有自己的特色，前者只要有一般的危险即可，而后者则要求有具体的危险。

如前所述，刑法规范由行为规范与制裁规范所构成，在违法性阶段，前者可以派生出规范的违法性，后者则可以派生出可罚的违法性。从危险概念的角度来看，在前者的场合，只要存在法益侵害的一般的危险性（事前判断）即可，这是为实行行为性以及实行的着手奠定基础；在后者的场合，则要求有具体的危险性（事后判断），那是为可罚的未遂奠定基础。因此，作为结论，我赞同第三种观点。③

---

① 参见西原春夫：《刑法总论》（下卷）（改订准备版 1993 年）366 页。

② 参见曾根威彦：《刑法总论》（第三版 2000 年）268 页。

③ 参见拙作：《犯罪论中的同时存在的原则及其例外》，载《佐佐木史朗先生喜寿祝贺论文集》（2002 年发行预定）。

五、间接正犯与教唆犯之间的错误

在出于间接正犯的意思而客观上构成了教唆犯的情况下，例如，在误认为是无是非辨别能力的少年而命令其实施盗窃，实际上却并非如此的场合下，如何认定幕后者的罪责呢？

由于教唆犯的成立是根据刑法典第 61 条所修正的构成要件，间接正犯与教唆犯之间的错误即不同构成要件间的错误（抽象的事实的错误），因此，准用刑法典第 38 条第 2 款的规定，上述情形中的背后者应认定为构成盗窃罪的教唆犯。

有这样一个与上述情况相反的例子。医师甲为了杀害患者 X，准备了灌入毒液的注射器，命令不知情的护士 A 给患者注射。A 在途中察觉，也产生了利用这一机会杀害 X 的想法，便依照医师甲的指令给患者注射。在这种情况下，如何认定甲的罪责呢？对于 X 被杀害这一事实，甲是出于间接正犯的意思；但护士 A 在行为途中则不再是工具，而是出于自己的犯意实施了杀人行为，因此客观上说，甲是起到了教唆犯的作用。问题就在于如何处理这种错误，这一问题与前面所提到的间接正犯的实行着手时间有关。

按照从利用行为时探求间接正犯的实行着手时间的观点，由于已经存在实行行为，因而也能够肯定间接正犯的实行着手时间。问题在于是构成既遂犯还是构成未遂犯。既遂说认为，利用行为本身就可以评价为是利用了不知情的他人的实行行为，其后，即便是被利用者知道了实情，那也只是因果过程中的轻微错误，仍然可以认定构成既遂犯。① 与此相反，未遂犯认为，由于该因果关系的错误偏离了相当性，所以应该认定为未遂犯。② 如

① 参见团藤重光：《刑法纲要总论》（第三版 1990 年）429 页。

② 参见内田文昭：《刑法概要》（中卷）（1999 年）573 页注解（17）。

果按照折中的相当因果关系说来解释这种因果关系错误，则可以作以下理解：尽管A察觉到了有毒，但仍然出于自己的杀意而给患者X注射，在行为当时，一般人无法认识到这一变化，甲对此也并无认识，因此，判断的根基得以排除，只能是依据甲的行为的危险性来判断其间的因果关系。交付注射器这一行为本身，在交付阶段还不存在对法益的具体的危险，所以，甲的行为与X的死亡之间的因果关系被否定，而只能限于构成未遂犯。

与上述观点相反，从被利用者的行为探求间接正犯的实行着手时间的观点则认为，在当时这一时点，可以认定存在这样一种关系，即主观上存在间接正犯的意思，客观上则是教唆犯。所以，按照错误论来处理就成为可能，应准用刑法典第38条第2款的规定，构成相对较轻的杀人既遂罪的教唆犯。①

对此，我个人认为，应当将利用行为认定为实行的着手，在被利用者的行为实施阶段可以认定具体的危险的发生，进而认定未遂。按照这种理解，又如何对利用者的交付注射液这一行为作法律的评价呢？甲存在把A作为工具来利用的主观意图，而对工具性存在认识则是处于背后的行为人的间接正犯性的主观的要件；在注射液交付阶段，被利用者客观上也成了工具，所以，可以认定甲的注射液交付行为存在杀人的间接正犯性（潜在性实行行为）。但最终的判决结果却是认定构成教唆犯这一与正犯相比违法性要轻的共犯。对此，只能理解为其违法程度无限地接近于未遂犯。因此，准用第43条的规定，甲仅仅只是构成杀人未遂罪。

与此相反，在出于教唆犯的意思而客观上实际产生了间接正犯的结果的情况下，例如，误信为是有是非辨别能力的少年而教唆其实施盗窃，但实际情况却并非如此的场合，如何认定背后者的罪责呢？尽管客观上是间接正犯，但正如前述，应适用第38

① 参见大塚仁：《刑法概说总论》（第三版1997年）327页。

条第 2 款的规定，认定背后者构成盗窃罪的教唆犯。

在教唆犯认为正犯者存在故意，而正犯者由于事实的错误并不存在故意的情况下，例如，A 误信 B 也知道，因而教唆 B 枪杀 C，但事实上 B 却认为 C 只是一头猪而实施了行为的场合，如何认定 A 的罪责呢？B 根据实际情况可构成过失致死罪；而 A 尽管客观上是杀人罪的间接正犯，但根据第 38 条第 2 款的规定，构成杀人罪的教唆犯。

六、间接正犯及其防卫

最后，还想谈一种特殊的情况。例如，医师甲为了杀害患者 X，准备了灌入毒液的注射器，命令不知情的护士 A 给患者 X 注射，正当并不知情的 A 就要注射之时，与 X 同一病房的乙察觉到有毒，就在 A 正要注射的一瞬间，乙拿起摆在旁边的自己的花瓶砸向 A，而致使 A 负伤。在这种情况下，又如何认定甲的罪责呢？

乙由于对 A 造成了伤害结果，因而符合伤害罪的构成要件。但乙的行为是在自己察觉到 X 就要被毒死之时，为了救助 X 而采取的紧急措施，那么，乙的行为能否阻却违法性呢？

解决这一问题的前提就在于必须弄清加害行为的性质。直接加害对象是并不知情的护士 A，其背后有医师甲存在，那么，要认定医师甲具有间接正犯性，确实是一个难点。也就是，问题在于应如何去理解间接正犯的构造。① 对此可以根据 A 当时是否存在过失而分为两种情况来考察。

首先，对于 A 存在过失的情况的处理。在此情况下，问题在于是否成立对过失行为的正当防卫。由于只要不正侵害是违法

---

① 就此问题，可参见香川达夫：《研究刑法的解释》（1985 年）47 页。

行为即可，所以，可以认定乙的反击行为是对A的违法行为的正当防卫。但肯定又会出现如何理解间接正犯的构造及其关系这一问题。

有观点认为，可以把利用行为作为实行行为，而认定在此阶段存在实行的着手（并且构成未遂犯）。按照这一观点，被利用者对该犯罪并不存在实行意思，也不能把欠缺实行意思的被利用者的动作看做是作为主客观统一体的动作。那么，对于仅仅只是实施了动作的A，又如何评价呢？评价方法有以下几种可能：认为是对物防卫、认为是紧急避险、或者认为是对工具的反击。因此，就可以理解成对背后者甲的间接正犯行为的正当防卫。另外，还有观点认为是过失犯之教唆犯，按照这种观点的理解，就可以直截了当地认定是对A的过失行为的正当防卫。

也有观点认为被利用行为之时就是实行的着手，但这种观点依其构成理论的不同又存在差异。按照把实行行为与实行的着手时间相分离的观点，对于被利用者、工具的行为特性的理解，就会得出与把利用行为作为实行行为的观点一样的结论。与此相反，按照把间接正犯理解为作为与不作为的复合形态的观点，工具的行为就为背后者甲的不作为所包容，乙的行为就构成对背后者甲的不作为所引起的实行行为的正当防卫。

在间接正犯的情况下，由于处于“前台”的行为人的行为被处于背后的间接正犯者的行为所包容，所以，即便是在与被害人的反击行为之间的关系方面，也可以认为是来自间接正犯者的不正侵害，这样，只要探讨是否构成对甲的行为的正当防卫这一点便已足够了。

其次，对于A无过失的情况的处理。问题在于，无过失行为能否被认为是违法？按照新过失论的观点，无过失行为并不违法，是合法行为，对无过失行为不能实施正当防卫。那么，是否可构成紧急避险呢？但按照把利用行为理解为实行行为的观点，相对有过失而言，无过失者的工具性更为明显，也可很容易地认为，对无过失行为的反击就是对背后者甲的间接正犯行为的正当防卫。与新过失论的观点相反，旧过失论认为，危险行为的被害人客观上并无接受侵害的义务，应该认定为是正当防卫。即便是在这种情况下，问题也在于与背后者的间接正犯行为的关联这一点上。

间接正犯：以中国的立法与司法为视角

陈 兴 良①

一、引言：从案例开始

被告人张文俊，男，51岁，系北京汇众公司下属汇众金属表面合金化工厂厂长。被告人修启新，男，52岁，系北京汇众公司下属汇众金属表面合金化工厂副厂长。1995年底，汇众公司出资60万元设立汇众金属表面合金化工厂，该厂为独立法人实体，由张文俊任厂长、法人代表，修启新任副厂长。该厂为股份制企业，张文俊、修启新等人以技术入股，占有25%的股份。1996年，汇众公司购买了一辆切诺基汽车，配发给汇众金属表面合金化工厂使用，产权属汇众公司，购车后向中国人民保险公司海淀支公司办理保险，投保人和受益人均为汇众公司。1996年12月26日，朝阳区三建东宝建筑公司工程队负责人万雨平因汇众金属表面合金化工厂拖欠其工程费4万余元，本人到该厂将切诺基汽车强行开走。张文俊随即向青龙桥派出所报案，该所因此事属于经济纠纷，未予受理。张文俊遂伙同修启新，于当晚向

① 陈兴良，男，北京大学法学院教授、博士生导师。

海淀分局刑警队报案，谎称汽车当天放在工厂院内时丢失，后又向汇众公司谎报。汇众公司遂向中国人民保险公司海淀支公司索赔。1997年6月，保险公司向汇众公司支付理赔款12万元。在这个案件处理中，司法机关存在以下三种意见：第一种意见认为，张文俊、修启新的行为构成保险诈骗罪。理由是：张文俊、修启新以非法获取保险金为目的，利用保险进行诈骗活动，向保险人骗取保险金，数额较大，符合保险诈骗罪的特征，应认定为保险诈骗罪。第二种意见认为，张文俊、修启新的行为构成诈骗罪。理由是：保险诈骗罪的主体是特殊主体，即投保人、被保险人和受益人。本案中张文俊、修启新二人不属上述三种人的任何一种，不符合保险诈骗罪的主体要件，故不构成保险诈骗罪，而构成诈骗罪。第三种意见认为，张文俊、修启新的行为不构成犯罪。理由是：向保险公司索赔是由汇众公司进行的，张文俊、修启新并未参与，没有实施诈骗行为，从而不构成犯罪。以上三种意见似乎各有其理，但又都不能从根本上解决被告人张文俊、修启新的定罪根据问题。其实，在此引入间接正犯的概念，定罪问题就迎刃而解了。由于中国目前司法实践中间接正犯尚是一个陌生的概念，因而法院对于本案被告人张文俊、修启新分别以诈骗罪判处有期徒刑各1年，并处罚金1万元。

二、间接正犯的概念

中国刑法中并无间接正犯的概念，在中国刑法理论上，间接正犯的研究也是晚近才开始的。但在大陆法系的刑法理论与刑事立法上，间接正犯却有着悠久的历史。

近代刑法理论中的间接正犯的概念，据说产生于主观主义未普遍发达时代的德国刑法学。一般认为，间接正犯是客观主义的共同犯罪理论为弥补其共犯从属性说之不足而推衍出来的一个范畴。正如德国学者指出：在教义学史上，间接正犯原本只扮演了

“替补者”的角色。人们当时想将那些顾及共犯的严格的从属性因教唆而不可能处罚的案件包括进去。① 按照主观主义的共同犯罪理论，只要具有共同犯罪行为，即使是具有刑事责任能力的人与没有刑事责任能力的人或者达到刑事责任年龄的人与没有达到刑事责任年龄的人也可以构成共同犯罪，这就是所谓共犯独立性说。按照此说，间接正犯显系正犯，在理论上毫无承认之必要。而按照客观主义的共同犯罪理论，共犯具有从属性，即教唆犯和帮助犯系从属于正犯的犯罪，又称从属犯。在一般情况下，如果正犯不构成犯罪，就没有处罚教唆犯和帮助犯的理由。但是，具有刑事责任能力的人或者达到刑事责任年龄的人教唆或者帮助没有刑事责任能力的人或者没有达到刑事责任年龄的人实施犯罪行为，无异于利用工具犯罪。在这种情况下，如果仍然坚持以正犯构成犯罪作为教唆犯或者帮助犯承担刑事责任的前提，那么，该教唆犯或者帮助犯就难以依法论处，这显然不合乎情理。在这种情况下，为调和客观主义共同犯罪理论的矛盾，将这种教唆犯和帮助犯名之曰间接正犯，使之对被利用者的犯罪行为承担完全的罪责，这就是大陆法系国家刑法理论中间接正犯的由来。

间接正犯的概念产生虽早，但在立法上承认间接正犯，却始于 1919 年的德国刑法草案。该草案第 26 条明文规定了间接正犯的概念，指出：“对于非依犯意而行为之他人，或无责任能力之他人，以犯意教唆其为犯行之实施者，是为间接正犯。”现行的德国刑法典第 25 条第一项规定：“假手他人以实行之者，依正犯处罚之。”这被认为是对间接正犯的典型规定。在意大利刑法中，第 86 条规定：“使他人陷于无辨别及无意思能力之状况，而利用其为犯罪行为者，应负该项犯罪行为之刑事责任。”对于这一规定以及第 111 条（利用无责任能力和不可罚的人犯罪）、第 48 条

① 参见［德］汉斯·海因里希·耶赛克、托马斯·魏根特：《德国刑法教科书（总论)》，徐久生译，中国法制出版社 2001 年版，第 801～802 页。

(因他人欺骗而产生的错误)、第 51 条第 2 款(犯罪性命令)、第 54 条(因他人威胁而形成的紧急避险状态)、第 46 条(身体强制)等,意大利刑法学界多数人坚持认为都是有关间接正犯的规定,因为在这些情况下法律规定应由造成他人无能力状态或实施了欺骗等行为的主体承担刑事责任。但也有意大利刑法学家认为,在他们的制度中,间接正犯的概念没有任何实际意义。因为这种情况,"不论从法律规定还是刑法理论的角度看,都完全应该属于中国刑法规定的共同犯罪的范畴;如果将支配犯罪实施的人称为正犯,就意味着对这种情况不能适用有关共同犯罪的规定。"① 由此可见,在意大利刑法学界,对于间接正犯的性质还是存在严重分歧的。尽管如此,在大陆法系刑法理论中,间接正犯是一个通用的刑法概念,在共同犯罪理论中占有一席之地。

在中国刑法理论中,间接正犯是一个外来语,但"正犯"一词则古已有之。正犯是中国古代刑法中的一个概念,严格地说,中国古代刑法中没有共犯的概念,而只有共犯罪的概念,共犯罪就是共同正犯。因此,中国古代刑法是以正犯为基础构造的,采用的是严格意义上的犯罪共同说。清末继受外国法制以后,引入大陆法系的共犯概念,从而区分正犯与共犯。在这当中,由于清末刑律修订,主持人沈家本聘请日本刑法学家冈田朝太郎参与起草刑法典。因此,共犯部分,尤其教唆犯、从犯之规定,从最初几乎完全仿效日本刑法典之立法例。② 在上述正犯与共犯相区分的立法例中,间接正犯自有其存在的余地。

中华人民共和国自 1949 年成立以后,直至 1979 年才制定第一部刑法典。此前,中华人民共和国刑法草案经历了共 33 稿,

① 参见[意]杜里奥·帕多瓦尼:《意大利刑法学原理》,陈忠林译,法律出版社 1998 年版,第 337~338 页。

② 参见陈子平:《共同正犯与共犯论:继受日本之轨迹及其变迁》,台湾五南图书出版公司 2000 年版,第 3 页。

此间变动最大的就是关于共同犯罪人的分类问题。在最初的数稿中，都是以共同犯罪人在共同犯罪中所作的分工进行分类的，因而基本上是以正犯与共犯为线索的。但在用语上，到底是称正犯还是称实行犯，前后存在反复。1950 年刑法大纲草案称为正犯，1954 年刑法指导原则草案改称实行犯，1957 年刑法草案第 22 稿又恢复正犯的概念，规定：直接实行犯罪的，是正犯。对于正犯，根据他在犯罪中所起的作用处罚。对此，立法者解释说：为什么在草案中用正犯这一名称而不用实行犯，是因为实行犯这一名称不科学，实际上不但实行犯去实行犯罪，其他共犯也是实行犯罪的，而用了实行犯这一名称就意味着其他的共犯好像坐在那里什么都不干，这与实际情况是不符的。同时，正犯是共犯中的主体，是共同犯罪中对犯罪起决定作用的人，因此，用正犯更能表现出他在共同犯罪中的作用。① 在这一说明中，将正犯界定为直接实行犯罪的人，似乎就已经在逻辑上排斥了间接正犯存在的可能性。但实际上，这里的直接实行并非与间接实行相对应，而是要与共犯相区分，但将共犯也理解为是实行犯罪的，则已经在相当程度上模糊了正犯与共犯的区分。及至 1963 年刑法草案第 33 稿，抛弃了正犯与共犯相区分的立法例，对共同犯罪人的分类改为以作用分类法为主，以分工分类法为辅，即分为主犯、从犯、胁从犯、教唆犯。这一分类法继承了中国古代刑法共犯罪分首从的精神。由于未考虑到中国古代刑法中的共犯罪只指共同正犯，不包括共犯，因而中国刑法中的这种分类法的合理性大可质疑。② 1997 年刑法修订当中，虽然又有学者对于共同犯罪人的分类问题提出修改意见，但并未采纳，仍然保留了 1979 年刑法

① 参见李琪：《有关草拟中华人民共和国刑法草案（初稿）的若干问题》，载《中国刑法立法资料汇编》，1980 年印行，第 124 页。

② 关于分工分类法与作用分类法的比较，参见陈兴良：《共同犯罪论》，中国社会科学出版社 1992 年版，第 173 页。

关于共同犯罪人分类的规定。

之所以要对中国刑法关于共同犯罪的规定进行这样一种沿革的描述，主要是因为间接正犯概念的存在以及它的地位与一个国家关于共同犯罪的立法是有着密切联系的。从以上中国刑法关于共同犯罪人的分类来看，没有采用大陆法系的分工分类法，即正犯与共犯的区分，而是主要采用作用分类法，即分为主犯、从犯与胁从犯，教唆犯只是一种补充。在这种情况下，在中国刑法中既然没有正犯的概念，当然也就没有间接正犯的概念。不仅在立法上没有间接正犯的概念，而且在解释论上也往往否认间接正犯的概念。例如，利用没有达到法定刑事责任年龄的人为工具犯罪，在大陆法系刑法理论上，这种情况是典型的间接正犯。但在中国刑法学界，个别学者主张，由于被教唆者不具备犯罪主体资格而不能认为是教唆犯的共犯，对教唆犯应单独按所教唆的罪定罪，按照刑法中的主犯从重处罚。① 这一观点虽然看到了在这种利用没有达到法定刑事责任年龄的人为工具犯罪的情况下，利用者与被利用者不构成共同犯罪，但又认为，对于利用者应当按照独立的教唆犯以主犯从重处罚，这实际上未对间接正犯作出科学的定位。此外，中国还有学者主张对于教唆未满 14 周岁的无责任能力人犯罪的，可以从间接正犯的概念中分离出来，作为一种例外，按教唆犯从重处罚，理由在于：中国刑法有关于教唆不满 18 周岁的人犯罪的，应当从重处罚的规定。如果在这里不满 18 周岁的人不包括不满 14 周岁的人，那就出现了一个矛盾：教唆已满 14 周岁未满 18 周岁的人犯罪的，应当从重处罚；教唆 14 岁以下的人的犯罪比前者更为恶劣，反倒没有从重处罚。这在理论上是难以自圆其说的，在司法实践上对于打击教唆未满 14 周

① 参见石划：《刍议教唆犯成立共同犯罪的要件和单独论处》，载《法学与实践》1985 年第 6 期，第 44 页。

岁的人的犯罪，也是有百害而无一利的。① 在这种理解当中，间接正犯的概念在法理上也就没有存在的余地。由于刑法理论上对间接正犯研究的极度缺乏，在司法实践中将间接正犯按照教唆犯处理的不乏其例。例如，在20世纪80年代初，某地法院对一个教唆不满14周岁的人盗窃公私财物的犯罪分子定为盗窃罪，这就把间接正犯与教唆犯混为一谈了。有感于此，我在1984年初撰写了《论我国刑法中的间接正犯》一文，② 这是中国在1979年刑法颁行以后，第一篇论述间接正犯的论文。在论文中，我对间接正犯作出了以下界定：间接正犯，即把一定的人作为中介实施其犯罪行为，其所利用的中介由于具有某些情节而不负刑事责任或不发生共犯关系，间接正犯对于其通过中介所实施的犯罪行为完全承担刑事责任。在我看来，这种实施犯罪行为的间接性和承担刑事责任的直接性的统一就是间接正犯。

三、间接正犯的性质

间接正犯的性质是指间接正犯的正犯性问题。在间接正犯的理论中，间接正犯的正犯性是一个核心问题，即间接正犯并未亲手实行犯罪，又为什么要将其视为正犯？对此，在刑法理论上存在下述观点：③ (1) 工具说，认为间接正犯是利用他人犯罪，被利用者只不过是间接正犯的工具而已。(2) 因果关系中断说，此说将间接正犯视为因果关系中断的一种排除情形，即指在因果关

---

① 参见吴振兴：《论教唆犯》，吉林人民出版社1986年版，第74～77页。

② 参见陈兴良：《论我国刑法中的间接正犯》，载《法学杂志》1984年第1期。

③ 参见林维：《间接正犯研究》，中国政法大学出版社1998年版，第62页以下。

系进行中，介入一定的自然事实或他人的意思自由行为，而使原有的因果关系中断。而利用无责任能力人或无故意者，因果关系并不中断而成立间接正犯。(3) 原因条件区分说，认为对于结果发生具有一定关系的先行行为原因，具有原因力，利用者应负正犯之责。(4) 主观说，认为间接正犯是以自己犯罪的意思而利用他人犯罪，所以，虽然利用者没有直接实施犯罪，亦应视同正犯。(5) 国民道德观念说，认为根据国民道德观念，应将利用他人犯罪者视为正犯。(6) 构成要件说，认为实行符合构成要件定型性的行为均为正犯行为，间接正犯只不过是实行的方式而已。(7) 行为支配说，认为间接正犯在利用他人犯罪中，起着支配作用，即间接正犯在整个犯罪过程中都居于支配的地位。在上述诸说中，工具说是对间接正犯性质最为有力的说明。正是通过对工具或曰道具的支配，使利用者获得了正犯的性质。正如德国学者指出：间接正犯是指，为了实施构成要件该当行为，以利用他人作为“犯罪工具”的方式来实现犯罪构成要件者。在间接正犯情况下，行为支配的先决条件是，整个事件表现为幕后操纵意志的杰作，幕后操纵者通过其影响力将行为媒介（Tatmittle）控制在手里。① 其他学说对于阐明间接正犯的性质也都具有一定的意义，它们或者从客观方面或者从主观方面，或者从利用者方面或者从被利用者方面，还有从社会一般违法观念方面，对间接正犯的正犯性作了论证。尤其值得注意的是，日本学者小野清一郎从伦理评价的角度论证了间接正犯的正犯性。小野指出：“所谓间接正犯，也是伦理性的，因而也成为构成要件行为的问题。这是一种自己不下手，而通过利用他人——然而并不是教唆他人去实行犯罪——来实行自己的犯罪的情形。例如，唆使精神病人去放火的行为；让不知情的护士给患者服下毒药的行为等，即可认定

① 参见［德］汉斯·海因里希、耶赛克·托马斯·魏根特：《德国刑法教科书（总论）》，徐久生译，中国法制出版社 2001 年版，第 801 页。

为等于是自己放火和杀人。这些行为的构成要件，尽管是以物理的行为（身业）为其内容的，但又是以智能地使动他人的行为（语业）为内容的，并且在具体事件中从伦理评价中认定其符合构成要件行为即为实行的。这是间接正犯的特点。"① 我认为，对于间接正犯的正犯性，应当坚持主观与客观相统一的原则，从利用者与被利用者两个方面予以展开。

间接正犯在主观上具有利用他人犯罪的故意，也就是指行为人明知被利用者没有刑事责任能力或者没有特定的犯罪故意而加以利用，希望或者放任通过被利用者的行为达到一定的犯罪结果。因此，间接正犯与被利用者之间不存在共同犯罪故意。这种利用他人犯罪的故意不同于直接正犯的自己犯罪的故意，因而有别于直接正犯。同时，这种利用他人犯罪的故意也不同于教唆故意与帮助故意。教唆故意是唆使他人犯罪的故意，帮助故意是帮助他人犯罪的故意，这是一种共犯的故意，以明知被教唆人或被帮助人的行为构成犯罪为前提，具有主观上的犯罪联络。而在间接正犯的情况下，行为人明知被利用者的行为不构成犯罪或者与之不存在共犯关系，因而具有单独犯罪的故意，即正犯的故意。

间接正犯在客观上具有利用他人犯罪的行为，也就是指行为人不是亲手犯罪，而是以他人作为犯罪工具而实施犯罪。正是利用他人犯罪这一特征将间接正犯与直接正犯加以区别。直接正犯是本人亲手实施犯罪，当然，在这种实施犯罪过程中，也未见得都是直接使用肢体，而是可以利用机械、自然力或者动物，由于这些被利用对象不具有人的主体性，因而只是纯粹的客体——犯罪工具，因而自然属于直接正犯的范畴。这种利用他人犯罪的行为也不同于教唆行为与帮助行为，后者是一种共犯行为，存在着对于实行行为的客观联结，因而形成共同的犯罪行为。而间接正

① 参见［日］小野清一郎：《犯罪构成要件理论》，王泰译，中国人民公安大学出版社 1991 年版，第 53 页。

犯的利用行为是单独的犯罪行为，被利用者的行为只是间接正犯实行犯罪的一种中介。从因果关系上说，共同犯罪行为是犯罪结果发生的共同原因，因而教唆行为、帮助行为与犯罪结果之间存在多因一果的关系。当然，将教唆行为与帮助行为单独加以考察，一般认为教唆行为与犯罪结果之间具有间接的因果关系，而帮助行为则只是犯罪结果发生的条件而非原因。在间接正犯的情况下，行为人与犯罪结果之间具有因果关系，这种因果关系具有包容性的特征。

间接正犯的正犯性，使之区别于共犯。间接正犯与教唆犯的区别在于：间接正犯是在利用他人犯罪的故意的支配下将他人作为实现本人犯罪意图的工具，而教唆犯是在教唆他人犯罪的故意的支配下以共同犯罪的形式实现本人的犯罪意图。间接正犯与帮助犯的区别在于：由于间接正犯和被利用者的行为之间不发生共同犯罪关系，或者被利用者的行为不认为是犯罪，所以间接正犯从外表上好像是帮助他人犯罪，实质上则对于他人的行为具有支配性，是在利用他人犯罪。正是由于间接正犯与共犯之间形同而实异，因而使之区别于共犯而归入正犯的范畴。正因为如此，正如日本学者所指出，近来，间接正犯不被放在共犯论里面，而是作为构成要件行为的解释问题在构成要件该当性中论述的，并且与利用自己酒醉等状态完成犯意的“基于某种原因的自由行为”一起说明的人增多起来了。当区别正犯与共犯之际，曾经有过共犯概念优劣之争的具有一种试金石感的“间接正犯”概念，在刑法上的评价态度已从自然主义的考察向规范主义的考察发展，从而带来了上述那种体系的变动。[①] 我认为，正犯是与共犯相对应的概念，无正犯也就无所谓共犯。因此，作为正犯之一种特殊类型，在共同犯罪的理论中论及是恰当的，何况，像德国刑法典那

---

① 参见［日］福田平、大塚仁：《日本刑法总论讲义》，李乔等译，辽宁人民出版社 1986 年版，第 161 页。

样规定间接正犯的国家，也是在共犯当中规定的。

这里还应当指出，间接正犯与间接共犯是有区别的，间接共犯是指共犯之共犯，例如间接教唆犯与间接帮助犯等。间接教唆犯是指教唆犯的教唆犯，这是一种辗转教唆的情形。间接帮助犯是指帮助犯的帮助犯。间接共犯仍属共犯的范畴，是共犯之共犯，它不同于间接正犯。

四、间接正犯的形式

间接正犯存在各种形式，正确地理解间接正犯的形式，对于间接正犯的认定具有重要意义。间接正犯根据利用他人犯罪的情形不同，可以区分为下列形式：

（一）利用未达到刑事责任年龄的人实施犯罪

构成犯罪，对于犯罪主体具有一定年龄的规定，没有达到法定刑事责任年龄的人，依法不构成犯罪。利用这种未达到刑事责任年龄的人为工具实施犯罪的，无论其是否具有识别能力，利用者均应以间接正犯论处。在中国刑法中，利用不满 14 周岁的人为工具实施犯罪以及利用已满 14 周岁不满 16 周岁的人实施刑法第 17 条第 2 款规定的故意杀人、故意伤害致人重伤或者死亡、强奸、抢劫、贩卖毒品、放火、爆炸、投毒罪以外的犯罪的，构成间接正犯。

（二）利用精神病人实施犯罪

精神病人，如果根据生物学标准和心理学标准，丧失了辨认能力和控制能力，系刑法上的无责任能力人。利用这种无责任能力人实施犯罪，只不过是利用工具而已，利用者构成间接正犯。如果唆使限制刑事责任能力的精神病人实施犯罪，由于限制责任能力人依法应负刑事责任，只是可以从轻或者减轻而已。因而唆使者与限制责任能力人属于共同犯罪，唆使者不构成间接正犯，而应以教唆犯论处。

（三）利用他人无罪过行为实施犯罪

这里的无罪过行为是指不可抗力和意外事件。根据中国刑法第16条规定：行为在客观上虽然造成损害结果，但是不是出于故意或者过失，而是由于不能抗拒或者不能预见的原因所引起的，不是犯罪。在这种情况下，行为人在客观上造成了一定的法益侵害结果，但其主观上既无故意又无过失，依法不负刑事责任，因而被利用者类似于英美刑法中的无罪之代理人（Innocent agent），对于利用者，则应以间接正犯论处。

（四）利用他人合法行为实施犯罪

这里的合法行为并非指通常意义上的合法行为，而是指排除犯罪性的违法阻却事由，即正当防卫和紧急避险等。这种行为依法不负刑事责任，是合法行为。但利用者却是非法的，其利用行为构成间接正犯。正如德国学者指出：犯罪工具在这种情况下虽然客观上和主观上都是合法的，但并不取决于他的合法行为，而是取决于幕后操纵者的行为不法性。① 因此，如果利用他人的正当防卫行为或者紧急避险行为实施犯罪，被利用者不负刑事责任，利用者应以间接正犯论处。

（五）利用他人过失行为实施犯罪

刑法中的共同犯罪是共同故意犯罪，不仅不存在共同过失犯罪，而且在故意犯罪与过失犯罪之间亦不存在共同犯罪，而应分别以犯罪论处。因此，利用他人的过失行为实施犯罪，被利用者

---

① 参见［德］汉斯·海因里希·耶赛克、托马斯·魏根特：《德国刑法教科书（总论）》，徐久生译，中国法制出版社2001年版，第708页。

应承担过失犯罪的刑事责任，利用者则应以间接正犯论处。

（六）利用有故意的工具实施犯罪

在刑法理论上，所谓有故意的工具，是指被利用者具有刑事责任能力并且故意实施某一犯罪行为，但缺乏目的犯中的必要目的（无目的有故意的工具），或者缺乏身份犯中的特定身份（无身份有故意的工具）的情形。由此可见，利用有故意的工具可以分为两种情形：一是在目的犯的情况下，利用有故意无目的的工具。被利用者由于无特定目的而不构成法律要求特定目的之犯罪，但因有故意而构成一般故意犯罪。基于共同犯罪是共犯一罪之理念，利用者与被利用者并非共犯一罪的关系，利用者是利用他人的故意犯罪行为实施其具有特定目的才构成之犯罪，应以间接正犯论处。二是在身份犯的情况下，利用有故意无身份的工具。被利用者由于无特定身份而不构成法律要求特定身份之犯罪，但因有故意而构成一般故意犯罪。有身份者与无身份者分别构成不同犯罪，不属于共同犯罪。对于有身份者来说，是利用他人的故意犯罪行为实施其具有特定身份才能构成之犯罪，应以间接正犯论处。

五、间接正犯的认定

在认定间接正犯的时候，应当注意以下三个问题：

（一）间接正犯与亲手犯的区别

在认定间接正犯的时候，我们必须明确：间接正犯的存在不是绝对的与无条件的。当然，对于这个问题在刑法理论上尚有争论。例如，在身份犯的情况下，没有特定身份的人不可能直接实行这种犯罪，但是否可以利用具有特定身份的人而成为间接正犯呢？对此，刑法理论上存在三种观点：一是肯定说，认为一切犯罪莫不可以成立间接正犯，纵属以一定的身份为成立要件的犯罪，若没有身份的人，利用有身份而无责任能力的人而实施犯罪，该无身份的人仍为间接正犯。二是否定说，认为犯罪以一定身份为成立要件的，没有这种身份就与要件不合，纵利用有身份而无责任能力的人实施犯罪，其自身亦不能成立该罪。三是折中说，认为以一定的身份为成立要件的犯罪，无身份者对此可否成立间接正犯，应视身份对于犯罪的性质而决定。凡依法律的精神，可推知该项处罚规定是专对具有一定身份的人而设的，则无此身份的人不能成为直接正犯，亦不得成为间接正犯。反之，以身份为要件的犯罪，其身份仅为侵害法益事项发生的要件的，则无身份的人仍可利用有身份的人以完成侵害法益的事实，而无妨于犯罪的成立，应认为可以成立该罪的间接正犯。①

我认为，在上述三说中，肯定说认为一切犯罪都存在间接正犯，无疑是不适当地扩大了间接正犯的范围。例如，受贿罪的主体是国家工作人员，如果非国家工作人员在国家工作人员不知情的情况下，利用国家工作人员职务上的便利为第三者谋利益并收受财物，按照肯定说，该非国家工作人员应以受贿罪的间接正犯论处。而受贿罪是渎职犯罪，那么，该非国家工作人员无职可渎，焉能以渎职论罪？显然，在认定间接正犯的时候，如果根据肯定说，就会混淆罪与非罪的界限，因而是不妥的。否定说认为在身份作为构成要件的犯罪中一概没有间接正犯存在的余地，可以说是不适当地缩小了间接正犯的范围。例如，强奸罪的主体是男子，如果女子教唆丧失辨认和控制能力的男子强奸妇女，按照否定说，该女子不能构成强奸罪的间接正犯，因而不以犯罪论处。而在这种情况下，该女子主观上具有利用他人强奸妇女的犯罪故意，客观上使被害妇女遭到强奸，其行为的社会危害性已经

① 参见韩忠谟：《刑法原理》，台湾雨利美术印刷有限公司 1981 年版，第 295～296 页。

达到犯罪的程度，应以犯罪论处。所以，将该女子解释为强奸罪的间接正犯，使之承担强奸罪的刑事责任是合适的。显然，在认定间接正犯的时候，如果根据否定说，也会混淆罪与非罪的界限，因而是错误的。在我看来，对于以身份作为构成要件的犯罪能否成立间接正犯，应该区别对待。在身份犯之身份是法定身份的情况下，又可以分为以下两种情形：一是无身份者不仅不能构成身份犯之罪，而且也不能构成其他犯罪，则无身份者不可能利用有身份者而构成身份犯的间接正犯。二是无身份者与有身份者实施相同行为均可构成犯罪，只是构成不同犯罪而已。例如，普通诈骗与保险诈骗，有特定身份者构成保险诈骗，无特定身份者构成普通诈骗。在这种情况下，无身份者利用有身份者实施犯罪的，可以构成身份犯的间接正犯。而在身份犯是由自然身份构成的情况下，没有特定身份的人可以利用具有特定身份的人实施这种犯罪而构成间接正犯。因此，我认为折中说是可取的。

由上观之，间接正犯的存在是有一定限制的。在刑法理论上，为了将间接正犯限制在一定范围内，而把不能构成间接正犯的各种犯罪涵括在一定的概念之内加以理解，亲手犯就是为适应这一需要而出现的一个概念。因此，亲手犯是以承认间接正犯为前提的，所以否认间接正犯的刑法学家对亲手犯当然是持排斥态度的。同时，亲手犯还是以限制间接正犯为己任的，所以认为在一切犯罪中都存在间接正犯的刑法学家，对亲手犯也持否定的态度。我认为，亲手犯的概念还是具有一定积极意义的，在刑法理论上存在是必要的。

那么，什么是亲手犯呢？所谓亲手犯，是指以间接正犯的形式不可能犯的犯罪。换言之，为了它的实现，以由行为人亲自实行为必要，利用他人不可能实现的犯罪。亲手犯与间接正犯是互相消长的，如果扩张亲手犯的范围，必然缩小间接正犯的范围；反之亦然。在刑法理论上，一般认为亲手犯存在于下列各种犯罪之中：（1）身份犯。身份犯有纯正身份犯与不纯正身份犯之别。

在不纯正身份犯的情况下，身份是刑罚轻重的事由。因此，仍然可以成立间接正犯，而不属于亲手犯。纯正身份犯是否属于亲手犯也不能一概而论。如前所述，只有由法定身份构成的纯正身份犯才是亲手犯，由自然身份构成的纯正身份犯不是亲手犯。(2) 目的犯。目的犯是指以行为人主观上的特定目的为构成犯罪的要件的犯罪。没有这种特定目的，就不可能构成犯罪。在目的犯的情况下，具有特定目的的人可以利用没有特定目的的人实施犯罪而构成间接正犯。但如果是没有特定目的的人就不可能利用他人构成目的犯的间接正犯。因此，在这种情况下，目的犯是亲手犯。(3) 不作为犯。不作为犯是指以一定的作为义务作为构成犯罪的要件的犯罪。没有这种特定义务，就不可能构成犯罪。在不作为犯的情况下，没有特定义务的人可以利用具有特定义务的人实施不作为犯罪而构成间接正犯。例如，没有特定义务的甲利用谎言欺骗扳道工乙，使其未能履行职责，致使火车颠覆，甲就是间接正犯。但如果是具有特定义务的人就没有必要利用他人实施犯罪，因为只要其本人身体状态之静止，就足以构成犯罪。因此，在这种情况下，不作为犯就是亲手犯。

(二) 间接正犯的着手标准

在直接正犯的情况下，以本人的实行行为的着手为犯罪的着手，不会发生任何疑问。例如，以刀杀人，犯罪分子举刀向被害人砍去的这一时刻，就是犯罪着手。而在间接正犯的情况下，犯罪分子不是直接向被害人下手，而是利用他人加害于被害人。在这种情况下，如何认定间接正犯的着手，就成为一个值得研究的问题。

在刑法理论上，关于间接正犯的着手标准，存在以下三种观点：第一种观点认为，被利用者行为的着手就是间接正犯的着手。第二种观点认为，利用者行为的着手是间接正犯的着手，而不以被利用者的行为为转移。第三种观点认为，间接正犯的着手不可一概而论，应区别对待：在一般情况下应以利用者行为的着手为间接正犯的着手，但在利用有故意的工具的情况下，则应以被利用者的着手为间接正犯的着手。① 上述三说，第一种观点被认为是客观说，此说认为被利用者的行为就是间接正犯的犯罪行为，因此，间接正犯的着手标准应求诸被利用者的行为。第二种观点被认为是主观说，此说认为间接正犯在利用他人犯罪的故意的支配下开始实施利用他人的行为，是间接正犯的着手。至于第三种观点，被认为是折中说，主张以主观说为主，客观说为辅。上述三种观点对间接正犯着手标准认识上的差别，可能导致对同一行为的截然相反的结论。例如，在利用者已经着手，被利用者尚未着手而未得逞的情况下，根据客观说，这是间接正犯的预备犯。而根据主观说，这是间接正犯的未遂犯。又如，利用有故意的工具的间接正犯，如果利用者已经着手，被利用者尚未着手而未得逞的情况下，根据主观说，这是间接正犯的未遂犯，而根据折中说，这是间接正犯的预备犯。

那么，在认定间接正犯的着手时，到底以什么为标准呢？我认为，间接正犯是实行犯的特殊形态，因此，间接正犯的着手无异于实行行为的着手。由此可以得出结论，在利用他人犯罪的故意的支配下，开始实施利用他人犯罪行为，就是间接正犯的着手。在这个意义上说，我主张主客观统一说。间接正犯的着手应以利用者行为的着手为标准，我们的结论与主观说相同，但出发点却完全不同。主观说将被利用者的行为视为间接正犯的行为，因而从利用者的主观上寻找着手的标准。在将被利用者的行为视为间接正犯的行为这一点上，主观说与客观说并无二致，而我认为这是违背间接正犯的构成原理的。间接正犯是独立的正犯，它对于被利用者没有任何从属性，只有利用行为才是间接正犯的构

---

① 参见马克昌：《日、德刑法理论中的间接正犯》，载《法学评论》1986年第2期，第67页。

成要件的行为，至于被利用者的行为，正如有的刑法学家指出，不过是利用行为与结果间之中间现象而已，① 简单地说，就是利用者实现犯罪结果的“中介”。所以，主观说的结论虽然正确，前提却不妥；客观说则前提与结论都错误。折中说对不同的间接实行犯的形态采取不同的着手标准，其具体理由尚未见阐述，而放弃间接正犯的着手的统一标准，受到一些刑法学家的非难，②但论据也不够充分。我理解，折中说之所以主张在利用有故意的工具的情况下，间接正犯的着手应以被利用者的行为为标准，就是因为被利用者的行为是故意犯罪行为，相当于共同犯罪中的正犯。而根据客观主义的共犯从属性理论，应以正犯的着手为共同犯罪的着手。我认为，根据中国刑法理论，这种观点是不能成立的。因为中国刑法摒弃了共犯从属性理论，坚持主观与客观相统一的原则，因此，即使是教唆犯，也应以教唆犯的教唆行为的着手为教唆犯着手的标准，而不以正犯的着手为转移。间接正犯与教唆犯相比，对被利用者具有完全的独立性，那就更没有理由将被利用者的行为的着手作为间接正犯着手的标准。

（三）间接正犯的认识错误

间接正犯的认识错误，主要是指对被利用者的认识错误，即以间接正犯的故意，将具有刑事责任能力的人作为没有刑事责任的人，或将达到法定刑事责任年龄的人作为没有达到法定刑事责任年龄的人予以利用。在这种情况下，发生了主观与客观的矛盾：从主观上说，应属于间接正犯；从客观上说，起教唆犯的作用，应以教唆犯论处。那么，究竟应如何定性呢？关于这个问

---

① 参见韩忠谟：《刑法原理》，台湾雨利美术印刷有限公司 1981 年版，第 295 页。

② 参见［日］大塚仁：《注解刑法》，青林书院新社 1977 年版，第 298 页。

题，在刑法理论上主要存在以下三说：一是主观说，认为应以行为人的意思为准，以决定利用者究竟应负教唆罪责，抑或应负间接正犯的罪责。二是客观说，认为应以客观的事实为准，以实际上所发生的侵害事实为基准，判断行为人有无与此事相符的犯意，因而认为间接正犯的错误，应依其行为的客观意义对利用者定性。三是折中说，主张应一并考虑利用者行为之主观面与客观面，认为利用者基于间接正犯的意思，使适合于教唆犯之事态，应以教唆犯论处。①

我认为，在一般情况下，行为人对其行为的法律性质的认识错误并不影响其行为的社会危害性的有无以及应否对其追究刑事责任。而行为人对其行为的事实认识错误，则可能影响行为的性质。间接正犯的错误属于对事实的认识错误中的对象错误，或者说是一种特殊形态的对象错误。那么，这种对象错误是否影响行为的性质呢？从行为的后果上看，利用行为使他人产生了犯意而去实施了犯罪，因而这种行为还是具有社会危害性的，应以犯罪论处。但到底是以间接正犯论处还是以教唆犯论处，则需要根据行为的性质加以判断。我认为，在这种情况下，对行为人应以间接正犯论处，因而主观说是可取的。但在具体论证上，我们还是应该坚持主观与客观相统一的原则。也就是说，在间接正犯对被利用者发生了错误认识的情况下，利用者主观上具有利用他人犯罪的间接正犯的故意，客观上实施了利用行为，尽管其行为客观上所起的是教唆作用，也不影响行为的性质。客观说与折中说都认为应以教唆犯论处，但教唆犯的成立除未遂以外是以他与被教唆的人具有共同故意为前提的。那么，在间接正犯的认识错误的情况下，利用者与被利用者之间是否存在共同故意呢？回答是否定的。由此可以得出结论，在间接正犯的认识错误的情况下，对

① 参见陈朴生、洪福增：《刑法总则》，台湾五南图书出版公司1982年版，第253页。

利用者应以间接正犯论处，被利用者构成犯罪的，依法单独论处。

六、结语：以案例结束

本文引言中的张文俊、修启新诈骗案，如果不借助于间接正犯的概念，就难以得出正确的定罪结论。因为就向保险公司诈骗而言，两被告人并未参与，没有保险诈骗行为。而普通诈骗罪，两被告人只是向汇众公司谎报汽车丢失，并未诈骗汇众公司的财物。就此而言，似乎两被告人的行为不构成犯罪。但实际情况是，在本案中，保险公司的保险金被诈骗，其财产受到损失。两被告人是利用汇众公司诈骗保险公司，这是一种间接实行的诈骗犯罪，应以间接正犯论处。但在间接正犯的情况下，到底是保险诈骗罪还是诈骗罪呢？保险诈骗罪虽然是身份犯，但无身份者与有身份者实施诈骗行为均可构成犯罪，只是构成不同犯罪而已。在这种情况下，我认为，利用者可以构成这种不纯正身份犯的间接正犯。因此，两被告人应定保险诈骗罪。

共犯与身份问题研究

——以职务犯罪为视角

赵秉志①

一、问题的提出

孤立地看，刑法上的身份，在中国，属于刑法学中的特殊主体问题，属于犯罪构成主体要件的研究范围；在日本和中国台湾地区，属于犯罪构成该当性和有责任性的研究范围。② 在台湾地区，也有学者把它放在行为中研究，称之为行为主体甚至犯罪主体。③ 同时，中国刑法总则中并无身份之专门规定，刑法理论上对身份之理解，远未达成共识。一般情况下，司法认定尽管因有

① 赵秉志，中国国家重点研究基地中国人民大学刑事法律科学研究中心主任，中国人民大学法学院教授、法学博士，中国法学会刑法学研究会会长。

② 参见苏俊雄：《刑法总论Ⅱ犯罪总论》，台湾1998年修正版，第13页。[日] 野村稔：《刑法总论》，全理其、何力译，法律出版社2001年版，第93页。

③ 参见林山田：《刑法通论》（上册），台湾元照出版公司1998年增订6版，第102页以下；韩忠谟：《刑法原理》，台湾雨利美术印刷有限公司1981年版，第88页。

分则之规定而无不便之处，但此问题一旦与共同犯罪相联系，即变得复杂而棘手。以下问题，既是中国司法实务中的难题，也是刑法理论中的热点问题：第一，当身份者加功（协力）于非身份者之犯罪行为，或非身份者加功（协力）于身份者之犯罪行为时，以谁的行为确定犯罪性质（罪名）？第二，当此身份者与彼身份者共同参与犯罪时，以谁的行为确定犯罪性质？例如，公司、企业中的一般（普通）财务人员或主管人员，与公司、企业中有国家工作人员身份的财务人员或主管人员共同利用各自的职权侵占公司企业财物时，究竟是定职务侵占罪还是贪污罪？抑或是分别定罪？

以中国刑法典第 271 条职务侵占罪之规定为例：

“公司、企业或者其他单位的人员，利用职务上的便利，将本单位财物非法占为己有，数额较大的，处 5 年以下有期徒刑或者拘役；数额巨大的，处 5 年以上有期徒刑，可以并处没收财产。

国有公司、企业或者其他国有单位中从事公务的人员和国有公司、企业或者其他国有单位委派到非国有公司、企业以及其他单位从事公务的人员有前款行为的，依照本法第 382 条、第 383 条的规定定罪处罚。”

须知，中国刑法典第 271 条第 1 款规定的罪名是职务侵占罪；而第 382 条、第 383 条是对贪污罪的规定，其法定刑从拘役一直到死刑。这样，上述情形下之罪名不同，法律后果亦殊异。

相似的情形是，若双方共同利用各自的职权挪用公司、企业财物时，究竟是定挪用资金罪还是挪用公款罪？再看中国刑法典之有关规定。

第 272 条挪用资金罪之法条规定：“公司、企业或者其他单位的工作人员，利用职务上的便利，挪用本单位资金归个人使用或者借贷给他人，数额较大、超过 3 个月未还的，或者虽然未超过 3 个月，但数额较大、进行营利活动的，或者进行非法活动的，处 3 年以下有期徒刑或者拘役；挪用本单位资金数额巨大的，或者数额较大不退还的，处 3 年以上 10 年以下有期徒刑。

国有公司、企业或者其他国有单位中从事公务的人员和国有公司、企业或者其他国有单位委派到非国有公司、企业以及其他单位从事公务的人员有前款行为的，依照本法第 384 条的规定定罪处罚。”

该条规定的是挪用资金罪，最高刑为 10 年以下有期徒刑；而第 384 条规定的是挪用公款罪，可处 10 年以上有期徒刑或者无期徒刑。司法认定面临的问题同样如上。

中国刑法第 163 条对公司、企业人员受贿罪作了如下规定：

“公司、企业的工作人员利用职务上的便利，索取他人财物或者非法收受他人财物，为他人谋取利益，数额较大的，处 5 年以下有期徒刑或者拘役；数额巨大的，处 5 年以上有期徒刑，可以并处没收财产。

国有公司、企业中从事公务的人员和国有公司、企业委派到非国有公司、企业从事公务的人员有前款行为的，依照本法第 385 条、第 386 条的规定定罪处罚。”

其法律后果为：犯罪行为一旦被认定为第 385 条、第 386 条所规定的受贿罪，行为人依法可能被处以 10 年以上有期徒刑直至死刑。

此时，罪刑法定原则似乎陷入困境，因为立法未明确一般身份者加功（协力）公职身份者的犯罪行为之问题该如何解决。中国学者和司法界公认，公正是刑法的价值所在，追求公正价值的实现，是刑事立法和司法的目标所在。① 而公正价值在共犯与身

① 参见陈兴良：《刑法的价值构造》，中国人民大学出版社 1998 年版，第 273～346 页；谢望原：《刑罚价值论》，检察出版社 1997 年版，第 189～210 页；赵秉志、田宏杰：《刑事司法正义论》，载《中国刑事法杂志》2000 年第 6 期；以及中国最高人民法院近年来所作的工作报告。

份问题上的实现，首先有赖于对身份与共犯的正确认识。

二、身份之界说

“身份”一词，在中国刑法中尚无明确的存身之地。尽管刑法中有大量条文涉及身份问题，却一向无有权解释① 界定其含义，学术上关注此问题的成果也比较鲜见。

（一）学理解释

从一般意义上讲，身份是指人的出身、地位和资格，是指人在一定的社会关系中的地位，因而人人皆有其身份。但是，犯罪主体的特殊身份有其独特的含义。犯罪主体的特殊身份，是指刑法所规定的影响行为人刑事责任的行为人人身方面特定的资格、地位或状态，例如，公务、军人、男女、亲属、在押罪犯等。②概言之，法律明文规定的对定罪量刑具有影响的一定的个人要素，是刑法中的身份。③

日本学者关注身份问题已久，许多观点已引起中国学者注意，比如，有的学者认为身份“不受男女性别、国内外人之别、亲属关系、公务员资格之类关系所限，而是指的所有与一定犯罪行为有关的犯人的人的关系这种特殊地位或状况”；④ 还有学者

---

① 依照中国法律规定，全国人民代表大会常务委员会所作的立法解释和最高人民法院、最高人民检察院所作的司法解释，是有权解释，也称为有法律效力（约束力或拘束力）的解释。

② 参见赵秉志：《犯罪主体论》，中国人民大学出版社 1989 年版，第 270 页。

③ 参见陈兴良：《共同犯罪论》，中国社会科学出版社 1992 年版，第 349 页。

④ 参见［日］福田平、大塚仁：《日本刑法总论讲义》，李乔等译，辽宁人民出版社 1986 年版，第 183 页。类似观点亦可参见［日］野村稔：《刑法总论》，全理其、何力译，法律出版社 2001 年版，第 93 页。

强调，身份必须多少具有继续的性质，动机或目的这样的一时的心理状态不是身份。①

中国台湾学者对身份问题亦多有研究。有的在广义上理解身份，谓之为“犯人一身所具有之资格、地位或状态”；② 有的在较广意义上理解身份，认为身份“指专属于犯人所具有之特定资格及人身关系”；③ 更有学者在狭义上理解身份，称之为“行为人所具有之特定资格”。④ 中国台湾实务界学者从严格的实用主义立场出发，区分身份关系和其他特定关系，认为身份指行为人本身所具有之特定资格，亦即为行为人犯罪行为中，本身所必须具备之特殊条件。此种条件，不外由于数种关系而来，有由于自然关系者，如性别；有由于血缘关系，如亲属；有由于社会或契约者，如公务员、医师、律师等。具有此等关系之人，在刑法上乃取得某种资格，此项资格，刑法上有定为犯罪之特别构成要件者。而其他特定关系，与身份并列，指行为人本身所具有之特殊事实，实际上身份亦可包含于特定关系中。特定关系，在刑法上亦常以之为犯罪构成之特别要件。此种特定关系，较之身份关系，更为扩张，亦为补充身份涵义之不足。至于身份和特定关系，应否具有继续性，中国台湾通说一般持否定态度。⑤

中国学者一般在广义上理解身份之涵义，认为其构成特征包含三个方面：一为事实特征，指身份是一定的个人要素；二为实

---

① 参见［日］西田典之：《共犯与身份》，成文堂 1979 年版，第 167～168页。

② 参见蔡墩铭：《刑法要义》，台湾汉苑出版社 1976 年版，第 204 页。

③ 参见高仰止：《刑法总则之理论与实用》，台湾五南图书出版公司 1983 年版，第 425 页。

④ 参见林山田：《刑法通论》（下册），台湾元照出版公司 1998 年增订 6 版，第 450 页以下。

⑤ 参见褚剑鸿：《刑法总则论》，台湾 1995 年版，第 310～311 页。

质特征，指身份对定罪量刑有影响；三为法律特征，指身份由法律明文规定。①

笔者认为，由于身份于定罪量刑有特别的影响，基于罪刑法定原则之要求，身份悉应由法律规定，包括法律确认，不得随意扩张或限制解释。

（二）身份之分类

概括中、日两国学者的认识来看，大体主张可以从不同角度，以不同之标准对身份进行如下分类。

1. 法律身份与事实身份。前者是基于法律所赋予而形成的身份；后者是基于一定的事实情况或关系而形成的身份。

2. 构成要件的身份、影响刑罚轻重的身份、排除行为犯罪性或可罚性的身份。中国两岸学者认为，以身份为某种犯罪之构成要件者，为构成要件之身份，亦即真正（纯正）身份犯；以某种身份而影响刑罚轻重者，为影响刑罚轻重之身份，亦即不真正（不纯正）身份犯；以某种身份使所实施的行为不具有犯罪性或可罚性者，为排除行为犯罪性或可罚性之身份，亦即消极身份。② 日本学者亦多赞成此类划分，但表述上有所不同，称之为构成的身份、加减的身份、消极的身份；③ 又有学者进一步分为

---

① 参见陈兴良：《共同犯罪论》，中国社会科学出版社 1992 年版，第 349～350 页；也有学者主张身份由事实特征和法律特征构成，但内容概括上与三特征说大同小异，并无实质差别。参见马克昌主编：《犯罪通论》，武汉大学出版社 1999 年版，第 579 页。

② 以上两种分类，参见马克昌主编：《犯罪通论》，武汉大学出版社 1999 年版，第 579～580 页。对第二种分类，台湾学者也有赞同者，参见苏俊雄：《刑法总论Ⅱ犯罪总论》，台湾 1998 年修正版，第 438 页。

③ 参见马克昌：《关于共犯的比较研究》，载高铭暄、赵秉志：《刑法论丛》（第三卷），法律出版社 1999 年版，第 364～370 页。

阻却违法的身份、阻却责任的身份、阻却刑罚的身份。①

3. 主体身份与对象身份。前者是犯罪主体所具有的特定身份，又分为：职务上的身份，职业上的身份，职责上的身份，基于一定的法律关系而产生的身份；后者是犯罪对象所具有的特定身份，又分为：基于刑事法律关系而产生的身份，基于其他法律而产生的身份，职务上的身份，基于自然关系而产生的身份。

4. 积极身份与消极身份。行为人由于某种身份的存在，而使其行为成为刑法中所规定的犯罪，或者成为从重与从轻处罚的事由，这是身份对定罪量刑的积极影响；行为人由于某种身份的存在，而使其责任得以免除，这是身份对定罪量刑的消极影响。②

5. 与行为人相关的身份和与行为相关的身份。③

6. 纯正身份犯与不纯正身份犯。此种分类为日本和中国台湾地区理论与实务所常用。

基于中国刑法分则有关身份犯的规定大多是针对职务犯罪、其内容的作用主要在于影响定罪和量刑的现实，笔者主张将身份分为定罪的身份与量刑的身份两种。这一分类，不仅对解决单纯的身份或者说单个人的身份犯的刑事责任有实际意义，而且对解决共犯与身份犯的关系问题也有实际意义。详言之，身份固然从来源上讲有基于自然关系而形成者，可谓之事实身份，然见诸于刑法之规定者，均为法律所规定或确认，概称为身份法定，此为现实，也是原则。身份法定之法律后果，不外乎影响定罪与量刑

---

① 参见［日］西原春夫：《刑法总论》，成文堂 1995 年版，第 411 页以下。

② 参见陈兴良：《共同犯罪论》，中国社会科学出版社 1992 年版，第 350～352 页。

③ 参见苏俊雄：《刑法总论Ⅱ犯罪总论》，台湾 1998 年修正版，第 438 页。

两大方面，身份之主体与对象之分，或者积极与消极之别，抑或纯正与否之判断，尽可依此作用明确为定罪身份与量刑身份。何况消极身份，从阻却违法性角度而言，属于定罪身份，在中国刑法中无任何具体规定，仅在中国最高人民法院《关于审理盗窃案件具体应用法律若干问题的解释》中有惟一一例说明，即“偷拿自己家的财物或者近亲属的财物，一般可不按犯罪处理；对确有追究刑事责任必要的，处罚时也应与在社会上作案的有所区别”①。

三、共犯之比较

尽管中外都有学者试图说明过失的共同犯罪是可以成立的，但关于共同犯罪的司法实践和主流理论却是在多人（二人以上）故意犯罪的意义上展开的。当然，其间的涵义、名称、构成等大不相同，务须分辨差异，方能在共犯与身份问题的解决上发现共同的兴趣。

（一）共犯之概念

中国刑法第 25 条规定：“共同犯罪是指二人以上共同故意犯罪。二人以上共同过失犯罪，不以共同犯罪论处；应当负刑事责任的，按照他们所犯的罪分别处罚。”此立法与俄罗斯刑法采用同一模式，② 直接将共同犯罪限定于故意犯罪范围。与之相呼应的共犯理论与立法的规定具有高度一致性。这种高度一致性表现在：对于共犯之本质的认识，采用犯罪共同说的立场，认为共犯

① 该解释也未明确，当非亲属加功（协力）于盗窃行为时，对非亲属应如何定罪处罚。

② 俄罗斯联邦刑法典第 32 条规定：“二人以上故意共同参与实施故意犯罪，是共同犯罪。”

之成立，不仅要求各成员有合力指向同一犯罪结果的行为，并且其行为都有犯罪构成的该当性（当然，这种主客观一致的犯罪构成必然包含了违法性和有责性），倘若某一成员未达刑事责任年龄或不具备刑事责任能力，该成员与他人并不形成共犯关系。此等情形，当参与者只有二人（其中一人未达刑事责任年龄或不具备刑事责任能力）时，无共犯可言。同时，共犯之成立，要求各成员具有同样内容的犯罪故意，至于是直接故意还是间接故意，在所不限。倘若利用他人过失完成犯罪，被利用者与利用者也不形成共犯关系。倘若故意的内容不同，以贿赂为例，若一方有受贿故意，对方有行贿故意，也不构成共犯；以暴力侵害为例，一人有伤害故意，他人有杀害故意，彼此间亦无共犯关系，也无所谓低限范围即在伤害方面的共犯可言，此为通说，不仅为学界所公认，亦为司法界所奉行。

在共犯概念的使用上，中国刑法学中没有广义、狭义之区别，实则惟一一义，即涵盖所有参与实施同一故意犯罪的全部成员，相对于大陆法系国家刑法理论视共犯为教唆犯和从犯（帮助犯）之通说而言，亦可称为共犯之广义，在一定意义上，与其说共犯是指行为表现，不如说共犯是一种法律现象，一种由多人合力造成某种犯罪结果的犯罪现象。当然，对这种现象，可以从参与者的角度分出不同种类。由此决定了中国刑法理论在行为主体和行为现象双重意义上使用共犯概念。

（二）共犯之分类

与俄罗斯注重参与者的分工形式的标准不同，中国刑法及主流理论采用的是以注重参与者的地位、作用为主，兼顾其分工即行为表现形式的二元混合标准，将共犯分为主犯、从犯、胁从犯和教唆犯，主犯中从理论上又可分出组织犯、指挥犯、策划犯、集团或聚众犯罪的首要分子和其他主犯。

在中国台湾地区，其“刑法”第 28～30 条分别规定：二人以上共同实施犯罪之行为者，皆为正犯；教唆他人犯罪者，为教唆犯；帮助他人犯罪者，为从犯。这与日本刑法第61～63条之规定大致相同，细微之差别在于：第一，教唆未遂，被规定于台湾“刑法”之共犯部分，导致理论上产生分歧。有认为教唆未遂也构成共犯者，有持相反意见者；① 第二，台湾“刑法”中明确规定片面共犯中之主动加功者为从犯，而日本刑法对此未予明确；第三，日本刑法中的从犯帮助的对象为正犯，而台湾“刑法”中从犯帮助的对象是“他人”，含义模糊，“他人”是否包括教唆犯？这在理论上尚有争议。②

日本和中国台湾地区的共犯理论也立足于刑法的规定展开，不过，在概念的认识上，形成两种理解：主流的观点认为共犯仅指教唆犯和从犯（帮助犯）；弱势的观点认为在教唆犯和从犯之外，还应包括正犯。③ 在共犯与构成要件之关系上，通说以从犯系帮助他人犯罪，教唆犯系教唆他人犯罪为由认定其为非自行实施犯罪之人，而与实行犯严格区分开来，因其实行犯为正犯，故共犯非实行犯。正犯为不法构成要件之行为主体，共犯则非不法构成要件之行为主体。④

中国、日本和中国台湾地区共同的认识是：共犯的构成人员必须具有是非辨别能力，参与者全体在主观上有关于实现特定犯罪的意思联络（西原春夫教授称之为意思疏通）；相应地，均不承认片面共犯关系，各地之通说均否定过失犯罪存在共犯的可能

---

① 参见褚剑鸿：《刑法总则论》，台湾1995年版，第288～289页。

② 参见刘清景：《刑法总则》，台湾学知出版社1996年版，第266页。

③ 参见［日］野村稔：《刑法总论》，全理其、何力译，法律出版社2001年版，第379页。

④ 参见林山田：《刑法通论》（下册），台湾元照出版公司1998年增订6版，第356页；［日］小野清一郎：《犯罪构成要件的理论》，有斐阁1995年版，第99页。作者认为共犯是构成要件的修正形式。

或必要；均有教唆犯和从犯的概念；并且均认为，在无实行犯情况下，教唆无规范障碍之人实施犯罪，成立共犯，若教唆有规范障碍之人实施犯罪，则成立间接正犯（中国刑法理论视为教唆者个人犯罪）。总之，相似之处屈指可数，相反，不同之处却有许多方面，可以概括为小同大异：

1. 无论在现象意义上还是行为主体意义上，中国刑法理论中的“共犯”与“共同犯罪”具有等义关系。在现象意义上，“共犯”不过是“共同犯罪”之简称；在行为主体意义上，“共犯”则是主犯、从犯、胁从犯和教唆犯之概称。在日本和中国台湾地区，共犯不等于共同犯罪，共同犯罪包括共犯、正犯（含共同正犯）。

2. 对于教唆未遂即被教唆人没有接受教唆的情形，日本和中国台湾有学者认为属于共犯未遂；中国学者不认为与共犯有什么联系，仅成立教唆者个人单独犯罪。

3. 对于教唆之对象，中国学者认为可以是教唆犯以外的一切共犯；日本和中国台湾学者一般认为只能是正犯。

4. 对于共犯之属性，中国学者和实务界采犯罪共同说和共犯从属性说。变化在于：中国刑法理论视共犯为有机联系的一个系统，共犯成员齐心合力形成一种新的集体力量，这种力量超出各共犯之力的简单相加，从而使犯罪更易于完成。从因果关系上看，各共犯之力合而成为一个犯罪原因，各成员之力只不过是造成犯罪结果的同一原因的组成部分。这种认识，能够在现代系统论中找到理论支持；日本和中国台湾学者有采犯罪共同说和共犯从属性说者，亦有采行为共同说、共犯独立性说，还有采共同意思主体说者。①

5. 在共犯关系中，中国刑法及其理论强调共犯的分工形式、

---

① 转引自马克昌：《关于共犯的比较研究》，载高铭暄、赵秉志：《刑法论丛》（第三卷），法律出版社 1999 年版，第 311 页。

所处地位和作用大小；日本和中国台湾地区强调共犯的形式和作用。具体而言，对分工形式之重视表现在，中国历来强调对组织者、策划者、指挥者、教唆者、聚众者的打击；对地位与作用的重视表现在：居于主要地位、起到主要作用（包括骨干作用）者，为主犯；居于次要地位，起到辅助作用或次要作用者，为从犯。在这里辅助与帮助是不完全相同的概念；被胁迫参加犯罪者为胁从犯。与行为方式相联系，胁从犯也可能是实行犯或帮助犯；从犯可以是教唆犯或（次要的）实行犯、帮助犯；实行犯有些属于主犯，有些也可能是从犯甚至胁从犯；教唆犯可能被认定为主犯，也可能被认定为从犯。而在日本和中国台湾学者看来，共犯之形式与其作用合二为一，具有重合性，教唆形式亦即教唆作用，帮助形式无非帮助作用。换言之，日本和中国台湾之从犯，不可能是实行犯，在中国大陆则可能；日本和中国台湾之教唆犯被视为正犯，实行犯均为正犯，在中国，此二者既可以是主犯，也可以是从犯，彼此观念中的从犯概念不同。

6. 在中国刑法理论中，同一共犯关系中可以有几个主犯，也可能都是实行犯（简单共犯），换言之，共犯成员可能是共同实行犯；在日本和中国台湾学者看来，正犯可以有共同正犯，共犯与正犯不可能是共同实行犯。

7. 与身份相联系，中国学者认为，身份犯与非身份犯因分工和作用之不同，可以有共同实行犯存在的情形，① 这在日本和中国台湾多数学者看来可能是不可思议、难以接受的。②

8. 在共同犯罪性质上，与共犯从属性说相一致，中国学者认为共犯行为基于同一故意而同心协力，共同组成一个原因作用

① 参见赵秉志：《犯罪主体论》，中国人民大学 1989 年版，第 298 页。

② 参见［日］野村稔：《刑法总论》，全理其、何力译，法律出版社 2001 年版，第 433～436 页。

于同一结果，故共犯之罪必须是同一性质之罪；日本和中国台湾有学者主张共犯独立性说，认为共犯行为对于犯罪结果各有原因力，故共犯行为不必构成同一性质之罪。

9. 基于辩证法的认识，中国刑法学者一般认为，同一共犯关系中，主、从犯相对而言，互相依存，有主犯即有从犯，有从犯方有主犯，不可能悉为主犯，也不可能悉为从犯；日本和中国台湾学者则有不同认识，有学者认为，在没有正犯的情况下，也能成立共犯。

10. 中国刑法中有组织犯，属于主犯。日本和中国台湾没有组织犯概念，组织行为若未竞合实行行为，则大抵相当于教唆犯；若帮助实行犯组织犯罪，从理论上可推断将被认定为从犯。

四、共犯与身份关系之辨正

身份在共犯关系中的影响，关键在于影响共犯行为的性质，继而因不同性质、不同危害程度的犯罪基于罪责刑均衡的需要而配置的不同严重程度的法定刑的适用，顺理成章地影响量刑的轻重。对于定罪的影响，主要集中在两方面：其一，当身份犯加功（协力）或被加功（协力）于非身份犯时，犯罪属性究竟从属于谁？其二，当此身份犯与彼身份犯共同实施犯罪时——当然包括彼此加功（协力）之情形时，犯罪属性从属于谁？本文基于将身份犯区分为定罪身份和量刑身份的立场分析如下。

（一）定罪关系

身份对共犯可能产生的上述影响，或者说身份与共犯关系中存在的上述问题，在中国刑法总则中没有具体规定。从逻辑推理上讲，有关的内容可以运用的空间是在解决是否成立共犯关系的场合；至于共犯成立后该如何定罪的问题，完全超出了这一空间范围。与之不相称的是，中国刑法分则中却有不少条文直接或间接地涉及定罪问题，这些条文涉及的定罪关系包括五种情形：

1. 纯正身份犯中，身份者加功非身份者。中国刑法典第 248 条第 2 款规定：监管人员指使被监管人殴打或者体罚虐待被监管人的，从重处罚。此条内容涉及的身份犯属于纯正（真正）身份犯，罪名是体罚虐待被监管人罪，不具有“监管人员”身份者不可能单独构成此罪。问题在于，当身份犯（监管人员）指使非身份犯（被监管人员）实施犯罪时，非身份犯至少是以胁从犯形式加功（协力）于身份犯的，甚至可能是共谋后由非身份犯出面实行的，也就是说，他们之间成立共犯关系是没什么疑义的，那么，对非身份犯应如何处理？追究其刑事责任是否符合罪刑法定原则？笔者认为，答案应当是肯定的。根据共犯原理追究非身份犯的刑事责任，与罪刑法定原则并不矛盾。

2. 纯正身份犯中，身份者互相加功或与非身份者互相加功。中国刑法典第 382 条之规定：

“国家工作人员利用职务上的便利，侵吞、窃取、骗取或者以其他手段非法占有公共财物的，是贪污罪。

受国家机关、国有公司、企业、事业单位、人民团体委托管理、经营国有财产的人员，利用财务上的便利，侵吞、窃取、骗取或者以其他手段非法占有国有财物的，以贪污论。

与前两款所列人员勾结，伙同贪污的，以共犯论处。”

该条内容看似简单，实则复杂。严格地说，正因为其内涵简单，外延才变得宽泛。它明显不同于日本刑法第 65 条第 1 款关于“加功应当由犯人身份构成的犯罪行为时，对于没有身份者也按共犯论之”的规定，也不同于中国台湾地区“刑法”第 31 条关于“因身份或其他特定关系成立之罪，其共同实施或教唆帮助者，虽无特定关系，仍以共犯论”的规定，因为中国刑法典第 382 条涵盖的加功者，从逻辑上讲，包括：

第一，无身份者，如无业游民、民工、一般员工等。

第二，有身份但其身份与该犯罪无关或者说其身份包含的内容不是贪污罪构成要件所要求的那些特定职权者，如军人、警察。

第三，有身份并且其身份与该犯罪有关或者说其身份之内容包含有贪污罪构成要件所要求的那些特定职权者，如不具有前两项规定的国家工作人员身份的财务人员、仓库保管员、保安人员等。

第四，犯罪人之近亲属，如其配偶、子女等。

这样区分的意义在于，可以从中归纳出解决共犯与身份关系的某些定罪原则。比如对第三种情形，我们完全可以归纳出这样几个原则：

其一，此身份者加功（协力）于彼身份者之犯罪行为时，依法律之具体规定定罪。

其二，盖因国家着力打击职务犯罪（公职人员犯罪），而非公职身份者须假借公职便利方能完成公职犯罪，故公职员身份对于定罪的影响力高于其他身份（非公职身份），即非公职身份者的犯罪行为性质从属于公职身份者的犯罪行为性质。

其三，无身份者加功（协力）或被加功（协力）于（纯正）身份犯时，无论其地位、作用如何，其犯罪性质从属于身份犯之犯罪性质。

问题在于，从法理上说，从分则规定归纳或推导出来的规则、原则，效力并不能及于分则的其他相关问题，否则有违背罪刑法定原则之嫌。因为分则规范只对特定犯罪问题的解决具有约束力，欲指导整个分则的适用，须赖以总则之一般规定。当然，这些推导、归纳出来的规则、原则不仅对解决同样的实务问题有意义，而且对修正立法或制定有权解释有理论价值。

3. 纯正身份犯中，公职身份者互相加功。在中国的职务犯罪中，还有一种情形，是加功（协力）行为的主体与加功（协力）行为之对象，都具有公职身份，亦属纯正身份犯，其定罪关系在分则中有明确规定。如刑法典第388条规定：“国家工作人员利用本人职权或者地位形成的便利条件，通过其他国家工作人员职务上的行为，为请托人谋取不正当利益，索取请托人财物或者收受请托人财物的，以受贿罪论处。”

中国刑法学者一般认为此为斡旋受贿罪或称间接受贿罪，但笔者认为，也可以用身份者对身份者之加功（协力）来解释其定罪关系。当被加功者（被通过其职务上的行为的国家工作人员）明知自己所处的关系、境地、事情真相时，构成共犯：若其不知究里而被利用，则对加功者应依间接正犯处理。在这两种情形中，从表象上看，似乎进行不法交易的权力掌握于被加功者手中，但实质上是加功者利用自己的权力以及在此权力运作中形成的优势地位影响、控制被加功者之权力运行，因此，不能认为加功者的行为性质从属于被加功者，恰恰相反，是后者的行为性质从属于前者的行为性质。

4. 非纯正身份犯中，身份者加功于非身份者。中国刑法典第349条规定：“缉毒人员或者其他国家机关工作人员掩护、包庇走私、贩卖、运输、制造毒品的犯罪分子的，以包庇走私、贩卖、运输、制造毒品的犯罪分子罪从重处罚；事先通谋的，以走私、贩卖、运输、制造毒品罪的共犯论处。”该条涉及的定罪关系，也是身份者加功非身份者的犯罪行为，但与第一种情形不同之处在于：第一种情形属于纯正身份犯，而该情形属于不纯正身份犯；第一种情形中的被加功者应否承担刑事责任，在刑法分则中未予明确，而该情形中的被加功者须对特定毒品犯罪承担刑事责任。

对于共犯与不纯正身份犯的定罪关系，日本和中国台湾地区学者的主流认识是：无特定身份者也能实施构成要件的行为，若有身份者实施该行为,也只影响刑罚之轻重而不影响行为之性质。[①] 中国学者亦持赞成态度,并认为对有身份者应以教唆犯或从犯论。[②]

笔者认为，上述见解对于解决日本和中国台湾地区实务中的相关问题是极富价值的。但中国刑法立法不同之处在于，由于理论上长期没有关于不纯正身份犯的认识，以致刑法立法上的规定殊异于日本刑法和中国台湾地区“刑法”。具体来说，中国刑法对不纯正身份犯没有规定不同罪名，比如故意杀人，日本和中国台湾地区“刑法”分为普通杀人罪与杀害亲属罪，中国刑法中则一概规定为故意杀人罪。因此，对于解决第四种情形的定罪关系而言，有身份者单独实施不纯正非身份犯罪，罪名同一；有身份者加功（协力）于非身份者共同包庇特定毒品犯罪人，亦不改变罪名，但量刑不可能以从犯处理，相反，却应当从重，无论有身份者在共犯中的行为形式和作用如何，概莫能外。

以上情形之共同点，是刑法分则均对定罪关系有基本的规定，量刑亦不发生刑度或刑种之改变。

5. 纯正身份犯中，公职身份者与非公职身份者互相加功。此身份者与彼身份者共同实施犯罪的情形，在职务犯罪中，表现为公职身份者与非公职身份者共同实施犯罪的情形，如本文第一部分述及的中国刑法典第 271、272、163 条规定的情形。这些情形甚为复杂，立法未表明具体态度，司法之选择不仅决定着罪名的改变，甚至关系人的生命，不能不加谨慎。

对于此身份犯与彼身份犯共同实施职务犯罪的定罪关系的解决，中国学者的观点有四种：

（1）分别定罪说。持该说的学者认为，在此种情形中，因为此行为人与彼行为人之身份所蕴含的职权不同，行为人不可能利

① 参见褚剑鸿:《刑法总则论》,台湾 1995 年版,第 312 页;[日]野村稔:《刑法总论》,全理其、何力译,法律出版社 2001 年版,第 433 页。

② 参见马克昌主编:《犯罪通论》,武汉大学出版社 1999 年版,第 590 页。

用共同职务上的便利，故不可能构成共同实行犯，应当分别定罪。① 依此观点推论，公司、企业中的普通财务人员或主管人员，与公司、企业中有国家工作人员身份的财务人员或主管人员共同实施利用职务上的便利，将本单位财物非法占为己有的犯罪行为时，二者不形成共同正犯，也不构成共同犯罪，前者构成职务侵占罪，后者构成贪污罪。同理，若上述两种人员各自利用自己的职权共同挪用本单位较大数额以上资金为个人使用或者借贷给他人，前者构成挪用资金罪，后者构成挪用公款罪；若他们各自利用自己的职权共同实施受贿犯罪行为，前者构成公司、企业人员受贿罪，后者构成受贿罪（即理论上的公务受贿罪）。

(2) 实行行为决定犯罪性质说。持此说的学者主张，在上述情形中，共犯的性质决定于实行犯的实行行为的性质，同时认为上述人只有构成共同实行犯的可能。② 依此推论，上述人员相互勾结侵占、挪用本单位资金或受贿，各有两种定罪之可能。若国家工作人员为实行犯，则上述行为人分别对贪污罪、挪用公款罪和受贿罪承担刑事责任；若公司、企业的一般身份者为实行犯，则他们彼此都分别构成职务侵占罪、挪用资金罪和公司、企业人员受贿罪。

(3) 主犯行为性质决定说。有学者主张，内外勾结或两种以上身份者勾结实施的共同犯罪的性质，应由主犯实施的行为的性质确定。③ 此观点曾为中国最高人民法院、最高人民检察院《关于当前办理经济犯罪案件具体应用法律的若干问题的解答（试

---

① 参见陈兴良：《共同犯罪论》，中国社会科学出版社 1992 年版，第 354～365 页；另见李光灿等：《论共同犯罪》，中国政法大学出版社 1987 年版，第 153～154 页。

② 参见马克昌主编：《犯罪通论》，武汉大学出版社 1999 年版，第 582～584 页。

③ 参见樊凤林、宋涛：《职务犯罪的法律对策及治理》，中国公安大学出版社 1994 年版，第 245 页。

行)》(1985 年 7 月 8 日通过)所肯定。中国最高人民法院法释(2000 年)15 号司法解释,即《关于审理贪污、职务侵占案件如何认定共同犯罪几个问题的解释》(2000 年 6 月 27 日通过)再次肯定了这一原则,其第 3 条明确规定:“公司、企业或者其他单位中,不具有国家工作人员身份的人与国家工作人员勾结,分别利用各自的职务便利,共同将本单位财物非法占为己有的,按照主犯的犯罪性质定罪。”

(4)依有身份者之行为性质定罪说。如笔者早在 1987 年完成的博士论文《犯罪主体论》中即持此观点。① 此种观点认为,有身份者与无身份者共同实施要求特定身份者才能单独构成之罪,不管有身份者是否主犯、是否实行犯,无身份者均利用了有身份者之身份,分别定罪或按主犯身份定罪均不符合犯罪之实际危害和特点,而依有身份者之行为性质定罪才比较妥当。

笔者认为,分别定罪说的实质在于主张共犯独立说。与论者自己所宣称的在区分实行犯与非实行犯基础之上的共犯从属性与独立性统一说② 也存在一定矛盾。这种观点割裂了共犯成员之间各自行为对造成同一犯罪结果的有机统一关系,实际上也抹煞了一般身份者的行为对国家工作人员身份者行为的从属性,最终结果是把共同犯罪拆解为单个人犯罪,不仅会为实现罪责刑相一致原则带来困难,更主要的是对立法关于共犯的规定造成不合理的冲击。同时极易产生司法不公:由于贪污罪、受贿罪、挪用公款罪的数额起点高于职务侵占罪、挪用资金罪和公司、企业人员受贿罪,尤其是贪污罪的立案起点高于盗窃罪近 10 倍,分别定罪,有可能造成同一行为,无身份者或普通身份者构成犯罪,而

---

① 参见赵秉志著:《犯罪主体论》,中国人民大学出版社 1989 年版,第 299～303 页。

② 参见陈兴良:《共同犯罪论》,中国社会科学出版社 1992 年版,第 56 页。

特殊身份者无罪的结果，这种结果恰恰是对刑法平等适用原则的挑战。

实行行为性质决定说较之于分别定罪说更具合理性，因为它在一定程度上体现了犯罪共同说和共犯从属性说的内容，但其缺陷也还是比较明显的。因为如果有国家工作人员身份者教唆或胁迫非国家工作人员身份者利用职权侵占、挪用或受贿，犯罪缘起并受控于国家工作人员，刑法打击的着重点本应指向国家工作人员，但按实行行为性质决定说之定罪原则处理，效果恰恰适得其反；如果在上述情况下两种身份者均为实行犯，以谁的行为定性，又是一个需循环论证的难题。

主犯行为性质决定说具有相当的合理性。因为以中国化了的共犯从属性观点衡量，共犯性质最终从属于主犯性质，当然，实际上也是从属于实行犯的实行行为性质，因为共犯行为性质具有同一性。但按此种主张不好解决的问题是：中国刑法关于共犯的规定，由于刻意关注行为人的地位与作用，故目的及意义主要在于解决共犯的量刑轻重问题，只有在肯定行为人之行为已构成犯罪以及构成什么犯罪的前提下，才能进一步区分共犯种类。此说实际上是先确定共犯种类，再来确定共犯性质，有本末倒置之嫌。而且，如果主犯为二人以上，其中有国家工作人员和非国家工作人员时，定性也就存在困难，特别是共犯事实上利用了国家工作人员职权的实质会受到不合理的掩盖或者说忽视；同时，这种观点也与中国刑法关于无身份者加功于身份者的贪污行为从而构成贪污罪的规定不能协调一致。

而笔者曾经主张的依有身份者之行为性质定罪的观点，现在看来也有不妥当之处。主要问题在于：当时中国刑法与刑事司法解释上均未出现两种不同的特殊身份者共同实施同样内容之行为应如何定罪的问题，笔者当时的观点也未涉及此种问题，而在此种犯罪情形之下，显然无法按照依有身份者之行为性质定罪说正确解决其定罪问题。

因此，笔者目前改为主张根据为主的职权行为确定共犯性质，即由共犯主要利用的职权决定犯罪性质。这一主张，不仅符合中国刑法学者公认的主客观相一致的原则，也吸收了实行行为决定说和主犯决定说的合理因素，同时又可以弥补其存在的缺陷。与中国刑法（如第 388 条）的规定和前述对中国刑法第 382 条之规定所作的推导也能保持一致。前引法释（2000 年）15 号司法解释第 1 条规定：“行为人与国家工作人员勾结，利用国家工作人员的职务便利，共同侵吞、窃取、骗取或者以其他手段非法占有公共财物的，以贪污罪共犯论处。”这一规定，实际上是对主犯决定说的否定。当然，细分起来，这一定罪原则包括两层意思：第一，普通身份者加功于特殊身份者的犯罪行为时，由于以后者身份所含的职权内容为主，故以后者的行为定性；第二，特殊身份者加功于普通身份者的犯罪行为时，由于前者的身份所含之职权居于次要地位，故以后者的行为定性。

笔者认为，根据为主的职权行为确定共犯的性质，可以解决绝大多数情况下两种有特殊身份者共同实施犯罪的定罪问题，因为在一般情况下，两种职权行为在犯罪中的主次作用是可以区分与确定的。但是，无论从逻辑上还是从实际可能性上，我们都必须肯定可能会出现两种职权行为无法区分出主次的情况。在分不清主次职权行为的情况下如何定罪？我尝试提出按照就低不就高的原则解决其定罪问题。以贪污罪和职务侵占罪为例，在分不清国家工作人员与公司、企业人员的职权行为孰为主次的情况下，应认定两个行为人构成职务侵占之共同犯罪，此种定罪对公司、企业人员是“对号入座”，对国家工作人员是“就低不就高”。此种定性之所以比较恰当，是因为这样既坚持了共同犯罪的整体性,又贯彻了有利于被告的原则而注意了刑事责任的合理性。

总之，笔者主张，在两种纯正身份犯互相加功而实施共同犯罪的情况下，全案要反映共同犯罪的性质，确定一个合适的罪名，而不能分别定罪。为确定合适的罪名，一般情况下应根据为主的职权行为来认定共同犯罪的性质；在两种职权行为分不清主次的情况下，应采取就低不就高的原则来认定共同犯罪之性质。当然，笔者的这种主张是否科学合理和符合实践需要，尚需进一步作学术商榷并付诸实践检验。

（二）量刑关系

在中国，身份对于量刑轻重影响之规定，古已有之。汉魏以降，“八议”制度即为集中表现。① 在现代刑法中，基于刑罚个别化的考虑，对实施同一犯罪的不同身份的行为人给予不同轻重的刑罚，是大陆法系各国和地区通行的做法。中国台湾地区“刑法”第 31 条第 3 款规定：“量刑关系因身份或其他特定关系致刑有轻重或免除者，其无特定关系之人，科以通常之刑。”这一规定，同日本刑法典第 65 条第 2 款的内容非常相似。后者规定：“因身份而特别设置了加重或减轻刑罚的时候，对于没有身份者科以通常的刑罚。”

中国现行刑法典没有特别明确地规定身份于量刑的关系，但在总则和分则中都有一些分散的规定。总则中的规定如：已满 14 周岁不满 18 周岁的人犯罪，应当从轻或者减轻处罚（第 17 条第 3 款）；精神病人在不能辨认或者控制自己行为的时候造成危害结果，经法定程序鉴定确认的，不负刑事责任（第 18 条第 1 款）；尚未完全丧失辨认或者控制自己行为能力的精神病人犯罪的，应当负刑事责任，但是可以从轻或者减轻处罚（第 18 条第 3 款）；又聋又哑的人或者盲人犯罪，可以从轻、减轻或者免除处罚（第 19 条）；教唆不满 18 周岁的人犯罪的，应当从重处罚（第 29 条）。此外，分则规定：引诱未成年人参加聚众淫乱

① 参见高绍先：《中国刑法史精要》，法律出版社 2001 年版，第 138 页以下。

的，从重处罚（第301条）。这些规定，体现了中国刑法对未成年人和辨认能力、控制能力减弱乃至丧失的残疾人的宽宥和保护。分则的规定较多，集中起来，体现的精神是“国家工作人员犯罪从重”。如：国家工作人员利用职权犯非法拘禁罪、故意伤害罪、故意杀人罪的，从重处罚（第238条第4款）；国家工作人员犯诬告罪的，从重处罚（第243条第2款）。这两条的内容，当然包括身份者加功（协力）或被加功（协力）于非身份者的情形。再如：监管人员指使被监管人员殴打或者体罚虐待其他被监管人的，从重处罚（第248条第2款）；司法工作人员犯妨害作证罪，帮助毁灭、伪造证据罪的，从重处罚（第307条第3款）；缉毒人员或者其他国家机关工作人员犯包庇走私、贩卖、运输、制造毒品的犯罪分子罪的，从重处罚（第349条第2款）；旅馆业、饮食服务业、文化娱乐业、出租汽车业等单位的主要负责人犯组织卖淫罪，强迫卖淫罪，协助组织卖淫罪，引诱、容留、介绍卖淫罪，引诱幼女卖淫罪的，从重处罚（第361条第2款）。

概括以上规定可见，中国刑法对共犯与身份的量刑关系的解决原则是“同罪异罚”，这与中国台湾地区“刑法”和日本刑法体现的“异罪异罚”① 原则完全不同。以国家工作人员与普通财务人员相勾结各自利用职权共同侵占、窃取本单位财物为例，依中国刑法，全部犯罪人都构成贪污罪，但对国家工作人员从重处罚；假若依中国台湾地区“刑法”和日本刑法，则应分别构成贪污罪和职务侵占罪，并根据这两个罪的法定刑量刑。

① 参见褚剑鸿：《刑法总则论》，台湾1995年版，第312页以下；刘清景：《刑法总则》，台湾学知出版社1996年版，第274页。[日]野村稔：《刑法总论》，全理其、何力译，法律出版社2001年版，第434页。马克昌：《关于共犯的比较研究》，载高铭暄、赵秉志：《刑法论丛》（第三卷），法律出版社1999年版，第367～368页。

五、余论

尽管中国古代自唐朝起就已形成“造意为首，余者为从”的共犯定律，① 但这种有中国特色的共犯观自民国起即被轻率地放弃了。“首恶必办，胁从不问”也曾是新中国的刑事政策，后来这种主张也在很大程度上受到了否定。时至今日，中国海峡两岸对共犯的规定以及学者对共犯的理解，已如两股道上行驶的车辆，各行其是。作为一种地方化的知识，法律在移植过程中总有水土不服的时候，法律的本土化是一个漫长的过程。以共犯问题为例，中国台湾地区现行“刑法”基本引进德国、日本的规定，中国则较多地借鉴了前苏联的立法内容。中国台湾地区“刑法”的规定未必已经完全符合中国人的思维习惯、文化传统，中国刑法的规定虽有较深的文化底蕴，也未必能圆满解决有关共犯的所有问题。对于日本来说，学者在共犯与身份问题上见仁见智的观点，说明也面临同样的问题。很难说上述不同的规定和学者的理解孰优孰劣，因为它们都有一定的社会适应性。不过，在一些具体问题的处理上，借鉴国外的立法内容和立法技巧，对于完善中国刑法而言仍然是有必要的。首先，有必要在刑法总则中对身份问题以及共犯与身份的关系问题作出全面规定；其次，有必要对刑法分则和司法解释的有关规定加以认真研究，从法理和实践两方面探究其利弊得失。具体而言，笔者曾指出，由于某些公职人员犯罪的构成要件宽于普通公民犯罪的构成要件，在定罪量刑上势必有违罪责刑相一致原则，② 比如贪污罪的数额起点为 5 000 元，诈骗罪、盗窃罪的数额起点分别为 2 000 元、500 元。随着

---

① 参见许玉秀：《刑法的问题与对策》，台湾 1999 年版，第 6 页。

② 参见赵秉志：《犯罪主体论》，中国人民大学出版社 1989 年版，第 301～302 页。

一些新的司法解释的颁布，这种情况出现了相反的变化，如职务侵占罪的数额起点可以是 1 万元，这样，当公司、企业工作人员与国家工作人员相互协力，各自利用职权共同侵占本单位财物时，若主要利用的是前者的职权，以职务侵占罪定性，则后者可能因分赃额不到 5 000 元而逃脱法网；若主要利用的是后者的职权，以贪污罪定性，又可能使原本不能构成性质更轻的职务侵占罪的行为人，却须对性质更重的贪污罪承担刑事责任，显而易见，共犯从属性说的绝对合理性，在这里不能不受到怀疑。然而，这种怀疑，并不意味着能为分别定罪说或者共犯独立说提供理论支持。这只能说明，中国目前的刑法理论资源对于妥当解决共犯与身份问题的需求而言尚处于短缺状态。笔者主张的“为主职权行为决定说”在一定程度上可以对这种状态作出弥补，因为它既符合哲学关于矛盾的主要方面决定事物性质的基本原理，又能体现公平、公正的基本要求。

日本刑法中的"共犯与身份"

文：山 口 厚[1]
译：王 昭 武[2]

一、"共犯与身份"规定的特色

本文所要探讨的问题是，实施以一定的身份为成立要件的犯罪（称之为"身份犯"）之时，在有具备该身份者（身份者）与不具备该身份者（无身份者）参与的情况下，成立何种共犯。日本刑法第 65 条以"身份犯的共犯"为标题对此作了明文规定如下：

刑法第 65 条第 1 款：对于因犯罪人身份而构成的犯罪行为进行加功者，即便不具有该身份，也是共犯。

刑法第 65 条第 2 款：因身份而特别加重或者减轻刑罚时，对于无该身份者，判处通常的刑罚。

该规定具有以下特色，这也引起了后面所要谈到的解释上的争论。首先，刑法第 65 条把身份犯分为二种情况，并分别作了不同的规定：一是因具备身份而构成犯罪行为的"构成的身份犯"（称之为"真正身份犯"）；二是因具备身份而构成与无身份

① 山口厚，日本东京大学研究生院法学政治学研究科教授。
② 王昭武，武汉大学法学院刑法研究生。

者相比得以加重或减轻刑罚的犯罪的“加减的身份犯”（称之为“不真正身份犯”）。对于刑法第65条的这种规定，人们会提出“对身份犯作如此区分的根据何在”这样一个问题。其次，与此相关联，就作为构成的身份犯的成立要件的身份即“构成的身份”（称之为“真正身份”）以及作为加减性身份犯的成立要件的身份即“加减的身份”（称之为“不真正身份”）而言，在前面这种情况下，对于承认无身份者成立身份犯之共犯这一意义上的“身份的连带作用”予以认可；但在后面这种情况下，对于否认无身份者成立身份犯之共犯这一意义上的“身份的个别作用”却也予以承认，对于二者采取了不同的处理方式。这样就会出现诸如作出这种不同处理的理由何在以及其间是否存在矛盾等问题。正如下文所述，在解释论上对此产生了两种相互对立的观点：一是试图消除此矛盾的观点，二是不承认存在矛盾而试图给这种不同的处理方式寻找根据的观点。

还有一个问题就是，刑法第65条的规定是否不仅对日本刑法的共犯形式中的教唆（刑法第61条）、帮助（刑法第62条）适用，而且也适用于共同正犯（刑法第60条）。判例曾一度认为，由于教唆、帮助是从属于正犯，理所当然地构成身份犯的共犯，刑法第65条只是对于共同正犯的例外规定；但现在则认为刑法对于共同正犯、教唆、帮助均适用［大审院大正4（1915）年3月2日判决，刑录21辑194页］。总之，判例认为刑法第65条对于共同正犯也适用，在学界支持这种观点的见解也占多数。但是，在学界也还有另外一种观点，尽管只是由少数人所主张，但也的确存在。该观点认为，身份犯是以违反一定的义务为内容的犯罪（义务犯），只有负有该义务的有身份者才可能作为“正犯”来实施；并以此为前提，进一步认为，共同正犯归根结底还是“正犯”，因而对于无身份者而言，就如同不可能构成身份犯的单独正犯一样，也不可能构成共同正犯。

二、身份的概念

1. 概说

对于刑法第 65 条中所规定的“身份”，判例作了广义的理解，认为身份“不仅仅局限于男女性别及本国人外国人间的差别以及亲属关系、公务员资格等，而且是与一定犯罪行为有关的犯罪人在人的关系上的某种特殊地位或状态”［最高裁昭和 27 (1952) 年 9 月 19 日判决，刑集 6 卷 8 号 1083 页］，在学界也有不少学者对于身份概念是持广义的观点。但在学界也有观点主张，由于身份犯是以一定义务的存在为前提的犯罪（义务犯），那么就要求这种身份具有持续性，因而应该对身份概念作狭义的理解。

2. 目的犯的目的

有些犯罪是以行为人具有一定的目的作为该犯罪的成立要件(称之为“目的犯”)，那么，这种目的犯中的目的又是否相当于刑法第 65 条中的身份呢？即便是在目的并不相当于身份的情况下，由于欠缺目的者也构成目的犯的共犯，因而在结论上与适用刑法第 65 条第 1 款的场合并无不同。因此，上述问题出现在根据目的的存在与否而规定是否加重或减轻刑罚的场合，也就是只有当该目的相当于刑法第 65 条第 2 款所规定的加减的身份之时，才具有实际性的意义。在这种情况下，欠缺目的者仅仅构成欠缺目的要件的基本类型的共犯。

对于营利目的的诱拐罪（刑法第 225 条）中的“营利目的”，判例曾经认为，由于该目的并不相当于身份，因而欠缺目的的共犯者也构成营利目的的诱拐罪的共犯［大审院大正 14 (1925) 年 1 月 28 日判决，刑集 4 卷 14 页］。这种情况与把目的理解为构成的身份而适用刑法第 65 条第 1 款时的结论并无不同。正如前述，其后的判例对身份概念作了广义的理解，现在则进一步认为目的犯的目的也是身份。

近年来，如何理解作为药品犯罪中的刑罚加重要件的“营利目的”是一个难点。由于判例对身份概念作了广义的理解，因此，判例认为营利目的麻药进口罪中的“营利目的”就相当于刑法第65条第2款的加减的身份，凡具有营利目的者则构成营利目的麻药进口罪的共同正犯，凡不具有营利目的者则构成单纯麻药进口罪的共同正犯[最高裁昭和42（1967）年3月7日判决，刑集21卷2号417页]。但其后的判例在处理营利目的兴奋剂进口罪这一事案时，扩大了目的的范围，认为所谓“营利目的”并不限于为自己牟取利益，还包括为他人牟取利益，进而认为，即便是对出于营利目的而进口兴奋剂者只是出于报恩等目的而加以协助者，也认定其存在“营利目的”，构成营利目的兴奋剂进口罪的共犯[最高裁昭和57（1982）年6月28日决定，刑集36卷5号681页]。但此后的下级审在处理营利目的大麻进口罪的案件时，则重新作了认定。该判例认为，如帮助者只是对正犯存在“营利目的”有认识，则该帮助者仅仅构成单纯大麻进口罪的帮助犯[东京高裁平成10（1998）年3月25日判决，判时1672号157页]。

3.事后强盗罪中“盗窃”

刑法第238条对事后强盗罪作了以下规定：“盗窃犯在窃取财物后为防止财物被追回，或者为逃避逮捕，或者为隐灭罪迹，而实施暴力或胁迫的，以强盗论。”在盗窃行为终了之后，行为人在对该事实有认识的基础上，与盗窃犯罪人共同出于法律所规定的目的而实施了暴力、胁迫的行为，如何认定该行为人的罪责是判例以及学术上的一个难点。问题在于，该行为人究竟是构成事后强盗罪的共犯，还是只构成暴行、胁迫罪的共犯。

迄今为止尚未有针对此问题的最高法院的判例，而下级审的判决则相互对立。有判决认为，事后强盗罪的“盗窃”（这意味着“盗窃犯罪人”）是刑法第65条第2款的加减的身份，无身份者仅仅构成暴行、胁迫罪的共犯［东京地裁昭和60（1985）年3月19日判决，判例时报1172号155页等］；也有判决认为，“盗窃”是刑法第65条第1款的构成性身份，无身份者构成事后强盗罪的共犯［大阪高裁昭和62（1987）年7月17日判决，判时1253号141页］。如判决间的对立一样，学界也是观点不一。有学说把“盗窃”理解为是加减的身份，也有学说把“盗窃”理解为是构成的身份，此外，还有观点从根本上否认事后强盗罪是身份犯，主张不应适用刑法第65条，而应适用共犯的一般理论（这种观点是把中途参与先行者的行为的后行者的罪责作为继承的共犯的问题来处理的。并且，在这种观点之中，学说也是相互对立的。有学说肯定这种对于先行者的行为的继承，而认为构成事后强盗罪的共犯；也有学说否定这种继承而认为仅仅构成暴行、胁迫罪的共犯）。

仅仅对事后强盗罪作形式的解释，并不能解决这一问题。笔者站在后面将要谈到的对刑法第65条所作解释的立场上，有以下看法。第一，在先行者所实施的盗窃行为构成既遂的情况下，可以认定事后的暴力、胁迫是准照强盗的实质的不法行为（法益侵害），因此有把“盗窃”理解为是构成的身份的余地；在先行者所实施的盗窃行为构成未遂的情况下，很难认定事后的暴力、胁迫是准照强盗未遂的实质的不法行为（法益侵害），因此不能把“盗窃”理解为是违法身份（构成的身份）。第二，就“盗窃”犯罪人所实施的暴力、胁迫而言，与单纯的暴力、胁迫相比，即便可以认定为责任的加重，但据此也无法说明可以准照强盗来追究罪责，因而把“盗窃”理解为责任身份（加减的身份）还存在困难，因此也就不能把事后强盗罪中的“盗窃”理解为刑法第65条中的身份。事后强盗罪是盗窃与基于法律所规定的目的而实施的暴力、胁迫的结合犯，因此，事后参与者的罪责就只能适用共犯的一般原理来解决（关于这一点，笔者认为，由于不能就加功时点以前的事态追究事后参与者的罪责，因此，事后参与者仅仅构成暴力、胁迫的共犯)。

4. 消极的身份

所谓消极的身份，是指以不存在一定身份而构成的身份。例如道路交通法上的无执照驾驶罪，是在没有驾驶执照等的情况下实施特定的行为而构成犯罪，不存在“有驾驶执照等”这种身份，就是构成该犯罪的身份。在学术界，也有人主张否定的观点，认为肯定这种消极的身份等于是“身份概念的自杀”。但笔者认为，对此并不应该予以否定。

三、无身份者对有身份者的加功

刑法第 65 条规定了在无身份者加功于有身份者所实施的身份犯罪时，无身份者所应构成的犯罪。该条把身份犯分为构成的身份犯与加减的身份犯，并分别认定了不同身份所起的不同作用。问题在于如何适用此规定。当前，围绕对该条的解释，存在几种相互对立的学说。

第一种学说是对法条作形式的解释。该学说认为，刑法第 65 条第 1 款规定了构成的身份的连带作用，而第 2 款则规定了加减的身份的个别作用。这也是判例和学界的多数说。按照这种解释，就构成的身份犯而言，无身份者构成身份犯的共犯；就加减的身份犯而言，无身份者构成无身份犯的共犯。

对此学说也有人提出了批判意见，认为这仅仅是切合法条所作的常识性解释，并未超出对法条的单纯形式解释的范畴，也不能明确说明身份的作用为何因构成的身份与加减的身份而有所不同。并且，仅仅只是说“法条就是如此规定的”，还不能认为是有说服力的解释论。况且，从某种意义上说，加减的身份犯也是由于有身份而成立该种犯罪的，由于可以视为“因犯人的身份所构成的犯罪行为”，所以，仅仅作形式上的解释，就会对区别对待构成的身份犯与加减的身份犯本身产生疑问。构成的身份犯与加减的身份犯之间的区别究竟因什么而产生，只要对这一点未加以明确，便无法明确对二者作如此区别的理由，也便无法揭示区别二者的标准。例如，委托物侵占罪（刑法第252条）可以理解为，是以“基于委托的物的占有者”作为身份的身份犯，但在与由单纯的“物的占有者”所构成的遗失物侵占罪（刑法第254条）之间的关系上，究竟是构成的身份犯，还是加减的身份犯，则并不是单纯的形式理论所能回答的问题。

第二种学说是试图消除刑法第65条第1款、第2款所规定的身份的作用之间的“矛盾”的解释论。正如前面已经指出的一样，只要是就犯罪本身而言，加减的身份犯也是“应该基于犯罪人的身份才构成的犯罪行为”，所以，第1款对由所有的身份犯所构成的共犯作了规定，而第2款则是对加减的身份犯的处刑作了特别的规定。也就是就共犯的成立与否而言，是一般性地肯定了身份的连带作用，而仅就处刑这一点，认可了对于加减的身份犯的例外处理。按照这种解释，则无身份者可以构成身份犯的共犯，而就加减的身份犯而言，则对无身份者处以非身份犯的共犯的刑罚（其结果就是，在加减的身份犯的情况下，犯罪的成立与否与处刑相互分离开来）。

对于这种解释的批判主要集中在把犯罪的成立与否与处刑相互分离这一点上。由于只有在犯罪成立的限度内处刑才是正当的，因而应该认为犯罪的成立与处刑具有密不可分的关系。还有，按照这种观点，不仅仅是在处刑这一方面仍然存在“矛盾”，而且在加减的身份犯的情况下，为何身份只是对于处刑个别地发挥作用，关于这一点的理由也并不清楚。

第三种学说以违法身份（违法身份是指这样一种身份：正因为有其存在，犯罪行为的违法性才会有存在的根据，或者其违法性才得以加重或者减轻）与责任身份（责任身份是指这样一种身份：正因为有其存在，犯罪行为的责任才会有存在的根据，或者其责任才得以加重或者减轻）这种身份以实质性区别为前提，认为就责任身份而言，从责任的性质上考虑，当然是在个别的发挥作用，所以把第 65 条理解为是有关违法身份的规定。也就是说，第 1 款是有关构成的违法身份犯的规定，第 2 款是有关加减的违法身份犯的规定。并且，违法身份也有有身份者与无身份者之分，由于根据身份的有无，违法性评价也应该各不相同，所以，正如第 2 款所规定的加减的身份一样，身份本来应该个别地发挥作用，第 1 款之所以认可了构成的身份的连带性作用，那也只是基于不存在加减类型的情况下的立法上的技术性考虑而已。因此，即便是针对第 1 款所规定构成的身份犯，对于无身份者的处刑也应该酌量（刑法第 66 条）减轻。这种学说与第二种学说相反，对身份的个别作用予以原则化，并基于此而试图消除第 65 条的“矛盾”。按照这种解释，在责任身份犯的情况下，无身份者构成无身份犯的共犯。在违法身份犯之中，在加减的违法身份犯的情况下，无身份者构成无身份犯的共犯；而在构成的违法身份犯的情况下，尽管无身份者构成身份犯的共犯，但其刑罚也应该被酌量减轻。

如果身份都在各自发挥作用，那么，构成的违法身份犯的共犯就理应是不可罚的，但该学说并未作如此理解，则会就这一点招致批判。并且，该学说以违法身份的个别性作用为原则，如从认为违法性的实质就在于惹起法益侵害这一立场上考虑，也会对此产生疑问。

第四种学说试图为刑法第 65 条第 1 款、第 2 款所规定的身份的不同作用寻找根据，也就是认为，第 1 款规定了违法身份的连带作用、第 2 款则规定了责任身份的个别作用。这种学说从违法性的客观性以及责任的个别性这种理解出发，推导出“违法的连带性与责任的个别性”，进而把身份区分为连带的发挥作用的违法身份与个别的发挥作用的责任身份这二种情况。因此，刑法第 65 条第 1 款、第 2 款就可以理解为是对于基于这种身份的实质性区别所产生的不同作用作了规定。这种学说的特色就在于，它并不认为第 65 条第 1 款、第 2 款所规定的不同作用是一种“矛盾”，而是试图赋予其理论根据。按照这种学说，可以得出以下结论：就以违法身份为要件的违法身份犯而言，无身份者构成身份犯的共犯；就以责任身份为要件的责任身份犯而言，无身份者构成非身份犯的共犯。

对于这种解释，也有人提出了批判意见，认为违法身份犯、责任身份犯这种区别与法条所规定的构成的身份犯、加减的身份犯的区别并不对应。也就是说，即便是责任身份犯也有可能存在构成的身份犯，因此，这种学说作为立法论暂且不论，就是作为对于现行规定的解释性理论也不免牵强。

笔者认为，作为对刑法第 65 条所规定的身份的不同作用的说明，第四种学说更为妥当。法条所规定的构成的身份或者加减的身份这种形式上的区别，根本不能成为规定身份的不同作用的理由。并且，由于违法身份意味着是处于能够惹起作为犯罪成立之基础的法益侵害的地位，因此，如果不处于这种地位的无身份者通过有身份者而介入，则可以间接地惹起法益侵害，也便能够认定可以构成违法身份犯的共犯。由此而论，应该认为违法身份具有连带的作用。与此相对，由于责任评价本身具有个别性，因而责任身份归根结底也应该是个别地发挥作用。针对认为违法身份、责任身份这种区别与法条所规定的构成的身份、加减的身份并不对应的这种批判意见，笔者认为，在以违法身份作为要件的违法身份犯的情况下，即便在形式上一看好像是加减的身份犯，但由于是以与身份犯所不同的应被加重或减轻处罚的个别违法行为作为处罚对象，因此可以通过将其理解为是刑法第 65 条第 1 款所规定的构成的身份犯来解决。问题在于构成的责任身份犯的情况下，只要立法上规定欠缺责任身份者不可罚，那么，对于无身份者就不应该准用第 65 条第 2 款的规定作为共犯而受处罚。“因身份而特别加重或者减轻刑罚”这一规定之中的刑罚的减“轻”的极限就应该定位于否定可罚性这一点上。尽管这种学说尚属于少数说，但笔者仍然对此予以支持。

基于上述理解，笔者认为，就以违法身份为要件的违法身份犯而言，应该适用刑法第 65 条第 1 款，认定无身份者构成身份犯的共犯；就以责任身份为要件的责任身份犯而言，应该适用或者准用第 65 条第 2 款的规定，认定无身份者构成非身份犯的共犯（但是，在欠缺责任身份的行为不被处罚的情况下，则无身份者不可罚）。

四、身份者对于无身份者的加功

对于构成的身份犯而言，由于不能认定无身份者具有犯罪的构成要件符合性，因此，对此予以加功的有身份者作为共犯也是不可罚的（在某些情况下，有身份者可能作为身份犯的间接正犯而被处罚，则另当别论）。对于加减的身份犯而言，尽管可以认定无身份者具有非身份犯的构成要件符合性而构成非身份犯的共犯，但对此予以加功的有身份者则并不构成非身份犯的共犯，而是应该按照刑法第 65 条第 2 款的规定，主张构成与身份的存在相对应的身份犯的共犯。判例也是采取这种态度。例如，删除前的杀害尊亲属罪（刑法原第 200 条）对于晚辈杀害尊亲属的情况，规定处以比一般杀人罪更重的刑罚。在儿子教唆第三者杀害自己父亲的情况下，对儿子是判处杀害尊亲属罪的教唆犯的刑罚[大审院大正 12（1923）年 3 月 23 日判决，刑集 2 卷 254 页]。多数学说对此判决也是持肯定态度。

但是，对于这种结论，仍然有值得探讨之处。要构成共犯，就必须认定正犯具有符合构成要件的违法行为，这在日本学界是通说的观点（这被称为共犯的限制从属性，它并不适合于共同正犯，而对于教唆、帮助则是合适的。因此，下面所谈到的观点并不适合于共同正犯）。这是因为不得不提出这样一个疑问：明明不能认定作为无身份者的正犯具有身份犯的构成要件符合性，那么，有身份者又为何可以构成身份犯的共犯呢（但是，在由于具有身份而得以减轻刑罚的减轻的身份犯的场合，由于可以认为作为无身份者的正犯所具有的非身份犯的构成要件该符合之中含有相对较轻的身份犯的构成要件符合性，所以，认定有身份者构成身份犯的共犯也并不存在障碍）？在学界也有观点主张有身份者仅仅构成由正犯所构成的非身份犯的共犯，从判例所采取的结论相对妥当这种观点出发，就可以认为，在这种情况下，为了认定构成身份犯的共犯，刑法第 65 条第 2 款还特别规定了不需要存在正犯中的身份犯的构成要件符合性。基于上述理解，也有观点主张有身份者构成身份犯的共犯（但这种观点认为，刑法第 65 条第 2 款是有关责任身份的规定，它对于违法身份犯并未采取这种解释）。

有组织犯罪的概念

文：川本哲郎①
译：王昭武②

一、有组织犯罪的定义

一直以来，在我国提到有组织犯罪，往往就提到最具代表性的暴力团犯罪，但最近也开始使用较以前范围有所扩大的“有组织犯罪”这一概念。平成11（1999）年制定了《有关有组织犯罪的处罚及犯罪收益的规制等的法律》（有组织犯罪处罚法）、《有关为了实施犯罪搜查而采取的通信监听的法律》以及《部分改正刑事诉讼法的法律》，也就是制定了所谓有组织犯罪相关对策三法。这三部法律的制定也为使用“有组织犯罪”这一概念带来了契机。

制定有组织犯罪处罚法的目的在于：“有组织犯罪严重损害平稳且健全的社会生活，其犯罪收益既助长了这种犯罪，而且对使用这种收益的事业活动的干预还会给健全的经济活动带来重大恶劣影响，有鉴于此，特对有组织地实施杀人等行为的处罚予以强化，并且，在对隐藏与收受犯罪收益，以及实施以支配使用了

---

① 川本哲郎，日本京都学院大学法学部教授。
② 王昭武，武汉大学法学院刑法研究生。

该收益的法人等之经营为目的的行为进行处罚的同时，还规定了有关没收及追缴犯罪收益的特例，并对可疑交易规定了申报制度。”(同法第1条)。

所谓团体，是指“具有共同目的的多数人的继续的结合体，并且该结合体有组织地反复实施为实现其目的或意思的行为的全部或者一部分”；所谓组织，是指“根据指挥与命令，按照预先规定的任务分配，各组成人员结为一体共同行动的人的结合体”(第2条)。并且，对于杀人等犯罪，在作为团体的活动，由为了实施构成该犯罪的行为而结成的组织所实施之时，则得以加重其刑罚。该法主要处罚以下11种犯罪：常习赌博、开设赌场等牟利、杀人、逮捕·监禁、勒索、出于勒索赎金目的的绑架、毁损信用·妨害业务、威力妨害业务、欺诈、恐吓、损害建筑物（第3条)。所谓团体活动，是指“根据团体决定的意思所实施的行为，该行为的结果或收益归属该团体”(第3条)。

之所以不再局限于暴力团所实施的犯罪，而是把对象扩大到由组织所实施的犯罪，主要是因为发生了由外国人犯罪组织所实施的集体偷渡事件、由宗教团体所实施的凶恶事件、以及由公司等法人组织所实施的欺诈商业行为等案件。①

有组织犯罪的定义为，“以暴力为宗旨，实施追求利益的活动的具有反社会性的逸脱集团的犯罪”。② 但有组织犯罪处罚法还存在这样一个问题，即对外国不法滞留者与日本暴力团所共同实施的盗窃自行车、侵入犯、以及诱拐、监禁同胞以勒索财物等犯罪无法予以处罚。③

---

① 参见三浦守、松井孝二、八泽健三郎、加藤俊二：《有组织犯罪对策相关三法的解说（一)》，载《法曹时报》52卷5号22页（本论文以“有组织犯罪对策相关三法的解说”(2001年）为题，已经出版)。

② 参见守山正、西村春夫：《对犯罪学的邀请》(第二版）(2001年）96页。

③ 参见渥美东洋：《从有组织犯罪应对中所探求的构想与应对策略》，载《警察学论集》55卷2号（2002年）80页。

二、有组织犯罪的现状

(一) 暴力团

1. 有组织犯罪概要

所谓暴力团，是指“该团体的成员有助长集团地或者常习实施暴力的不法行为危险的某种团体”（有关防止暴力团成员实施不当行为的法律《暴力团对策法》第2条第2款)。其特点主要在于，它以“老大”为首脑，仿效封建家长制，由拟制的血亲关系而构成，并以“上命下从”关系为基础的而形成的组织。

以前，暴力集团表现为开设赌场牟取利益的“赌徒团伙”、在露天摆摊的“的屋”①，“二战”战败之后又马上出现了“愚连队”②，随后其间的差异逐渐淡化，1955年之后“暴力团”这种称呼就固定下来。③

暴力团的主要资金最开始来源于赌博、黑市行为（通过发行私设的赛车券、赛马券以牟取不当利益，这种行为违反了自行车竞技法、赛马法)、秘密贩卖兴奋剂、敲诈、聚众哄抢等恐吓行为、收取保护费、地皮费等，而最近其活动趋于多样化、巧妙化，因而其资金来源也日益广泛。“企业对象暴力”案件、“民事介入暴力”案件、“金融、不良债权相关事犯”等呈增加趋势。所谓“企业对象暴力”，是指社会、政治运动（同和问题、右翼活动等）的冒充者、标榜者以及总会屋等组织将自己实施的行为掩盖为形式上的合法行为，而事实上却牟取违法利益、不当利

---

① “的屋”是指诸如卖假药之类的骗人摊贩、江湖骗子——译者。

② “愚连队”是指俗称的流氓、阿飞、无赖之徒、恶棍——译者。

③ 参见拙著：《有组织暴力与犯罪》，载宫泽浩一、藤本哲也、加藤久雄编著：《犯罪学》，(1995年) 277页。

益。所谓“总会屋”，是指恶意使用在股东大会上的发言权等股东权利，从而从企业获得不当利益者。[①] 所谓“民事介入暴力”，是指作为民事权利人或利害人介入、参与交通事故的调解、有关不动产租赁的纷争、债权的追讨等，以牟取违法、不当利益。最近，行为主体及其形式走向多元化，其活动领域也扩张到电脑领域。[②] 所谓“金融、不良债权相关事犯”，主要是指通过妨害债权回收而牟取利益的妨害竞拍招标、妨害强制执行的案件、恶意利用公用融资制度的欺诈案件、违反出资法的案件等。[③]

除此以外，暴力团还利用伪装成与暴力团毫无关系的“暴力团前沿[④] 企业”等形式，不当介入经济活动而牟取非法利益。所谓“暴力团前沿企业”，是指“由暴力团所设立、暴力团实际参与其经营的企业或者由与暴力团关系密切的暴力团准成员等人员或机构所经营的企业，这种企业为暴力团提供资金，积极地协助或者参与暴力团组织的维持与运转”。[⑤] 暴力团前沿组织大致可以分为两种形态：(1) 从事与一般企业并无差别的连续性交易活动，其收益为暴力团所掌握；(2) 出于违法目的而设立，并不具备作为企业的实质形态。[⑥]

现在，暴力团的特点主要体现在以下三个方面：(1) 隐蔽化(Mafia)、(2) 经济化 (business)、(3) 无际化（包括国际化)。[⑦]

---

① 参见山田庸男：《从总会屋对策中所看到的顺从性》日本律师联合会民事介入暴力对策委员会（以下简称为“日律联”)《民事对策论的新展开》(2000 年) 54 页 (“顺从性”的英文为 compliance——译者)。

② 参见五十岚忠行：《民事介入暴力与警察的对应》日律联：前书 26 页。

③ 参见平成 13 (2001) 年版警察白皮书 135～136 页。

④ “前沿”由“front”一词翻译而来——译者。

⑤ 参见平成 5 (1993) 年版警察白皮书 27 页。

⑥ 参见田中清隆《前沿企业的实态与手法》日律联：前书 86 页。

⑦ 参见田中清隆同论文 103 页。

另外，在资金高额化的同时，随着暴力团内部贫富差距加大，由暴力团成员所实施的抢劫、盗窃案件也时有发生，这也是暴力团最近所表现出来的特点。①

2. 暴力团的现状

在平成 12（2000）年年末，暴力团相关人员② 大约有83 600人，其中，暴力团成员有大约43 400人，准成员大约有40 200人。所谓准成员，是指并非正式成员，但与暴力团有一定关系，以该组织的势力为背景从事不法暴力行为者；或者向暴力团提供资金或武器，协助或参与该组织的维持、运营者。③ 在平成 13（2001）年 6 月，有 25 个团体被暴力团对策法认定为“指定暴力团”，其中隶属于第五代山口组、稻川会以及住吉会的暴力团成员有大约 3 万人，占全体暴力团成员的 69.1%。其中，第五代山口组有大约 17 900 人、稻川会有大约 5 100 人、住吉会有大约 6 300 人。并且，这些暴力团在广泛的范围内拥有势力，例如，第五代山口组就以 1 都 1 道 2 府 41 县作为势力范围。④

3. 暴力团犯罪的动向

平成 12（2000）年年末，疑犯为暴力团相关人员的有31 054人，其中，暴力团成员的嫌疑犯有 10 189 人。暴力团相关人员的嫌疑犯在全部嫌疑犯中的比例，按照罪名分别列举如

① 参见 2002 年 3 月 29 日《朝日新闻》、2002 年 3 月 1 日冲绳タイムス。

② 这里的“相关人员”主要是指成员与准成员。下同——译者。

③ 参见平成 13（2001）年版警察白皮书 130 页。

④ 参见平成 13（2001）年版犯罪白皮书 32 页、平成 13（2001）年版警察白皮书 138 页。关于暴力团的实际状况，参照每日新闻社编《追踪暴力组织》（1992 年）、洋泉社 MOOK《黑社会·指定 24 个组织的全貌》（2002 年）、沟口敦《当代黑社会的幕后知识》（2002 年）等（这里的“黑社会”一词的日文原文意思为地痞、流氓、无赖等——译者）。

下：在刑事犯中，杀人占21.5%、赌博占61.1%、恐吓占29.2%、胁迫占40.5%；从犯罪手段上看，暴力团相关人员的嫌疑犯在凶恶犯以及粗暴犯中的比例则更高。除此之外，在违反特别法的案件中，暴力团相关人员在全部嫌疑犯中的比例则要更高一些，违反自行车竞技法的占94.7%、违反赛马法的占75.0%、违反兴奋剂取缔法的占40.8%。以上这些数据都充分显示了暴力团犯罪的特征。①

从检察厅的平成11（1999）年处理结果的情况来看，暴力团相关人员的起诉率为77.9%、暂缓起诉率为15.4%，而与此相对应的全部结终处理人员的一般比例则分别为64.9%与29.5%，比较两组数据，可以看到二者之间存在着很大的差异。② 平成12（2000）年，指定暴力团加入者占受刑者总数的比例为21.5%，在专门收容有犯罪倾向者的B级设施中，暴力团加入者的比例更是达到33.6%。③

法务综合研究所在1999年11月到2000年2月之间曾经作过一项调查，以在这一段时间之内出狱的受刑者2 825人作为调查对象，有2 097人作了回复。其中，暴力团相关人员有639人。在使用信那水、黏合剂、甲苯、麻药、大麻、鸦片以及兴奋剂等药物的“药物使用”、暴走族等的“加入不良集团”、“针对父母、兄长的暴力”、“欺辱他人”等各个方面，他们所占的比例都要远高于其他受刑者。④ 平成11（1999）年还对附有保护观察要求的缓刑者进行了调查，发现在实施保护观察期间，主要的问题体现在“就业状况不安定”、“本人与暴力性组织之间的关系

---

① 参见平成13（2001）年版犯罪白皮书34页。
② 参见平成12（2000）年版犯罪白皮书403页。
③ 参见平成13（2001）年版犯罪白皮书87页。
④ 参见平成12（2000）年版犯罪白皮书414页。

增强”、“欠缺规范意识、守法精神”、“乱用药物”等方面。①

暴力团之间的对立争斗事件趋于减少，2000年发生了5起，其中约9成使用了手枪，缴获手枪达564支。另外，2000年由暴力团所实施的枪械案件有92起，造成17人死亡24人负伤。②

从2000年所发生的事件来看，就总会屋所实施的“企业对象暴力”案件而言，立案的总会屋以及社会运动标榜骗子案件有414起，逮捕人数达616人。就金融、不良债权相关案件而言，立案案件有117起，其中，妨害竞拍招标案件及在债权回收过程中所发生的妨害强制执行案件高达8成以上，由此可见还存在一些通过妨害债权回收而牟取非法利益的常习犯。③ 就妨害竞拍案件而言，据法务综合研究所在2000年所实施的调查，在所调查的68起案件中，有76.5%的案件（约52起）的被告人都与暴力团、右翼团体存在关系。④ 同时，恶意利用公用融资制度所实施的欺诈案件及违反出资法案件的立案数也在增加。另一方面，通过实施违反兴奋剂取缔法的行为以及实施恐吓、赌博、黑市行为等传统行为从而获取资金的犯罪，在平成12（2000）年的立案涉案人员达12 910名之多。⑤ 另外还发生了一些有国际犯罪组织参与的犯罪，这一点后面将要谈到。

4. 针对暴力团等的有组织犯罪处罚法的适用情况

有组织犯罪处罚法于2000年2月开始施行，到2000年年底，其适用情况为，适用刑罚加重规定（第3条第1款）的案件有6起、适用隐匿犯罪收益等（第10条第1款）的案件有1起、

---

① 参见平成12（2000）年版犯罪白皮书413页。
② 参见平成13（2001）年版警察白皮书132页。
③ 参见平成13（2001）年版警察白皮书134页。
④ 参见平成12（2000）年版犯罪白皮书341页。
⑤ 参见平成13（2001）年版警察白皮书136页。

根据警察的请求在起诉前适用没收保全命令的案件有3起。① 有关为了搜查犯罪而实行的通信窃听的法律于2000年8月开始施行，直至2002年3月该法才被适用，从而得以认定有暴力团成员插手的兴奋剂秘密贩卖案件的事实，并以违反兴奋剂取缔法的嫌疑逮捕了数名暴力团成员。②

（二）国际犯罪组织

进入我国的国际犯罪组织主要有以下几种：1. 以香港为据点，插手所有非合法贸易的"香港三合会"；2. 从事由中国向其他国家偷渡业务的偷渡承包组织，即"蛇头"；3. 俄罗斯犯罪组织，即在外国从事贩毒等非法交易活动的"俄罗斯黑手党"；4. "hit and away"型的"韩国盗窃集团"；5. 最近活动日益活跃与巧妙的"伊朗人毒品秘密贩卖组织"。③

国际犯罪组织所从事的犯罪主要有以下几种：不法交易毒品或枪械，走私盗窃物，欺诈、侵占等的企业犯罪与经济犯罪，伪造通货、支付卡等，渎职，逃税以及洗钱等金融犯罪，卖淫，不法移民，偷渡妇女、儿童等。近年来的特征主要体现在运用IT实施犯罪，其犯罪手法更为恶劣、更为巧妙。④

最近，中国人的偷渡案件趋于集团化、大量化、组织化，偷

---

① 参见平成13（2001）年版警察白皮书117页。关于事业经营支配罪，参见芝原邦而、西田典之、佐伯仁志：《cacebook·经济刑法》，（2000年）第149页。

② 参见2002年3月30日《产经新闻》。

③ 参见警察厅：《悄悄逼近的国际犯罪组织》（http://www.npa.go.jp/kokusai2/org/2_a/htm）、平成11（1999）年版警察白皮书《与跨国犯罪的斗争》。

④ 参见外务省《针对国际犯罪组织的国际社会与日本的协作》（http://www.mofa.go.jp/mofaj/gaiko/soshiki/torikumi.html）（2000年）。

渡费用也呈现高额化趋势,① 特别是因暴力团对策法以及改正入管法的实施而被切断了资金来源的暴力团更是与蛇头相互勾结在一起。②

国际犯罪组织的犯罪形态主要有以下几种：1. 犯罪组织成员进入日本国内，在短时间内实施犯罪之后马上离境的“hit and away”型；2. 在日本国内的不良外国人结成集团实施犯罪；3. 国际犯罪组织与日本国内的暴力团相互勾结实施犯罪。③

有这样一个案件：2002 年 1 月海上保安本部在福冈市的海面，从中国国籍的船舶中收缴了约 150 公斤的兴奋剂（售价为 90 亿日元），并作为违反兴奋剂取缔法的现行犯逮捕了船上的 7 名中国船员。④ 关于 2001 年的走私情况，财务省公布了以下数据：收缴大麻 797 公斤，与上一年相比增加了 64.2%；收缴 MDMA（合成麻药）118 000 锭，与上一年相比增加了 38.7%。另外，不法走私出境的盗窃车辆猛增至 956 台，为上一年的 4 倍。⑤

（三）宗教团体

平成 7（1995）年发生了“沙林毒气事件”：宗教团体奥姆真理教的成员向地铁车厢内散布沙林，造成了多人死伤。该团体根据其教义，还有组织地实施了“律师一家杀害事件”与“松本

---

① 参见森田靖郎：《蛇头与人蛇》(2001 年) 107、161 页；何频、王兆军：《黑社会动摇中国的有组织犯罪》(1997 年)。

② 参见森田靖郎：《蛇头与人蛇》(2001) 125 页。例如，福建省的蛇头就曾向指定暴力团组织山口组的组员支付了 1 亿 5000 万日元。

③ 参见警察厅：《悄悄逼近的国际犯罪组织》(http: //www.npa.go.jp/kokusaiz/org/2 _ a/htm)。

④ 参见 2002 年 1 月 7 日共同通信。

⑤ 参见 2002 年 2 月 21 日《每日新闻》。并且还报道了前暴力团干部劝诱流浪汉与中国女性假结婚的案件（2001 年 7 月 3 日共同通信）。

沙林事件”等。① 以奥姆真理教事件为契机，政府决定以文部科学省作为跨数个都道府县开展活动的宗教法人的管辖厅，还对宗教法人法进行了修订，规定必须公开情报、向管辖厅提交一定的文件，并在 1999 年制定了《规制实施无差别大量杀人之团体法》。该法律规定：“作为团体的活动，其重要职员或成员实施了诸如使用沙林等的行为，而无差别地大量杀人，对这种团体，必须明确掌握其活动情况或者制定为防止再次发生同样行为所必要的规制措施，以对确保包括公民生活平稳在内的公共安全作出贡献为目的”（同法第 1 条）；对于在过去 10 年之内实施了上述行为的团体，还规定可以进行现场检查等“观察处分”；所谓“团体”，就是为了达到特定的共同目的的多数人连续的结合体或者其联合体（同法第 4 条第 2 款）。

根据平成 13（2001）年版警察白皮书的记载，奥姆真理教虽然改变了教团的名称，但依然坚持原来的教义，其成员也超过了 1 650 人，还拥有 13 个教团相关企业，是警察所警戒、警备的对象。②

（四）企业

即便是暴力团前沿企业以外的其他企业，为了顺利召开股东大会，也可能会实施诸如向总会屋提供利益，向政治家、官僚行贿，向顾客转嫁因股价下跌所遭受的损失等“有组织的犯罪”。③ 提供利益的行为违反商法第 497 条，行贿行为则是刑事犯（198 条），转嫁损失的行为违反证券交易法第 42 条第 2 款。其他以组

---

① 关于奥姆真理教事件的详情，参见平成 8（1996）年版警察白皮书 1 页。

② 参见平成 13（2001）年版警察白皮书 190 页。

③ 参见武藤真朗：《有组织犯罪》，载于加藤久雄：濑川晃编：《刑事政策》，（1998 年）255 页。

织形式实施的犯罪还有以下情况：金融犯罪的不法融资（违反商法第486条之特别背任罪）、证券犯罪的内幕交易（违反证券法第166～167条）、[1] 违反禁止垄断法、实施恶劣商业行为时的欺诈罪、违反串门销售法等。[2]

对实施了上述犯罪的企业，可以追究团体（法人）的责任，但我国只在某些特别法中才认可对法人的处罚，因此，可以作为单独犯或共犯追究企业内部个人的责任。例如，1996年发生了Orange互助事件，被告人以养老金会Orange互助的名义，尽管实际上并未运用资金，但仍然编造可以保证本金与高利息这一虚假的事实，以存款的形式欺骗多数人，从而骗取了约7亿日元的资金。对于这一案件，作为共同正犯，判处了被告人A 10年惩役、被告人B 5年惩役这样的实际刑罚。并且，其判决书指出“养老金会Orange互助组织完全是以欺诈为目的的欺诈组织……本案是规模庞大、性质极其恶劣的有组织犯罪”。[3]

---

① 所谓内幕交易，是指“公司相关人员因职务而知晓能够影响投资判断的内部信息，而在该信息公开发布之前从事本公司的股票交易”[野村稔：《经济刑法的论点》，(2002年) 62～63页]。

② 与这种经济活动相关联的犯罪主要由“经济刑法”来研究。基本文献资料有野村稔：《经济刑法的论点》（2002年）及其他，芝原邦尔：《经济刑法》（2000年），芝原邦尔、西田典之、佐伯仁志：《cacebook 经济刑法》（2000年），中山研一、神山敏雄、斋藤丰治：《经济刑法入门》第三版（1999年）。其他更为详细的还有神山敏雄：《经济犯罪之研究》第一卷（1991年），神山敏雄：《日本的经济犯罪》（1996年），神山敏雄：《日本的证券犯罪》（1999年），麻生利胜：《企业犯罪抑制的法理》（1999年），山中敬一、立石雅彦、新保佳宏：《经济刑法的形成与展开》（1996年），西田典之编：《金融业务与刑事法》（1997年），特集：《经济刑法的诸问题》现代刑事法30号（2001年），川崎友已：《企业的刑事责任》，载《刑法杂志》41卷2号（2002年）113页。

③ 参见东京地判平成12（2000）年3月23日《判例时报》1711号41页。

三、有组织犯罪的犯罪原因

在考察有组织犯罪的原因时，有必要把组织分为两种情况：一是组织本身为以实行不法行为为目的的暴力团之类的组织，二是宗教团体及企业的设立本身为合法的组织。

前者是由社会落伍者所结成的组织，在他们实施与赌博及毒品相关的传统犯罪而获取资金的情况下，要考虑的问题就是产生落伍者的社会现状及对于赌博等活动的规制方法。这就必须把全体社会现状作为考察的对象，因而要找到根本的解决方法也就极其困难，这样在分析之时就有必要经常地把握这一点。

有组织犯罪的犯罪原因具体来说，主要有以下几种：

第一，暴力团成员的人生观。警察厅曾经在平成 5（1993）年以 1 440 名暴力团成员的嫌疑犯作为对象展开了调查，发现他们主要有以下几种人生观：(1) 金钱决定人生；(2) 一旦被当众出丑就要实施报复；(3) 开进口车、穿名牌衣服，看上去要更为潇洒；(4) 绝对服从所依靠之人的命令；(5) 男人的价值取决于强劲的力量；(6) 及时行乐；(7) 运气决定成功与否；(8) 辛苦工作毫无价值等。① 前面所提到的在平成 11～12（1999～2000）年实施的针对受刑者的调查也证实，对于加入暴力团的吸引力、利益，多数人认为是“在组织的名义下活动更为便利”、“可以增加伙伴”、“富于刺激”。② 因此，就有必要重新审视使得他们产生这种人生观的社会与教育现状。

第二，有一些人允许这种暴力团成员存在。平成 5（1993）年，总理府就暴力团不能消亡的理由进行了社会调查（调查人数为 2 166 人），发现主要有以下几点理由：(1) 有利用暴力团解

---

① 参见平成 5（1993）年版警察白皮书 33 页。

② 参见平成 12（2000）年版犯罪白皮书 421 页。

决问题的人存在;(2)很多人由于害怕暴力团的报复而不敢报警;(3)有人屈于暴力团的要求而提供资金。该调查同时还表明了利用暴力团的几点主要理由:(1)即便想通过诉讼解决,但过于费时;(2)如果求助于警察则会被多方调查,过于麻烦;(3)通过警察解决只会把事态扩大;(4)如果求助于律师,则过于费钱。①

第三,对一度加入了暴力团而后又希望脱离者的援助非常单薄。例如,曾经对无脱离暴力团意思的904名暴力团成员进行了调查,近半数人的回答为"现在要重新开始人生为时已晚"。②

这些调查表明,现在的暴力团已经扩大领域,由传统的牟取资金的犯罪转向了经济犯罪,这并不单纯是落伍者的问题,全体社会的现状才是解决问题的关键,尤其是刑事司法的机能上也存在问题。总之,不应仅仅拘泥于暴力团成员的个别问题,而应该从广阔的视野来探讨综合的对策。

除此之外,还可以指出允许暴力团存在的一些其他因素:(1)资金流动不透明;(2)信息不够;(3)民事司法机能的脆弱性;(4)行政取缔流于形式;(5)没收、追缴不彻底;(6)对不法收益的征税不彻底。③

宗教团体与企业的情况也是如此。如果"金钱至上"的生存方式、品牌目标、偏差值教育等这些犯罪存在的背景得不到更正,这些犯罪还会随着时代的变化而以新的面目出现。

四、结　语

今后对有组织犯罪展开研究的课题主要体现为以下几个方

① 参见平成5(1993)年版警察白皮书80页。

② 参见平成5(1993)年版警察白皮书72页。

③ 参见田中清隆:《前沿企业的实态与手法》,日律联:《民事对策论的新展开》(2000年)104页。

面：第一，调查研究的加强。关于暴力团的实际情况，这几年进行了积极的调查，也取得了不菲的成绩。今后当然还应该继续进行，同时，这些调查也应该针对国际犯罪组织、宗教集团以及企业进行。第二，有关有组织犯罪的综合的对策。正如前述，当前针对有组织犯罪的对策主要是通过“暴力团对策法”、“有关对实施无差别大量杀人事件的团体予以规制的法律”以及“有组织犯罪处罚法”来实施。这些法律的规制方法各不相同，例如，作为规制对象的“团体”的定义，法律规定也各不相同。犯罪性质不同，对策当然也不相同，因此，不能否认还存在需要弥补之处。也就是，只要设定了“有组织犯罪”的范畴，就有必要建立综合的对策，也有必要进行统一的立法。第三，适合于当代发展动向的对策的探讨与展望。例如，在通信监听法实施之后，暴力团马上便通过使用反侦查手提电话来予以对抗，并且，由于对象不再是“个人”而是“组织”，因此可以巧妙地规避法律。可以想像得到，通过利用现代化的 IT 技术，暴力团还可以找到警察、检察难以预想的新的犯罪手段。由于对犯罪的取缔、处罚都是事后的处分，因而犯罪预防也常常会延后考虑。尽管这一点不可避免，但考虑到有组织犯罪的极大危害，也仍然有必要采取相应的措施。

有组织犯罪之概念分析

莫洪宪①

有组织犯罪问题是当今社会的聚焦，各国对该问题的研究方兴未艾。对于有组织犯罪的概念，长期存在着分歧，其关键因素在于对有组织犯罪集团（黑社会组织）的界定有较大争议。有的学者从刑法学的角度对有组织犯罪的概念加以论述，而更多的学者则从犯罪学的角度对有组织犯罪的概念发表见解。笔者认为，有组织犯罪在刑法学和犯罪学上的概念是不同的，刑法学上有组织犯罪的概念内涵大、外延小；而犯罪学上的概念正好相反，其内涵小，外延大。本文拟从刑法学的角度对中国有组织犯罪的概念进行分析。

一、中国有组织犯罪概念的变迁

中国有组织犯罪集团最初是以帮会的形式出现，而未被冠以现代名词“有组织犯罪”或者“黑社会”。在中国长达两千多年的封建社会中，商品经济发展缓慢，几乎历代封建君主都采取了“重农抑商”的政策。可以说，两千多年的“小农经济”致使国

① 莫洪宪，武汉大学法学院教授、法学博士，中国犯罪学研究会副会长。

民固守在一方“圣土”上，长期以来形成自给自足的自然经济，普通民众大多“与世无争”，故而很难形成有组织犯罪。再者，中国占统治地位的儒家文化，以国家、家庭为核心，重义务轻权利，社会控制极其严密而有效，也难以形成有组织犯罪。直到清末以降，商品经济有了较为长足的发展，列强用坚船利炮粉碎了“中华帝国”的美梦。从此，中国的“小农经济”开始走向崩溃，民众陷入一种无序的状态。“帮会”由此开始出现，但这个概念“不是法律概念，而是在某些文学作品中出现，往往用于指黑社会组织或黑社会成员”。① 在中华人民共和国成立之前，中国“帮会”林立，影响较大的有“洪帮”、“青帮”、“斧头帮”等；黄金荣、杜月笙、张啸林等以旧社会的黑社会头目而臭名昭著。

“新中国成立后，党和政府像对待卖淫、赌博等丑恶社会现象一样，严厉打击清除了黑社会犯罪。解放后短短几年，猖獗泛滥的黑社会犯罪便在大陆销声匿迹。”② 在改革开放以前，中国实行严格的计划经济体制，强调集权，实行垄断。在城市，高就业率、低工资及低消费，致使城市较为稳定；在农村，进行集体大生产，农民通过劳动获得“工分”，从而被牢牢地束缚在土地上。各级政权建设非常牢固，很难出现失控现象。另外，当时的中国大陆与港、澳、台地区及外国交往较少，受外界影响相对较小。如此以来，便没有孕育有组织犯罪的土壤。

我国黑社会性质组织的出现，主要来自两方面：一是境内黑社会性质组织的滋生；二是境外黑社会组织的渗透。在改革开放之后，农村实行联产承包责任制，分田到户，集体的约束力大大削弱，从而致使许多农民能外出务工。在大力发展商品经济的潮

① 参见康树华主编：《当代有组织犯罪与防治对策》，中国方正出版社 1998 年版，第 93 页。

② 参见何秉松：《黑社会组织（有组织犯罪集团）的概念与特征》，载《中国社会科学》2001 年第 4 期。

流影响下，人们传统的思想观念发生了重大的变化，“金钱至上”观念影响着众多的人，从而为中国黑社会性质组织的形成埋下了伏笔。由于紧密的地缘和亲缘关系，香港黑社会对广东地区的渗透始于20世纪80年代初，“深圳成为最早受到渗透的城市，之后涉及珠江三角洲的惠州、东莞、广州、佛山、中山和汕头等地域，最后辐射粤东、粤北乃至全省”。① 最早使用黑社会概念的是1982年广东省深圳市颁布的《关于取缔黑社会的公告》，这个公告主要是对付境外黑社会组织的渗透。根据该公告，一举查处了入境和境内发展的黑社会分子75人。1982年，当时中央主管政法工作的陈丕显同志就针对深圳出现香港黑社会渗透问题批示：“对香港这股腐朽的恶势力就是要从开始即狠狠打击，决不容许其有立足之地!”并强调：“这将是一场长期的斗争。”他指示公安部要对深圳的反黑工作加以指导和支持。1989年，深圳市根据经验，对黑社会组织和黑社会性质组织给了一个地方色彩浓厚的概念：“黑社会组织是严重危害人民民主专政，危害公共安全，破坏社会治安秩序和社会管理秩序，有独立确定的名称，有较为严密的组织，有相对确定的活动场所、区域及行业，带有封建帮会色彩，兼具有反动性、流氓性的犯罪组织。”“在活动内容、方式、组织形式等方面类似黑社会组织或在成员构成上与黑社会组织有关联的违法犯罪团伙，是带有黑社会性质的团伙。”②1992年至1993年，公安部就反境外黑社会渗透和国内带黑社会性质团伙犯罪问题几次召开座谈会、研讨会，并专门成立了反有组织犯罪机构，具体指导全国“反黑”除恶工作。公安部领导就认定带有黑社会性质的犯罪组织提出了六条标准：（1）在当地已

① 参见周心捷：《论香港三合会现状及其对广东地区的渗透》，载《犯罪与改造研究》2000年第8期。

② 参见何秉松：《黑社会组织（有组织犯罪集团）的概念与特征》，载《中国社会科学》2001年第4期。

形成一股恶势力，有一定势力范围；(2) 犯罪职业化，长期从事一种或几种犯罪；(3) 人数一般较多且相对固定；(4) 反社会性特别强，作恶多端，残害群众；(5) 往往有一定的经济实力，有的甚至控制了部分经济实体和地盘；(6) 千方百计拉拢腐蚀公安、司法和党政干部，寻求保护。这六条标准为中国大陆警方在“打黑”斗争中发挥了积极的作用。1993 年，广东省人大常委会正式颁布了《广东省惩处黑社会组织活动规定》，它对黑社会组织的概念进行了说明：“本规定所称黑社会组织，是指有组织结构，有名称、帮主、帮规，在一定的区域、行业、场所，进行危害社会秩序的非法团体。”根据该规定，警方调集大批警力多管齐下，对黑社会组织大举拉网围剿，破获了像东星轮 1 000 万港元大劫案、中山市持枪杀人抢劫储蓄所案、“9601”特大跨境贩毒等一大批有境外黑社会组织参与的涉黑案件。

1997 年 3 月 14 日颁布的《中华人民共和国刑法》首次在刑法条文中明确规定了“组织、领导、参加黑社会性质组织罪”、“入境发展黑社会性质组织罪”、“包庇、纵容黑社会性质组织罪”三个罪名，其中黑社会性质组织的概念被界定为：“以暴力、威胁或者其他手段，有组织地进行违法犯罪活动，称霸一方，为非作恶，欺压、残害群众，严重破坏经济、社会生活秩序的组织。”这一概念强调了黑社会性质组织的暴力性和犯罪活动的有组织性，并再次重审了上述公安部认定黑社会性质组织的六个特征中的第一、四特征，即描述为“称霸一方，为非作恶，欺压、残害群众”。应当指出，法律条文中这种概括性用语没有显示出刑事立法语言的专业性以及严谨性，以致于在司法实践中，对黑社会性质组织的认定分歧较大。鉴于此，2000 年 12 月 4 日，中国在全国范围内部署首次“打黑除恶”专项斗争之后，最高人民法院审判委员会根据刑法第 294 条规定，通过了《关于审理黑社会性质组织犯罪的案件具体应用法律若干问题的解释》，规定黑社会性质的组织一般应具有四个特征：(1) 组织性。即组织结构比较严密，人数较多，有比较明确的组织者、领导者，骨干成员基本固定，有较为严格的组织纪律。(2) 经济性。即通过违法犯罪活动或者其他手段获取经济利益，具有一定的经济实力。(3) 保护伞。即通过贿赂、威胁等手段，引诱逼迫国家工作人员参加黑社会性质组织活动，或者为其提供非法保护。(4) 暴力性。即在一定区域或者行业范围内，以暴力、威胁、滋扰等手段，大肆进行敲诈勒索、欺行霸市、聚众斗殴、寻衅滋事、故意伤害等违法犯罪活动，严重破坏经济、社会生活秩序。严格地说，最高人民法院提出的四个特征中，只有第四个特征是刑法第294条明文规定的，而其他特征，如黑社会性质组织的组织化程度、经济目的与经济实力，以及收买或胁迫国家工作人员参加活动和提供保护等内容在刑法第294条中找不到任何依据。

在认定黑社会性质组织方面，存在较大分歧。有论者认为构成黑社会性质组织应具备三大特征，有的则认为应具备四大特征，也就是“保护伞”究竟是否为黑社会性质组织的必备条件。2002年4月28日全国人大常委会在最高人民法院的司法解释及其司法实践的基础上，对“黑社会性质组织”认定标准又作出了立法解释，强调黑社会性质组织是：(1) 形成较稳定的犯罪组织，人数较多，有比较明确的组织者、领导者，骨干成员基本固定，有比较严格的组织纪律；(2) 有组织地通过违法犯罪活动或者其他手段获取经济利益，具有一定的经济实力，以支持该组织的活动；(3) 以暴力、威胁或其他手段，有组织地多次进行违法犯罪活动，为非作恶，欺压、残害群众；(4) 通过实施违法犯罪活动，或者利用国家工作人员的包庇、纵容，称霸一方，在一定区域或者行业内，以暴力、威胁、滋扰等手段，大肆进行敲诈勒索、欺行霸市、聚众斗殴、寻衅形成非法控制或者重大影响，严重破坏经济、社会生活秩序。该立法解释虽也强调四个特征，但作了较大修改，集中体现在三个方面：一是“保护伞”不再作为认定黑社会性质组织的必要条件。原司法解释强调，国家工作人员参加黑社会性质组织的活动，或者为其提供非法保护，是认定黑社会性质组织的必备条件；而立法解释对“利用国家工作人员的包庇、纵容”作为成立黑社会性质组织的选择条件，这表明黑社会性质组织存在着多种形态，既存在“黑白”渗透类型，也存在无“保护伞”类型。二是在黑社会性质组织实施的行为方面，强调“有组织性”。关于“有组织”犯罪是指犯罪行为还是集团组织，一直是中外学者争论的焦点。根据该立法解释，在认定黑社会性质组织时，不仅应看其主体是否形成较稳定的犯罪组织，还应判断参加该犯罪组织的人员所实施的犯罪活动或行为是否具有组织性。三是突出强调黑社会性质组织“在一定区域或者行业内形成非法控制或者重大影响”的后果。该立法解释中删除了原司法解释中黑社会性质组织实施的具体行为方式，而增加了对黑社会性质组织的行为后果特征的描述。表明立法者的旨意在于，强调黑社会性质组织与犯罪集团或一般共同犯罪的区别不在于它们实施的具体犯罪行为的差异，而在于黑社会性质组织对既存的经济、社会生活秩序严重破坏的这一特定的危害方式和危害结果。目前在司法实践中对黑社会性质组织犯罪是否需要“保护伞”以及如何认定颇有争议。有学者坚持认为，黑社会性质组织的本质特征在于它的一定的社会控制性，即通过控制社会来达到反社会。而在社会主义制度下，要控制社会就必然要与掌握一定权力的国家工作人员结合，否则根本无法控制社会、建立所谓“黑社会性质组织”。因此，在我国黑社会性质组织必然与腐败官员相勾结，并使其成为其保护伞，所以保护伞是黑社会性质组织的必备要件。① 这种观点在理论上有可取之处，但司法实践中，还必须以现行立法解释作为认定黑社会性质组织的惟一标准。

笔者认为，从刑法学的角度而言，对于有组织犯罪的概念应

① 刘宪权、吴允锋：《黑社会性质组织犯罪司法认定中若干疑难问题探讨》（上），载《犯罪研究》2002 年第 1 期。

从狭义上进行理解，从严把握，即只有同时具备四个特征时才能认定为黑社会性质组织。其理由如下：（1）防冤的需要。从2000年底开始，中国开展了狂飙突起的“打黑除恶”运动，各地公安机关快速行动，仅在去年8个月的时间（2001年4月至12月），全国各级人民法院处理带黑社会性质的有组织犯罪案件3 000多件，判处罪犯12 000多人。中共中央政法委2002年3月25日召开全国电视电话会议，对“严打”整治斗争进行再动员、再部署，继续把“打黑除恶”作为这场斗争的重点，以维护社会秩序。“严打”要求“从严从快”处理，如果不从认定标准上严格把握，难免会出现冤案。（2）组织规模的要求。黑社会性质组织是中国内地有组织犯罪的最高组织形式，犯罪集团是其形成的前兆，其规模一般而言不能太小。在人数要求上，笔者认为应当在10人以上方能构成有组织犯罪。也正如最高人民法院院长肖扬强调多年的一句话：“黑社会性质犯罪，没有后台和保护伞是绝对不能坐大的。收买和贿赂政府官员是有组织犯罪的通常手段，在中国更是如此，凡是存续五六年以上的黑社会组织，都有保护伞。”（3）与犯罪集团区别的最重要的标准。我国刑法第26条第2款规定：“3人以上为共同实施犯罪而组成的较为固定的犯罪组织，是犯罪集团。”由此可知，犯罪集团具有如下特征：（1）犯罪集团的犯罪主体必须由三人以上组成。（2）犯罪形式具有一定程度的组织性。所谓组织性是指成员之间存在着领导与被领导的关系，也就是说有首要分子，也有普通成员。首要分子领导、指挥普通成员有预谋、有计划地实施犯罪活动。（3）犯罪目的的明确性。建立犯罪集团这种组织形式是为了共同实施一种或多种犯罪。（4）结合的稳定性。犯罪集团是为了长期多次进行犯罪活动，或者为了实施需要多人或较长时间才能完成重大的犯罪案件而组建的，而不是为了实施一次或几次犯罪而临时或偶尔纠集在一起，结合的稳定性体现在集团所具有的内聚力。可见，黑社会性质组织与犯罪集团最主要的区别还是在于有无“保护伞”

的问题。

二、各国和地区对有组织犯罪的刑事立法

笔者认为，从刑法学的角度，给中外有组织犯罪下一个统一的定义是不可能的。“迄今为止，有组织犯罪概念在世界范围内仍没有一个精确的、统一的、得到普遍接受与公认的定义。”①其主要原因在于各国和地区对有组织犯罪的规定各异。由此看来，很有必要对各国和地区有组织犯罪的刑事法律规范加以研究。综合起来看，关于有组织犯罪的规定主要有以下几种立法模式：

第一，刑法典式立法，即在刑法条文中规定有组织犯罪。这种立法模式又有两种情况：其一为分则式立法，即在刑法分则中规定有组织犯罪。例如我国刑法第 294 条对有组织犯罪的规定：“组织、领导或积极参加以暴力、威胁或者其他手段，有组织地进行违法犯罪活动，称霸一方，为非作恶，欺压、残害群众，严重破坏经济、社会生活秩序的黑社会性质的组织的，处 3 年以上 10 年以下有期徒刑；其他参加的，处 3 年以下有期徒刑、拘役、管制或者剥夺政治权利。境外的黑社会组织的人员到中华人民共和国境内发展组织成员的处 3 年以上 10 年以下有期徒刑。犯前两款罪又有其他犯罪行为的，依照数罪并罚的规定处罚。国家机关工作人员包庇黑社会性质的组织，或者纵容黑社会性质的组织进行违法犯罪活动的，处 3 年以下有期徒刑、拘役或者剥夺政治权利；情节严重的，处 3 年以上 10 年以下有期徒刑。”

《瑞士联邦刑法典》第 260 条 b（犯罪组织）规定：1. 为下列为行为之一的，处 5 年以下重惩役或监禁刑：（1）参加其结构

---

① 参见康树华主编：《当代有组织犯罪与防治对策》，中国方正出版社 1998 年版，第 1 页。

和人员组成情况予以保密，目的在于实施暴力犯罪或以犯罪方法获利的组织的；(2) 支持此等组织的犯罪活动的。2. 行为人主动设法阻止此等组织继续实施犯罪行为的，法官可依自由裁量，减轻处罚。3. 如果犯罪组织的犯罪活动计划全部或部分是在瑞士实施的，在外国实施的犯罪亦处罚。

《法国刑法典》第 431-13 至 413-21 条规定了组织、参加或者重建武装小集团罪，可以被视为法国刑法中的有组织犯罪。

《意大利刑法典》第 416 条规定：“当 3 人或 3 人以上为实施犯罪的目的而结成集团时，对发起、建立或者组织该集团的，仅因此行为，处以 3 年至 7 年有期徒刑。对于仅参加上述集团的行为，处以 1 年至 5 年有期徒刑。对于犯罪集团的首领，处以为发起人规定的刑罚。如果犯罪集团的成员持武器活动于乡村或公共道路，处以 5 年至 15 年有期徒刑。如果集团成员的数量为 10 人或 10 人以上，刑罚予以增加。”该法第 416-2 条规定了黑手党型的集团犯罪：“参加由 3 人或 3 人以上组成的黑手党型集团的，处以 3 年至 6 年有期徒刑。发起、领导或者组织上述集团的，仅因此行为，处以 4 年至 9 年有期徒刑。当参加集团的人利用集团关系的恐吓力量以及从属和互隐条件，以便实施犯罪，直接或间接实现对经济活动、许可、批准、承包和公共服务的经营或控制，为自己或他人取得不正当利益或好处，意图阻止或妨碍自由行使表决权，或者意图在选举中为自己或其他人争取选票时，该集团为黑手党型集团。如果上述集团拥有武装，在本条第 1 款规定的情况下，处以 4 年至 10 年有期徒刑；在第 2 款规定的情况下，处以 5 年至 15 年有期徒刑。当上述的参加者为实现集团的目的而掌握武器或爆炸材料时，即使它们被隐藏着或者被存放在储存地点，均视为拥有武装。如果集团成员所打算控制的经济活动是完全或部分由犯罪的代价、所得来收益资助的，以上各款规定的刑罚在 1/3 至一半的幅度内增加。对于被判刑人，一律没收用于实施犯罪的物品、作为犯罪代价、所得或收益的物品和构成对犯罪的利用的物品。本条的规定也适用于卡莫拉和其他具有任何地方名称并且利用集团关系的恐吓力量以追求黑手党型集团的目的之集团。"① 该法第416-3条规定了有关黑手党型集团，也有类似于黑手党的犯罪集团。而在我国大陆地区，从刑事法律规范上来看，有组织犯罪应仅仅为黑社会（性质）组织犯罪，其他一般共同犯罪、犯罪集团、犯罪团伙都不应包括在内。

其二为总则和分则结合式立法，即在总则和分则中都规定了有关有组织犯罪的问题。如《俄罗斯联邦刑法典》第35条规定了团伙犯罪、有预谋的团伙犯罪、有组织的集团犯罪或犯罪团体（犯罪组织）犯罪。其中有组织的集团犯罪，是指由事先为实施一个或几个犯罪而组织起来的固定集团实施的；犯罪团体（犯罪组织）犯罪，是指由为实施严重犯罪或特别严重的犯罪而成立起来的有严密组织的集团（组织）实施的，或者是由此目的而成立的有组织的集团的联合组织实施的行为。有组织的犯罪集团作为共同犯罪的一种，其显著特点就是其职业化和固定性，其必要要件包括事先勾结和稳定性。"有组织集团的稳定性是其成员之间存在经常性联系以及预备或实施一个或几个犯罪的独特活动方法。有组织集团的稳定性要求事先的协商与组织。"② 其分则第210条规定了组建犯罪团体（犯罪组织）罪：③（1）为实施严重犯罪或特别严重的犯罪而组建犯罪团体（组织）和领导这种团体（组织）或其所属分支机构，以及为实施严重犯罪或特别严重犯罪制定计划和创造条件而组建有组织集团的组织者、领导者或其他代表人物的联合组织的；（2）参加犯罪团体（犯罪组织）或参加有组织集团的组织者、领导者或其他代表人物的联合组织的。

---

① 黄风译：《意大利刑法典》，中国政法大学出版社1998年版，第126页。

②③ 参见黄道秀译：《俄罗斯联邦刑法典释义》，中国政法大学出版社2000年版，第87、570～571页。

有组织犯罪突出的特点是具有等级森严的结构，具体犯罪纲领（匪帮性的、反宪法的、走私、民族主义的纲领）方面严密一致、严格的保密制度和防止执法机关破获的制度，犯罪活动的规模性，包括出境和与国际社会相勾结等。对于俄罗斯而言，有组织犯罪活动猖獗，在刑法中专门加以规定有利于同这种犯罪现象作斗争。其有组织犯罪的典型是黑手党犯罪，从 20 世纪 80 年代末的苏联晚期开始，黑手党这一概念逐渐走进苏联百姓的日常生活。苏联解体后，借社会转型之机，俄罗斯黑手党滋生蔓延，暗杀、抢劫、走私、贩毒、收取保护费、贩卖人口，劣迹斑斑，臭名远扬，他们甚至公然与社会对抗，明目张胆地进行各种犯罪活动。人们不难看出，在积累了大量财富后，俄罗斯的黑手党已开始向国家政治、经济领域渗透，甚至不满足以贿赂、收买等方式获取政治权力的庇护，而是惯用恐怖手段，身披合法外衣，力图掌握经济命脉，妄想登上政治舞台。

第二，单行刑事立法。即在刑法典中没有对有组织犯罪加以规定，而是在单行刑事法律规范中专门规定。如日本在 1991 年 5 月生效（1992 年 3 月 1 日起实施）的《暴力团对策法》，在该法第 2 条 2 号中，对暴力团作了如下定义：① 指有可能助长其团体的成员（包括这个团体的构成团体的成员）集团性、常习性地进行暴力型不法行为的团体。我国澳门地区早在 1978 年就针对活动猖獗的黑社会而制定了专门的《黑社会管制法》；后来，随着澳门黑社会活动手段的多样化，于 1997 年 7 月 30 日又颁布了《有组织犯罪法》（第 6/97/M 号法律），从而为有效地打击和预防澳门黑社会提供了刑事法律规范。该法对黑社会进行了较为全面的定义，即把为取得不法利益或好处所成立的所有组织，其存在是以协议或协定或其他途径表现出来，且从事一项或多项罪行

① 参见［日］西原春夫主编：《日本刑事法的形成与特色》，中国法律出版社、日本国成文堂联合出版 1997 年版，第 454 页。

者皆视黑社会。这些罪行包括：（1）杀人及侵犯他人身体完整性；（2）剥夺他人行动自由、绑架及国际性贩卖人口；（3）威胁、胁迫及以保护为名的勒索；（4）操纵卖淫、淫媒及做未成年人之淫媒等21项罪行。并把组织、领导、参加、支持黑社会的行为都明确规定为黑社会犯罪。

各个国家或者地区有组织犯罪发展的不均衡性也导致了刑法学意义上的有组织犯罪概念不能统一。其中有组织犯罪比较猖獗的国家和地区主要有意大利、美国、日本、俄罗斯和我国香港、澳门地区等。这些国家和地区的有组织犯罪已经席卷全国或整个地区，并且疯狂地向境外进行渗透。如意大利、美国、俄罗斯等国的黑手党，世界闻名，几乎妇孺皆知，日本的“山口组”、香港“十四K”也是臭名远扬。相比较而言，我国大陆地区的有组织犯罪则显得较为幼稚，在全国范围内都有自己组织机构的黑社会尚未出现，呈现出了典型的区域性特点。2002年3月18日，“9·11”之后的首次国际警察首脑会议在香港举行。在会上，中国公安部刑事侦查局局长张新枫发言时称：“中国的黑社会性质组织在迅速滋生和发展，严重危害社会治安稳定。黑社会性质组织犯罪是中国内地的有组织犯罪的最高组织形式，它不同于国际社会公认的黑社会组织，也不是一般意义上的刑事犯罪集团，它是描述中国内地有组织犯罪形式的特定概念。”①

综观各国、各地区的立法，一般把有组织犯罪作为一种特别的共同犯罪形式予以专门规定。所谓特别的共同犯罪形式，是指它与一般共同犯罪有所不同。其共同犯罪人以长期实施一种或多种犯罪为目标而结为组织，其成员具有稳定性；有组织犯罪具有长远的规划。随着犯罪活动的猖獗，其组织往往像滚雪球一样不断壮大，所以它比一般的共同犯罪具有更大的危险性。反有组织

---

① 参见《南方周末》，2002年3月28日第四版。

犯罪的立法内容有以下特点：①

（1）主体为一般主体。在犯罪形式上表现为必要共犯，其人数的确定性与否或人数多少因国而异。有的国家刑法对黑社会组织的人数是确定的，如奥地利刑法规定2人以上；意大利刑法规定3人以上；泰国刑法规定5人以上。有的则是不确定的，如德国、法国、韩国等国刑法没有人数规定。

（2）主观方面表现为直接故意且具有获取经济利益的目的。多数国家刑法对有组织犯罪的直接故意内容作了明确规定，即为了获取经济利益为目的。

（3）客观方面表现为组织、领导、参加或者支持有组织犯罪集团等行为，大部分国家和地区都把此类犯罪视为"行为犯"，也有少数国家规定为"阴谋犯"，如泰国刑法规定只要有组建黑社会组织的"阴谋"就构成此罪，至于"协议行为"是否着手在所不问，而且将唆使、帮助行为也作为该罪的客观行为表现。

（4）有组织犯罪所侵害的法益是公共安宁或社会生活秩序。如《瑞士联邦刑法典》把有组织犯罪归入"危害公共安宁的重罪和轻罪"一章；《意大利刑法典》则归入"危害公共秩序罪"一章；《俄罗斯联邦刑法典》则归入"危害公共安全的犯罪"一章之中。可见有组织犯罪所侵害的法益主要是社会公共生活的安全。

（5）刑事制裁方面特别强调：①重点打击那些没有直接实施具体犯罪的组织者和首领。②特别加重刑事责任的事由规定，这主要体现在两方面：一方面是特殊人员介入有组织犯罪；另一方面就是发展对象为未成年人。③特殊减轻或免刑的事由规定，主要是对"悔过者"进行奖赏规定，从而架设其回归社会的"黄金桥"。

---

① 参见莫洪宪著：《有组织犯罪研究》，湖北人民出版社1998年版，第191～194页。

三、我国有组织犯罪概念之论争

目前关于有组织犯罪的概念，主要有“行为概念说”、“功能概念说”、“结构概念说”、“广狭概念说”、“基本特征定义说”、“本质特征说”① 等。而这些概念大多是从犯罪学的角度进行的分析，而犯罪学上的概念主要是向人们展现有组织犯罪这一现象，揭示有组织犯罪的本质和活动规律。正如有的学者所说：② 刑法学上的有组织犯罪概念是一种规范概念，而犯罪学上的有组织犯罪概念则是一种事实概念。刑法学上的概念以刑事法律规范为依据，注重对有组织犯罪成立的法律特征进行描述和界定，故而要求极高的确定性和可操作性；而犯罪学上的概念则关注社会现象，从而有利于探究有组织犯罪的形成原因及其防控对策。刑法学上的有组织犯罪是一种静态的概念，而犯罪学上的有组织犯罪概念则是一种动态概念。前者描述的总是特定国家现实情况下的有组织犯罪状态，具有相对的静止性；后者则将有组织犯罪看成一个犯罪“组织化”不断升级的动态运动过程。也就是说，刑法学上有组织犯罪的概念往往从狭义上理解，而犯罪学上的概念则多从广义上理解。

我国学界从刑法学的角度而言，对于有组织犯罪的概念有广义说、狭义说和最狭义说三种：③

一是广义的有组织犯罪。这种意义上所说的有组织犯罪是指

---

① 参见莫洪宪著：《有组织犯罪研究》，湖北人民出版社 1998 年版，第 12 页。

② 参见杜宇：《有组织犯罪概念二元论》，载《青少年犯罪研究》2001 年第 2 期。

③ 参见邓又天、李永升：《试论有组织犯罪的概念及其类型》，载《法学研究》1997 年第 6 期。

3人以上故意实施的一切有组织的共同犯罪或者集团犯罪活动。它不仅包括有一定组织形式和组织关系的黑社会组织所实施的犯罪活动，也包括有一定组织机构和组织形态的犯罪集团所实施的犯罪活动，还包括有一定组织行为的某些松散性团伙所实施的犯罪活动。

二是狭义的有组织犯罪。这种意义上所说的有组织犯罪是指3人以上有一定组织形式、主要犯罪成员基本固定、社会危害性大、反侦查能力强的集团性犯罪组织所实施的犯罪活动。它只包括黑社会性质的组织实施的犯罪活动和某些犯罪集团所实施的犯罪两种情况，而将一般性犯罪结伙排斥于有组织犯罪的概念之外，从而使犯罪学意义上的有组织犯罪的外延与刑法学意义上有组织犯罪的外延基本上相吻合。

三是最狭义的有组织犯罪。这种意义上所说的有组织犯罪是指3人以上有一定组织机构和组织关系、内部结构紧密、等级森严、犯罪能量大、自我防护能力强的超集团性犯罪组织所实施的犯罪活动。它通常指的是那些最具典型意义的黑社会组织所实施的犯罪。由于这种意义上的有组织犯罪要求十分严格，它不仅把一般性犯罪结伙拒之门外，而且将某些集团性犯罪也排斥在有组织犯罪的概念之外，因而是一种最富有典型意义的地地道道的有组织犯罪。

笔者认为，上述具有代表性的三种定义都不太科学：第一，三种定义均未把有组织犯罪的目的纳入视野，而事实上中外有组织犯罪都具有谋取经济利益的目的。如美国学者 Howard Abadinsky认为："有组织犯罪是指为了通过非法或合法手段获取经济利益，多人至少以三级或三等组织形式而组成的非政治性团体。"① 第二，三种定义均未对有组织犯罪中组织的特点用刑法

① Howard Abadinsky: Organized Crime, Nelson-Hall, Chilago, Reprinted 1993, P.5.

用语表述完备。第三，广义的有组织犯罪之概念，范围太宽，把3人以上的一般共同犯罪及集团犯罪都纳入其中，显然不适合于刑法学意义上的概念；狭义的概念同样存在这个问题；最狭义概念仅仅把黑社会组织界定在内，不符合我国现行刑法规定。第四，三种定义均未把有组织犯罪的行为手段加以表述。事实上，暴力与贿赂是有组织犯罪的两种不可缺少的手段，理应在概念之中有所表述。第五，三种定义均未把有组织犯罪侵害的法益表述出来。根据我国刑法第294条的规定，该罪侵害的法益应该是社会生活秩序。

鉴于此，笔者认为，所谓有组织犯罪，是指以获取经济利益为目的，10人或10人以上采取暴力和贿赂为主要手段，组成具有组织结构而又长期稳定，严重破坏经济、社会生活秩序的黑社会（性质）组织的犯罪活动。

其具体含义如下：

第一，有组织犯罪必须是以获取经济利益为目的。这就把邪教组织犯罪、恐怖活动组织排斥在有组织犯罪之外，因为邪教组织以及恐怖活动组织往往带有政治目的，宗教问题、民族问题致使这两类组织对经济利益的关注程度要远远轻于有组织犯罪。

第二，有组织犯罪的主体为10人或10人以上具有刑事责任能力、达到刑事责任年龄的自然人。在我国学界，对于有组织犯罪的界定有3人说、9人说和10人说。笔者赞同主体必须至少为10人方能构成有组织犯罪。有组织犯罪分工明确，社会危害性极大，而人数则成为其与犯罪集团的重要区别。

第三，以暴力和贿赂为主要手段。有组织犯罪的基本目的是追逐经济利益，为此他们采取两种手段：一是通过暴力手段统一组织，占据地盘，垄断市场；二是通过腐蚀贿赂，收买政府官员，逃避法律制裁，巩固扩大势力范围。其中暴力手段是作为有组织犯罪起家的资本，原始积累的保障；腐蚀贿赂是有组织犯罪发展的资本投入。对于暴力手段而言，既是维持犯罪组织内部秩序和纪律的法宝，又是与社会对抗的“杀手锏”。

第四，具有一定的组织结构和长期稳定性。有组织犯罪往往呈“金字塔”形结构，等级森严，分工较为明确；而且具有严格的组织纪律，严禁“反水”现象，严禁私吞组织公款。另外，有组织犯罪骨干成员相对稳定，组织犯罪存续时间较长。也只有存在较长时间才能发展成为有组织犯罪。

第五，有组织犯罪在我国应为黑社会（性质）组织的犯罪活动。在1997年刑法颁布之前，在学界鲜见有组织犯罪的提法，而且在司法实践中，也无对黑社会（性质）组织的实际处罚。从现行刑法规定来看，有组织犯罪应该为黑社会性质组织或黑社会的犯罪活动，而不应把犯罪集团、犯罪团伙都纳入其中。有的学者认为，有组织犯罪只应为黑社会性质组织，这就把黑社会犯罪活动排斥在外。事实上我国刑法第294条规定了入境发展黑社会组织罪，已把黑社会组织视为有组织犯罪的一种，这说明在我国虽然目前尚不存在典型的黑社会组织形态，但不排除在社会控制的疏漏中有组织犯罪向更高一级形态渗进的趋势。“及至90年代末，出现了黑社会性质组织向黑社会犯罪组织转化的明显趋势”,① 并且，黑社会性质组织发展迅速，已经形成了典型的黑社会。② 那么黑社会性质组织与黑社会的区别何在呢？笔者认为黑社会性质组织用语不太恰当，不如直接用黑社会来表述，这也是大多数国家的做法。其区别主要表现在以下方面：(1) 前者规模较小，人数较少，存在时间较短，后者规模大，人数较多，存在时间较长；(2) 前者经济实力较后者弱；(3) 前者对政府的渗透还没有后者强，后者已形成了典型的“保护伞”。学界有人认

---

① 何秉松：《恐怖主义、邪教、黑社会》，群众出版社2002年版，第304页。

② 参见崔敏：《黑社会犯罪论纲》，载《公安大学学报》2002年第1期。

为司法实践中很难查获“保护伞”，而主张通过法律途径对“保护伞”视若罔闻。笔者认为，这种观点值得商榷。首先，“保护伞”是黑社会性质组织赖以存在和发展的重要条件之一，它制约着黑社会性质组织发展的规模、速度以及存续时间的长短。因此，“保护伞”不除，有组织犯罪这一毒瘤是无法被清除干净的，掌权者会设置重重障碍，阻止侦查，“除恶务尽”只不过海市蜃楼般的幻想而已。其次，不能因为司法实践中难于查明“保护伞”，而弃此法律条件不顾，这明显是功利主义的超常表现。在人权高扬的今天，实在不合潮流。再者，翻阅各国刑法对有组织犯罪本身的规定来看，组织、领导、参加行为的刑罚一般都不是很高，在我国最高刑为 10 年有期徒刑。即使对犯罪嫌疑人不认定为组织、领导、参加黑社会性质组织罪，对这些怙恶不悛者而言，往往还有其他更严重的罪行在身，也绝不会放纵黑社会分子。

有组织犯罪之对策研究

贾 宇①

有组织犯罪是当今国际社会公认的一种最高形态的犯罪，严重影响各国的政治稳定、经济发展和社会进步，极大地威胁人类的自由与安全，是世界各国普遍关注的一个严峻的社会问题。由于有组织犯罪近年迅猛发展，犯罪组织频繁制造震惊世界的灾难，因而为各国所重视和警惕，被联合国大会称为“世界三大犯罪灾难”之一。②

所谓有组织犯罪，指3人或3人以上，以非法牟利为主要目的，为了共同实施犯罪而结成的犯罪组织，或虽未明确成立犯罪组织，但经常共同实施犯罪的形态。

有组织犯罪问题，在中国大陆地区曾得到有效解决，然而伴随中国由传统政治社会向现代市民社会的转型以及改革开放的深化，有组织犯罪又死灰复燃，严重危害人们正常的生产秩序、工作秩序、生活秩序，危及到社会主义现代化建设的顺利进行。尽管1997年新刑法增设了恐怖组织的犯罪、黑社会性质组织的犯罪以及邪教组织犯罪等，为打击这类犯罪提供了明确的法律依据，但面对产生至快、发展至猛、危害至烈的有组织犯罪，仅仅

---

① 贾宇，男，西北政法学院教授、法学博士。

②《中国犯罪学研究会第十一届学术研讨会论文》，第158页。

依靠法律控制，还显得相当乏力。故而，有组织犯罪之全方位对策研究已日益成为国家机关、刑法理论界和司法实务界的焦点课题之一。

犯罪是个复杂的社会现象，其产生和存在有其客观历史条件和自身规律性，现阶段我们尚不能完全消除犯罪所依存的社会条件进而彻底消灭犯罪，只能通过预防与刑罚救济的手段将犯罪所带来的损害后果降到最低限度。纵观有关有组织犯罪的特点及其产生、滋长的原因，不难发现，有组织犯罪具有组织性、经济性、社会区域性、政治腐蚀性、暴力性、国际性等特点；犯罪成因则表现在政治、经济、法律、文化、外来等因素的作用。因此，需要针对有组织犯罪提出一套以兼顾预防和惩治，社会预防和法律救济并重，内外结合的防治措施体系，堵源塞流，标本兼治，才能取得理想效果。

一、预防有组织犯罪的社会政策

犯罪不仅是法律上的命题，更是社会关系结构失调、社会矛盾尖锐激化的反映。有组织犯罪是举世公认的高级犯罪形态，其产生、结构演化及功能嬗变皆起缘于社会结构形态上的变迁、转型与异化。因此，有组织犯罪对策之中心任务，在于追本溯源，控制以至消除其赖以存在的社会条件。

宏观上，应通过加强社会管理，健全社会结构与整合机制，堵塞有利于有组织犯罪形成的诸种消极因素的分化、组合，阻止黑社会组织的出现。

第一，大力加强社会主义民主政治建设。深化政治体制改革、健全社会运行机制是遏制黑社会性质等有组织犯罪的根本对策。有组织犯罪在我国的滋生和发展，与国家政治、经济体制改革中出现的权力真空、社会失范等问题有着密切的联系。因此，只有加大政治、经济体制改革的力度，形成社会政治和经济的良好运行机制，进而引导和推动文化变革，实现社会价值的调整与统一；加强中央政府行政执法能力，完善权力的有效监督机制，防止权力被滥用，倡廉反腐，提高政府工作人员的纯洁化程度，严肃清理政府机构中的腐败分子和不法分子，重新树立政府在人民群众心中威信；完善基层组织建设，正确处理人民内部矛盾，消除城乡普遍存在的一些不稳定因素；弥合国家政策运行与社会管理中的缺陷，从而在整体上加强国家对社会的控制力度，才能有效地控制和打击有组织犯罪。

第二，大力发展社会主义市场经济。毋庸讳言，在经济体制转轨和利益分配机制调整的过程中，必然会存在分配不平衡问题，生成某种不稳定因素，其中就包括引发有组织犯罪。更何况，社会结构的一系列调整与整合都是围绕经济体制改革而进行的，要达到社会结构优化和稳定，必先从经济体制完善、发展经济着手。因此，通过实施积极的产业政策，大力加强对市场经济秩序的整顿和规范工作，发展市场经济，加大西部开发的力度，缩小区域差距和城乡差距，加强农业基础地位，改革国有大中型企业，实施“再就业工程”，加强社会保障制度，无疑可以更好地凝聚人心，最大限度地减少社会不安定因素，有效地阻绝刺激有组织犯罪产生、发展的不利经济因素的作用发挥。

第三，大力加强文化道德教育。贝卡里亚在《论犯罪与刑罚》中有一个判断：“预防犯罪最可靠但也是最艰难的是——完善教育。”文化教育是事关国民整体素质的基础性建设，国民受教育水平总体上能够体现一国国民素质的高低程度，这是国际上公认的评定标准。文化教育包括科技文化教育和思想道德教育。科技文化教育可以提高人类认识世界和改造世界的能力，也为思想道德教育的实施提供了有利条件。道德教育决定社会主导的价值观念，影响民众的精神状态，利于培养法治观念和积极的社会意识，为防止犯罪特别是有组织犯罪在思想意识上形成了防范。通过对历史的研究考察可以看出，文化教育特别是道德教育滞后，主流价值观崩塌的地区或时期，同样是社会动荡不安、犯罪率极高的地区或时期。

文化道德建设预防犯罪的机能有两种发挥方式：一种是出于自身觉悟、善恶之分、是非之辨、法治观念，排斥犯罪，远离犯罪，即自身的素质决定其本身不去实施犯罪，从而能够减少犯罪源，导致犯罪人数的下降。这种“自律性”的方式，能够形成对有组织犯罪“人”的因素的控制。另一种是“他律性”的方式，即良好的文化氛围和道德建设，能够形成一种无形的社会制约机制，即通过“道德谴责”的方式排斥犯罪，通过“见义勇为”等有益行为自发地打击、阻止犯罪行为。这种良性的社会制约犯罪机制，在一定程度上支撑着社会的健康运转，使犯罪行为消解于未然之际或使已然之罪无处藏身，节省了预防或打击犯罪的社会资源。

第四，加强社会治安综合治理。利用各种社会力量，加强社会治安综合治理是打击预防有组织犯罪的基本对策。从有组织犯罪的原因和特点分析可知，有组织犯罪是政治、经济、文化、法律、社会控制等方面消极因素的复杂、综合作用的结果。因此，对其打击预防也必须综合治理，即在党委、政府的统一领导下，组织和依靠国家政权、社会团体和人民群众的力量，动员全社会参加，使有组织犯罪无立锥之地。在手段上，也应当综合利用政治的、经济的、法律的、文化的、技术的等多种手段对有组织犯罪真正做到“打防结合，两者兼顾”。在政治方面，加大反腐力度；在经济方面切断有组织犯罪的经济来源。在文化方面，加大反有组织犯罪的宣传力度。加大对文化市场的规范、管理力度。在社会控制方面，要加强社会整治，抓好组织建设，充分发挥工、青、妇、宗教等团体，居民委员会、村民委员会等群众自治组织的作用，增强社会组织的控制力。要充分发挥专门机关与群众路线相结合的传统，广泛发动和依靠群众，构建社区有组织犯罪防控网络。只要基层工作不是软弱瘫痪，政府人员和政法干警不同罪犯沆瀣一气，犯罪组织就难以发展到成熟阶段，形成气候。

微观方面，主要可以采取下列措施，以防止有组织犯罪的形成与扩大：

1. 加强社会保障制度建设。近年来，有组织犯罪滋生蔓延，可以说主要根源于经济体制调整造成的社会不稳定状态，相伴而生的失业下岗、流动人口增加等也起了一定作用。从有组织犯罪主体来源考察，客观地说，主要有三类人：一类是不能“固穷”的下岗人员；一类是不太安分的城市的闲散人员、农村的闲置人口以及外来流动人口；另一类是屡教不改的“两劳”人员，即劳改、劳教人员。要断绝有组织犯罪的主要后备军来源，则要以经济手段为主，加强失业保障制度；发挥劳务市场的作用，积极有效地实施“再就业”工程，给下岗人员创造更多的就业机会使下岗工人有饭可食，有衣可穿，有业可为；完善社会保障制度，开辟多种就业门路，解决城市闲散人员、农村闲置人口的基本生活待遇问题；做好对两劳释放人员的转化工作，落实帮控措施，特别是做好安置工作，允许他们回原单位就业。鉴于我国目前社会保障体系的范围基本限于城镇居民，从长远考虑，社会保障体系的范围应当扩大，像广大农民的养老、医疗、就业、保险等都应在社会保障的范围之内，而且在社会保障的政策上，应向社会弱势群体倾斜，倾听他们的呼声，关心他们的疾苦，疏导矛盾、解决问题。

2. 加强对流动人口的管理力度，尤其是大中城市应加强社会控制，制定法律、法规，健全流动人口登记制度，杜绝失控现象，严格管理外来人口，抓好外来人员集中、散居、流动三个层次的动态管理，变限制型管理为服务型管理。另外在政策上，对流动人口的子女入学、就业等方面不得实行限制和歧视政策。

3. 加强金融机构管理力度，对有组织犯罪从经济上进行打击，对其“财”的因素进行控制。资产是犯罪组织生存和发展的基础。犯罪组织得到“黑钱”后，往往通过各种途径洗钱。而有些金融机构在有组织犯罪的洗钱过程中，扮演了不光彩的“洗衣机”角色，所以要遏制洗钱犯罪必须切断洗钱途径，加强金融机构的监督管理，完善金融法规。因为，从经济上堵住其“洗钱”渠道，就可从根本上杜绝有组织犯罪的恶性膨胀。也就是说，有效打击洗钱犯罪，断绝其“资金”来源，就是摧毁犯罪组织的重要手段，可以预防有组织犯罪产生，并能防止其发展壮大。因此，银行、保险公司、证券公司等金融机构应采取具体措施加大反洗钱力度。① 具体来说，可从以下几方面着手：(1) 切实推行金融活动实名制，以有效识别客户身份；(2) 要求金融机构保存交易记录 5 年以上；(3) 对可疑交易建立申报制度。

4. 加强枪支弹药等危险物品的管理工作，铲除有组织犯罪的暴力土壤。有组织犯罪以暴力为依托，且暴力性是其基本特征，也是其得以危害社会的主要根源所在，而枪支弹药等危险物品又无疑增加了有组织犯罪的能量，在暴力结构中起重要作用。美国、南非等国家的有组织犯罪的猖獗，与其枪支管理的相对松懈是分不开的。我国对枪支弹药实行管制是必要的，不但应继续管制下去，而且还应加强。因此，公安机关的治安管理部门应加强对危险物品的管理工作，严格控制危险物品的生产、使用、运输、销售和购买，收缴流散在社会上的枪支、弹药、管制刀具及爆炸物品等，以防止恐怖组织、黑社会组织等利用它们进行犯罪活动。尤其要对生产危险物品的工厂加强治安管理，防止犯罪组织利用工厂大规模制造犯罪活动的暴力工具，危害社会。

5. 加大边防出入境的管理力度。近年来，从事贩毒与贩卖人口的跨国有组织犯罪异常活跃，而边境是其从事犯罪的重要地点和必经途径。因此要加大边防与出入境管理制度，与国外警察

---

① 高一飞：《有组织犯罪问题研究》，中国政法大学出版社 2000 年版。

机构建立犯罪信息交流渠道，加强对境外犯罪组织的监控，将一些有前科的犯罪组织的成员拒之于国门之外；对涉嫌有组织犯罪的有关人员要迅速及时处理，从严打击，保持高压态势。

二、预防有组织犯罪的刑事法律对策

如果说有组织犯罪的社会对策，旨在消除犯罪的存在条件和原因，是防犯于未然，那么有组织犯罪的刑事法律对策则是事后救济，惩罚于已然。但事后的惩罚仍应视为对新的有组织犯罪的预防对策。

1. 完善刑事立法

国外对形形色色的有组织犯罪的打击，经历时间较长，积累了丰富的经验，值得我们借鉴。从实体法的角度而言，世界上一些国家和地区普遍制定了专门的反有组织犯罪刑事法律。例如，美国制定了“RICD”即《反有组织犯罪侵蚀行为法》，中国台湾地区制定了《组织犯罪防治条例》，中国香港特区有《社团条例》，中国澳门特区于 1997 年 3 月 30 日颁布了《有组织犯罪法》。

我国内地基于“国内尚无真正的黑社会组织”的通说观点，1997 年新刑法只对组织、领导、参加黑社会性质组织罪（刑法第 294 条），入境发展黑社会组织成员罪（刑法第 294 条），包庇、纵容黑社会性质组织罪（刑法第 294 条），组织、领导、参加恐怖活动组织罪（刑法第 120 条）等四种犯罪进行了规定，立法较为简单，尚不能适应社会形势及司法实践的发展。因此，当前在有组织犯罪刑事立法上要继续完善，在条件成熟时可制定单独的《有组织犯罪防治法》，对有组织犯罪进行重点打击。

在目前单独立法条件尚不成熟的情况下，下列几方面的立法完善问题值得研究：

第一，明文规定有组织犯罪的单位主体。中国刑法中未将单位作为有组织犯罪主体。但随着形势发展，有组织犯罪组织内部不断分工细化，有些犯罪组织出资并创立或控制公司，为其犯罪行为作掩饰；有些犯罪组织逐步采取“公司法人”式的管理形式，犯罪组织与合法企业有时亦难以区分；一些单位、法人以合法经营为掩护，从事走私、制假、售假、侵犯知识产权、偷税、诈骗等犯罪活动。中国加入WTO逐步开放市场后，国际犯罪集团和港澳台地区的犯罪组织也会凭借其严密的组织、分工和分布广泛的组织机构，乘机向中国内地渗透。事实证明，这样的犯罪组织往往隐蔽性更强，危害更为剧烈。震惊中外的“厦门远华”走私集团就是明显例证。单位不仅可以参与实施与有组织犯罪直接有关的各类严重犯罪，例如，走私毒品、资助危害国家安全犯罪等，而且还可以实施洗钱罪与贿赂犯罪。将单位排除于有组织犯罪主体之外不利于对有组织犯罪的有效惩治。

第二，针对有组织犯罪的组织结构较为严密、不易侦破等特点，可在刑法中关于自首、立功、坦白等规定的基础上，进一步明确和增加具有自首、立功情节的有组织犯罪罪犯的减免刑和人身保护制度，同时，对于屡教不改的犯罪组织成员规定不得适用缓刑、假释，任何时候再犯黑社会组织、恐怖组织犯罪均构成累犯，等等，为分化、瓦解有组织犯罪的组织提供有力武器。

第三，适当加重有组织犯罪的法定刑，并引入财产刑，使罪刑体系更加完善。

黑社会组织、恐怖组织实施的其他犯罪活动，在性质上与一般犯罪不同，具有更为严重的社会危害性。日本学者加藤久雄指出：“暴力团犯罪的特征在于不是以暴力团成员个人的原因而进行的一般性的犯罪，而是系于其‘帮派’、‘组织’的存亡而进行的犯罪活动，它是常习性、集团性、有组织实施的犯罪活动。”①

---

① ［日］西原春夫主编，李海东等译：《日本刑事法的形成与特色》，中国法律出版社、日本成文堂联合出版1997年版，第451页。

与港澳地区及我国周边国家相比，我国刑法对有组织犯罪的法定刑偏低。以黑社会组织犯罪、恐怖组织为例，内地刑法对组织、领导、参加黑社会性质组织罪的法定刑为3年以上10年以下，对一般参加者只能处3年以下有期徒刑、拘役、管制。组织、领导黑社会组织罪，香港刑法最高刑为15年，澳门为5至12年徒刑，俄罗斯为3年以上10年以下有期徒刑，如果考虑到港、澳及俄罗斯已废除死刑的因素，更可见我国对黑社会组织犯罪的法定刑相对偏低。恐怖组织犯罪的法定刑比较情况也大体如此，不再赘述。不过，也有人认为，我国刑法规定组织、领导、参加黑社会性质组织或入境发展黑社会组织又实施其他犯罪的应数罪并罚，针对黑社会性质组织犯罪的法定刑其实不低。这种解释其实并无说服力。其一，黑社会性质组织实施的违法行为，虽然实实在在对社会有重大危害，比如欺行霸市、敲诈勒索，但并不都是犯罪行为，对其数罪并罚并无法律上的根据；其二，黑社会性质的杀人、伤害、抢劫等犯罪行为比之其他单独的类似犯罪，更易造成恐怖气氛，严重危害社会秩序，处罚自然很重，因而数罪并罚时，并不能体现出对于组织行为的从重精神。

经济性是有组织犯罪的重要特点。一方面犯罪组织的成立及发展壮大需要一定的经济基础，另一方面有组织犯罪的主要目的在于牟取非法暴利，一切有组织犯罪行为通常都围绕这一中心，因此，资金是犯罪组织赖以存在的基础及存在目的。因此，要彻底打击有组织犯罪，根除犯罪组织，需要在刑法中规定罚金、没收财产等有关财产刑的规定。首先，这有利于釜底抽薪，剥夺犯罪组织的再犯能力。否则，尽管犯罪组织被摧毁后，漏网的成员仍可利用未被追缴的非法财产重新网罗发展成员，死灰复燃。其次，在剥夺有组织犯罪行为人一定期限的人身自由的同时，没收财产从而使其无法向政府公务人员贿赂，导致其赖以生存的“黑色经济”崩溃，其“保护伞”也会随之消失。不如此，刑满释放的犯罪分子会继续利用手中之钱财，向公务员贿赂，寻求保护伞，以图东山再起。再次，从刑罚适用上考察，其他财产性犯罪普遍适用了财产刑，而黑社会性质组织、恐怖组织犯罪却没有规定财产刑，似与立法宗旨有相悖之处。因此，应规定财产刑，使聚敛大量财物的犯罪分子在经济上得不到便宜，更不能卷土重来。

第四，完善刑法分则中有关洗钱犯罪的规定。

在洗钱罪的原生罪种类和范围上，我国刑法的规定较窄。我国刑法第 191 条、刑法修正案只规定了毒品犯罪、走私犯罪、黑社会性质组织犯罪、恐怖犯罪等四类罪可以成为洗钱罪的原生罪，却将邪教组织犯罪、制造假币犯罪组织等严重的有组织犯罪排除在洗钱罪的原生罪之外，既不符合司法实践，也不符合《联合国反跨国有组织犯罪公约》的规定。

2. 健全刑事司法

司法是对刑事法律的适用过程，是侦查、起诉、审判犯罪组织的诉讼过程，是打击有组织犯罪的关键环节。司法制度的健全与否，事关整个法制的运作效果，同样也关系到对有组织犯罪的打击得力与否。就我国当前而言，司法制度正在改革完善过程中，尚不能完全适应打击有组织犯罪，维护社会正义的要求，需要改进的地方有很多。

第一，应成立专门的反有组织犯罪机构，采取特殊的侦讯措施，或者允许检察机关对有组织犯罪直接立案侦查。

有组织犯罪的隐蔽性和欺骗性要求打击队伍的专业化。首先，大多数国家和地区普遍建立了反有组织犯罪的专门机构，在反腐败、反洗钱、反毒品等犯罪领域尤其突出。美国 1983 年在白宫设立了“反有组织犯罪调查委员会”；意大利 1971 年成立了“反黑手党调查局”；我国台湾地区有“专案小组”定期开会决定扫黑政策。

其次，从国内机构设置的比较考察：中国只在公安部刑侦局设有“反有组织犯罪处”，但该处由于本身人力、物力的限制，更多的承担了协调、监督职责，办理具体案件的力量不足，尚需进一步加强。反观另外一些机构设置，公安部基于反毒之需要，成立了禁毒局；海关总署基于反走私之需要，成立了反走私侦查局。从现实的打击有组织犯罪形势的需要来看，比较而言，加强打击有组织犯罪专门机构显得更迫切。

再次，从打击有组织犯罪的实践考察：各级公安机关是各级地方政府中维持地方治安、打击刑事犯罪活动的职能部门。但公安机关在行使打击有组织犯罪时往往容易受到来自外部和内部的掣肘，从而使其打击能力大为削弱。早在20世纪90年代初，不少地方已经感到无法依靠县一级行政、司法力量铲除当地黑社会性质组织，而需要省一级领导督办，由地、市一级领导出面牵头，组建专案班子，或发动群众，或秘密侦查、封闭办案，大别于日常的侦破模式。在司法实践中，还常常根据需要，成立“大案协调组”、“专案组”，赋予其较强的物质装备、较大的侦查权力，事实上这些机构的建立，在打击有组织犯罪方面也发挥了重要作用。不过，“专案组”、“大案协调组”都是在现有机构之外另行组建的临时性组织，而并非反有组织犯罪的专门机构。

外国有成功的做法，国内已成立过相似的反有组织犯罪的专门机构，反有组织犯罪的现实斗争也出现了如此需要，尽快建立全国统一的指挥协调机构，组建公安、检察、武警及相关部门参加的专门机构，依据法律规定侦办有组织犯罪案件，已成为当务之急。

限于现实的条件，在目前尚未组建打击有组织犯罪的专门机构的前提下，应允许检察机关对有保护伞背景的有组织犯罪直接立案侦查。

政治腐蚀性是有组织犯罪的又一大特征。犯罪组织通常运用贿赂、威胁等手段渗透到政治领域，拉拢党政官员进行权钱交易，寻求“保护伞”，这是有组织犯罪得以屡屡逃避打击的重要原因。虽然不能说黑恶势力滋生的土壤就是“保护伞”，但是，官吏腐败与司法腐败，可以说是有组织犯罪猖獗发展的催化剂，是有组织犯罪的温床。因此铲除有组织犯罪的政治保护伞是治理有组织犯罪的必然要求，打击有组织犯罪要深究其“黑后台”。与有组织犯罪形成关联的政府职员的贪污受贿罪，往往与有组织犯罪本身复杂地交织在一起。但是在现有的司法体制下，有组织犯罪由公安机关侦查，而通常职务犯罪由检察机关负责侦查，这两者不相协调，常常顾此失彼，不利于对复杂且极具隐蔽性的有组织犯罪进行侦查。在打击有组织犯罪的专门机构成立之前，检察机关有可能发挥别的机关在打击涉黑官员进行有组织犯罪方面难以发挥的作用。对涉及官员职务犯罪的有组织犯罪案件，应授权检察机关直接立案侦查。

第二，在法律允许范围内，借鉴西方的污点证人司法豁免制度。

有组织犯罪的猖獗与有关官员的失职以及国家工作人员对其包庇纵容有密切关系；打击有组织犯罪的难点和阻力也正在于犯罪组织幕后“保护伞”的干扰。因此打击有组织犯罪的“后台”，是打击有组织犯罪中不可回避的难题和实现打击目标的关键。但是由于犯罪组织与保护伞之间存在荣辱与共的联盟关系，因此要冲破多重隐蔽，追究“保护伞”的法律责任是非常艰难的。同时，犯罪组织本身也具有严密的组织性，残酷的纪律性，狡猾的反侦查手段等，这也通常使之不易被侦破，即使被侦破，其盘根错节的关系也不利于司法机关对其准确地予以打击，从而也就不可避免地会影响到打击犯罪、预防犯罪的效果。不过，借鉴西方的污点证人司法豁免制度，可以将有组织犯罪集团成员分化出来，给予污点证人部分或全部罪行的司法豁免以换取其对司法机关无法证明的犯罪嫌疑人的指证，进而对其进行司法裁判。污点证人制度基于人性基础和效益理论而确立，可以利用最小司法资源实现打击犯罪的最大效益，是可取的。

污点证人制度遇到的最大责难是会产生对罪犯的放纵，从而与我国传统的“有罪必罚”的观念相冲突。事实上，“有罪必罚”观念体现的是一种司法的理想，是基于应然角度的考虑；而现实中，往往有大量的犯罪逃离司法审判。从实然的角度考虑，污点证人制度从同有组织犯罪斗争的现实出发，可以使最严重的罪犯受到惩罚，因而有利于最大限度地贯彻“有罪必罚”的理想。

第三，加强对证人的保护措施。

证人为提供证据证实有组织犯罪，以至为有关机关打击该类犯罪起着重要作用。但是，由于有组织犯罪不同于单个犯罪，有着严密的组织、广泛的网络，普通民众对黑社会性质组织、恐怖组织等犯罪集团不是“人人喊打”，而是惟恐祸及已身以至避之不及。因此，应对勇于作证的证人加强保护措施，从法律上对其安全加以保障，物质上给予奖励，提高民众同有组织犯罪作斗争的积极性。具体言之，在判决前，应保证犯罪组织无法接近证人及其亲属；审判时，对于有组织犯罪的某些诉讼行为应采取秘密审理的方式，从而有利于证人的保护；判决后，使犯罪组织难觅证人踪迹，无法报复，保障证人的安全及正常生活就业；一旦证人遭到犯罪组织的报复，对犯罪人应从严、从快、从重打击，对被害人或者其家属尽快提供补偿。

3. 刑罚方面

刑罚是对犯罪经过审判而确定刑事责任的最终结果。刑罚方法是否得当，处刑是否合理，事关法律实施的社会效果和犯罪人的再社会化，因此刑罚亦要不断完善。针对有组织犯罪，在刑罚方面，笔者认为：

第一，在刑罚适用方面，对于不同犯罪人确定具有显著区别的刑种、刑度。有组织犯罪中，各类罪犯的主观恶性与实际危害行为是不同的，其中组织、领导、参加者无疑具有强烈的人身危险性，而其所起的实际作用明显是决定性的；其中个别的组织成员由于被引诱、教唆加入犯罪组织，起的作用是微小的。因此刑法的打击力度应有不同，刑罚适用方法应有差别，对组织、领导、积极参加者应重点打击，适用重刑；对于一般参加者应分化瓦解，适用轻刑。此外，还应增加特殊的减轻或免刑事由的规定。即对脱离犯罪组织、与司法机关合作的黑社会组织、恐怖组织等组织成员进行奖励，不将其单纯的参加行为作为犯罪处理。许多国家就在严惩黑社会组织、恐怖组织的同时，为了达到分化瓦解恐怖组织、黑社会组织和鼓励恐怖分子、黑社会成员悔过自新的目的，规定了特殊减轻或免除事由，如俄罗斯、法国、意大利等。现行《俄罗斯刑法典》规定，自动终止犯罪的人，只有在他已经实施的行为中实际有其他犯罪行为时，才承担刑事责任，这使得单纯参加者退出犯罪组织后可不承担刑事责任，从而有利于分化和瓦解犯罪组织。我们认为，在我国，针对一般参加者退出犯罪组织后，只要没有从事实际的危害行为，也应当给予非刑罚措施，不给予刑罚制裁，从而鼓励正在犹豫的犯罪组织成员“放下屠刀”，改恶从良。

第二，在刑罚执行方面，应做到：首先，依法对犯罪组织成员实施严格管理，让他们在监规、监纪的约束下，接受改造，充分体现出法律的尊严、正义的力量，让他们感受到国家机器的强大、非法暴力行为的渺小。其次，依法强制有组织犯罪的行为人接受劳动改造。针对有组织犯罪一般以贪利为目的，采取强取豪夺手段掠夺钱财的特点，通过对其强制劳动，让其体会到别人财富的来之不易，进一步促其从良知上受到启发，认识到暴力行为的可耻；同时，还能在劳动中锻炼意志，矫正恶习，学习技能，为提高刑满释放后谋生的能力打下基础。其三，对有组织犯罪的行为人实行思想教育。对有组织犯罪行为人例如恐怖组织、黑社会性质组织的成员，应注重从情感入手，削弱其反社会意识，矫正其粗暴易怒的行为缺陷，祛除其放荡不羁、恃强凌弱的行为方式，养成其沉稳冷静的习惯，培养其循规蹈矩、遵纪守法的作风，促进其日常行为的良性转化。

除本国国内上述预防、惩治对策，国际合作对策也是必不可少的。

随着经济全球化、世界一体化进程的加快，国际间的交往日趋频繁，有组织的跨国、跨地区犯罪日益增多。尤其是中国“改革开放”以来，本国的有组织犯罪也日益呈现国际化的趋向，单靠本国力量打击有组织犯罪尤其是贩毒与洗钱犯罪，效果不佳。缔结或签订国际条约，加强信息、人员交流，开展国际刑事司法合作，共同打击、预防有组织犯罪，也是预防和惩治有组织犯罪的重要对策。

有组织犯罪的对策

文：三浦守[1]
译：黎　宏[2]

一、有组织犯罪对策的现状

有组织犯罪，特别是暴力团组织与外国人犯罪组织相勾结的国际犯罪，在威胁国民生活安全和安宁的同时，破坏社会和经济，阻碍其健康发展，是应当重点考虑其对策的问题。另外，考虑到有组织犯罪或国际有组织犯罪，在国际社会中，对各国的社会安定或经济的稳定发展也产生恶劣影响，因此，它一直也作为最为重要的课题之一，提交到联合国等的会议上，强烈希望国际社会采取协调一致的对策。

在我国，为了响应国际上的号召，同恶劣、狡猾的有组织犯罪作斗争，近年来，采取了以下立法措施。

首先，在1991年制定了《在国际合作中为防止助长与受规制药物有关的不当行为等而取缔麻醉药及精神药物等特例的法律》（麻药特例法），在将和药物犯罪的收益有关的洗钱行为作为犯罪的同时，在药物犯罪的侦查上，为了导入控制跟踪手段而修

---

① 三浦守，日本法务省刑事法制科长。
② 黎宏，中国清华大学法学院副教授。

改了法律；另外，还贯彻了彻底剥夺犯罪收益的规定。该法律是在批准了联合国有关麻药的新条约，以及为了实施金融活动工作分会（FATF）在1990年作出的“40个劝告”而制定的。

其次，在1992年实施了《防止暴力团的非法行为等的法律》，规定将满足一定条件的暴力团作为“指定暴力团”，对其获取资金活动进行打击；在1993年以及1995年修改的《禁止对刀剑枪炮持有等的法律》中，强化了对手枪等的使用、输入、持有以及转让等的处罚，同时完善了有关枪支置换跟踪以及侦查员采用假装收购枪支的侦查方法的有关法规。另外，利用临近各国的船只集体偷渡案件急剧增加，为了对付国内外的集体偷渡中介组织等的组织参与，1998年修改了《出入境管理以及难民认定法》，将从事使他人集体偷渡入境的行为作为独立犯罪。

除此之外，1999年8月，制定了由《处罚有组织犯罪以及对犯罪收益进行规制等的法律》（有组织犯罪处罚法）、《为调查犯罪而监听通信的法律》（通信监听法）、《部分修改刑事诉讼法的法律》所组成的犯罪对策三法，这些法律的详细情况，后面再叙述。

另外，2000年12月，在《联合国国际有组织犯罪条约》上签字，该条约是为了使世界各国互相协助，有效对付国际有组织犯罪而规定该协助的基础的法律框架的条约，现在正在讨论签署该条约所必要的国内法的完善问题。

该条约的起草，源于1994年11月在意大利的那不勒斯所召开的有关国际有组织犯罪的世界部长级会议上所通过的《那不勒斯政治宣言以及世界行动计划》，其中提到可以考虑起草有关国际有组织犯罪的世界性文件。之后，经过联合国和西方8国首脑会议的讨论，在1998年12月根据联合国大会决议，设立了起草国际有组织犯罪条约的特别委员会。该委员会在1999年1月到2000年10月之间，经过大约11次讨论，就起草题为《国际有组织犯罪条约》的基本条约以及对该条约进行补充的两个议定书即《走私人口》和《非法移民》的基本内容达成了一致意见。这些基本条约以及议定书在同年11月召开的联合国大会上一致通过，同年12月12日，我国在意大利佛罗伦萨召开的签字仪式上，在基本条约上签了字。

该条约以促进各国互相合作，更加有效地对付国际有组织犯罪为目的，内容广泛涉及刑事实体法以及程序法两个方面的内容，具体包括：1. 将共谋重大犯罪以及参加有组织犯罪集团的活动，洗钱、贪污以及妨害司法的活动等规定为犯罪；2. 没收犯罪收益以及在没收方面的共同合作；3. 引渡犯罪人；4. 搜查以及执法方面的共同合作；5. 对证人、被害人的保护；6. 特别的侦查方法（跟踪、通信监听）；7. 促进同执法机关的协助（免除刑事责任等）；8. 技术帮助以及训练等。该条约缔结之后，我国在有关刑事司法的基本制度方面的国内法方面还需要加以完善，其具体内容以及方法，今后还要进一步讨论，至少要进行将条约上被作为义务的共谋罪和参加罪作为犯罪加以规定，设立妨害司法罪（收买证人罪）等国内法的完善工作。目前，正准备在2003年提出与实施该条约相配套的国内法草案。

二、有组织犯罪对策的三个法律（概论）

上述有组织犯罪对策的三个法律，是为了妥当应对有组织犯罪遍及国内外的局势，在刑事实体法和程序法的领域，对目前需要紧急考虑的事项所做的法律完善。

上述三个法律草案，是在1997年9月10日接受法制审议会的审议，在法务省讨论之后，作为法律草案进行立案，于1998年3月提交给国会的。国会审议过程中，对《处罚有组织犯罪法》（草案）以及《通信监听法》作了部分修改，之后，于1999年8月12日通过了这三个法律，并在同月18日予以公布。其后，《部分修改刑事诉讼法的法律》、《处罚有组织犯罪法》、《通信监听法》分别在 1999 年 9 月 7 日、2000 年 2 月 1 日、2000 年 8 月 15 日开始实施。

以下对其内容进行介绍。

三、处罚有组织犯罪以及对犯罪收益进行规制等的法律

在处罚有组织犯罪法中，有意强化对有组织犯罪的处罚并扩大对犯罪收益的规制。

(一) 强化对有组织犯罪的处罚

1. 概要

《处罚有组织犯罪法》第 3 条（以下在有关处罚有组织犯罪法的说明中，引用该法内容的场合，只说明引用的条款名称，不提法律名称）中所规定的有关对特定类型的有组织犯罪进行加重处罚的规定，只限于刑法所规定的杀人、非法拘禁行为，由实施该行为的组织作为团体活动而实施的场合（同条第 1 款），或者为了使该团体获取不当利益，或者出于维持、扩大该团体的不正当利益的目的而实施的场合（第 3 条第 2 款）。这种场合下，提高刑法所规定的各种犯罪的法定刑的上限和下限。它是考虑到要对该种犯罪类型所具有的高度违法性在法定刑上明确作出评价，在抑制这种犯罪的同时，也可以对实施该种犯罪的行为人进行与其责任相应的适当处罚。

这里所谓的“团体”，是指“具有共同目的的多数人所结成的持续存在的结合体，由组织反复实施实现其目的或意思的行为的全部或者一部分”；所谓“组织”，是“根据指挥命令，按照事先所决定的任务分工，将各成员作为一体进行行动的人的结合体”（第 2 条）。

符合第 3 条第 1 款的加重类型是，某个个人的杀人等犯罪行

为，是作为“团体活动”即“根据团体的意思决定而行动，其效果或者由此而产生的利益归属于该团体”，并且该行为是由“以实施该犯罪行为为目的的组织”即以实施相当于某种犯罪的行为为目的而成立的组织所实施的场合。

符合第3条第2款的加重类型的情况是，某个个人的杀人等犯罪行为，出于获得、维持或扩大团体的“不正当权益”即“以团体的威力为背景的、在一定地区或领域中的支配力量，（该种力量）使该团体的组成人员根据其犯罪或其他不正当行为容易使该团体或组成人员获得持续性的利益”为目的而实施的场合。

这种加重处罚规定，不是处罚和有组织犯罪有关的团体，仅仅是在个人行为与团体活动或者不正当权益有一定关系并因此而在类型上具有较高的违法性的时候，对于该个人行为，规定为新的犯罪类型，并加重其刑。

除此之外，在（1）加重对有组织杀人等行为的预备犯以及和有组织犯罪有关的窝藏犯人等犯罪的处罚；（2）在强调对团体成员进行有组织犯罪时所使用的、属于该团体所有并且在该团体成员的管理之下的犯罪工具等，在一定条件下可以予以没收的规定方面，作了新的规定。

2．事例

第3条第1款规定，对有组织犯罪形态的犯罪加重其刑，根据这一规定而起诉的案件有：（1）曾经是甲暴力团成员的被害人，在受到该暴力团组织的断绝关系的处分之后，不服该处分，仍然和乙暴力团保持亲密来往，甲暴力团的头领对此感到非常气愤，和其他骨干共谋进行报复，意图近距离开枪打死被害人，但是，由于没有命中而止于未遂的有组织杀人未遂案；（2）暴力团头领让其成员接受任务开设赌场，从赌客那里收取头钱获利的有组织的开设赌场营利案；（3）被告人等7人经过共谋，意图以自称的某个虚假的出版社的名称，从所谓“绅士录”中所记载的人那里诈骗、勒索记载费、抹消记录费等。由于被告人等是在其中被称为“老板”的人的领导之下，决定分工，诈骗、勒索金钱的，所以是有组织的诈骗以及有组织的勒索案件。另外，适用第3条第2款即对为了团体的不正当利益而实施犯罪者加重处罚的规定而起诉的案件有；（4）属于甲暴力团成员的被告人等，由于担心在同一地区争夺地盘的乙暴力团投靠另一和自己对立的跨地区暴力团，会影响自己的不正当权益，为了阻止这一行为，于是阴谋杀害乙暴力团的成员以显示甲暴力团的威力，对乙暴力团成员的被害人开枪，使其身负重伤的有组织杀人未遂案件；之外，还有（5）为获取、维持和征收与黑社会保护费有关的不正当权益而实施的有组织的敲诈勒索案件。

另外，被起诉的还有，和暴力团成员的有组织杀人未遂案件有关的窝藏犯人案件，从这些情况可以看出，对有组织犯罪加重处罚的规定，对暴力团成员等的犯罪正在频繁适用。

（二）规制犯罪收益的概况

1. 规制犯罪收益的宗旨

关于规制犯罪收益，历来着眼于毒品犯罪的收益会助长将来的毒品犯罪这一点而对其进行防止，所以在《麻药特例法》中，规定对和毒品犯罪收益有关的洗钱行为进行处罚，并设置了有关没收、追征的规定。但是，在有组织犯罪中，不限于毒品犯罪，各种犯罪都在获利目的之下进行，并将据此而获取的犯罪收益投资于将来的犯罪活动，以维持和扩大犯罪组织。不仅如此，由于这种投资产业的活动对合法经济产生坏的影响，因此，在《处罚有组织犯罪法》中，将产生犯罪收益的犯罪即“前提犯罪”从毒品犯罪扩大到一定的重大犯罪上，扩大了对犯罪收益的规制。

在规制犯罪收益方面，以对该种行为积极采取措施的国际组织FATF的活动为中心，进行国际性的合作，各国也在寻求互相配合的对策。我国是世界金融市场的中心之一，作为参加联合国和西方七国首脑会议的国际社会的一员，完全尊重被上述组织所支持的 FATF 的活动，在亚太地区的洗钱对策小组（APG）中承担发挥带头作用的重大责任，而且，通过活用处罚有组织犯罪法，作为国际社会的一员，也能够负责任地发挥作用。

2. 关于犯罪收益等的定义

《处罚有组织犯罪法》第 2 条第 2 款以下，规定了犯罪收益等的定义，该法所附的表中所列的重大犯罪行为所产生的，以及该种犯罪行为所取得的财产或者作为报酬所得的财产，由于提供一定资金等而成立犯罪的犯罪行为中所提供的资金，由于对外国公务员提供利益等而构成犯罪的犯罪行为中所供给的财产都是“犯罪收益”，同时还规定，犯罪收益、来源于犯罪收益的财产以及上述财产和上述财产之外的财产混合而成的财产，都是“犯罪收益等”。

这里所说的财产，是具有社会一般观念上所认可的经济价值的利益，不限于动产、不动产，金钱债权或无形财产权等也包括在内。

3. 对洗钱行为的处罚

第 9 条到第 12 条以及第 17 条，规定了处罚洗钱即以用犯罪收益等支配法人等的事业为目的而更换高级职员等的行为，隐匿、伪装犯罪收益等的行为，收受犯罪收益等行为。

用犯罪收益等支配法人等的事业的犯罪，是麻药特例法中没有规定的犯罪类型。为了制止由于犯罪收益等支配法人等的生产活动而对合法的经济活动产生坏的影响，将使用犯罪收益支配法人等的事业的最明显的情况即更换高级职员的行为予以处罚，在这一点上，同样为防止犯罪收益对合法经济活动的恶劣影响，可以将上述行为和处罚保持犯罪收益、规制运用犯罪收益的藏匿、收受犯罪收益等的犯罪同样看待。

迄今为止，作为违反第 10 条（隐藏犯罪收益等的犯罪）而被起诉的案件，大多数为将贩卖淫秽录像带或淫秽光盘的金钱、地下钱庄所得利息、套购行为或棒球赌博所得金钱存入他人名义的账户的行为，另外，使用假名贩卖、处分赃物的情况也存在。作为违反第 11 条（收受犯罪收益罪）的规定而被起诉的案件，从专门从事介绍卖淫为业的人（所谓交际俱乐部）那里，作为保护费，收取从该介绍行为中所获取的利益等。

作为违反第 9 条（以不法收益对法人等生产经营进行支配的犯罪）而被起诉的案件有，被告人以用于购买公司债券的专款的名义，从被害公司（股份有限公司）骗取了大约 100 亿元的财产，他用该财产购买了被害公司以向第三者配售的方法所发行的新股票，从而将该公司已经发行的股票的三分之二置于自己的支配之下。为了支配该公司的生产经营，在该公司的股东大会上行使股东权，将被告人自己选举为董事案。

4. 犯罪收益等的没收和追征

作为完善有关没收以及追征犯罪收益等的制度，第 13 条到第 21 条规定了有关没收以及追征犯罪收益的内容，第 22 条以下规定了有关没收保全的内容，第 42 条以下规定了有关追征保全的内容。

刑法中的没收对象仅限于有体物，犯罪行为时所取得的物，不是有体物，连追征也不允许。但是，在处罚有组织犯罪法中，没收的对象则扩大到了动产、不动产以及金钱债券的范围，犯罪收益即便最初是财物、金钱以外的财产，也可以追征。另外，在刑法中，尽管犯罪行为所得的财产等的对价可以没收，但是，其对价的对价则不能作为没收的对象。而在《处罚有组织犯罪法》中，除了作为犯罪收益的成果而获得的财产，作为犯罪收益的对价而取得的财产以外，作为这些财产的对价而获得的财产以及其他保有或处分犯罪收益而得到的财产——在能够特定其来源的时候，也是没收的对象。另外，刑法规定，在作为没收对象的财产和其他财产相混合的时候，不能予以没收，但是，在《处罚有组织犯罪法》中，规定在混合财产中，可以没收应当没收部分的财产份额相当的财产。

《处罚有组织犯罪法》为了保证其没收、追征的有效性，和《麻药特例法》中一样，规定了相同的没收、追征的保全手续。

5. 可疑交易的申报制度

第 54 条至第 58 条规定了可疑交易的申报制度。这一制度是考虑到洗钱行为多是利用金融机关而实施的，主要目的是让金融机关等将可疑交易的情报加以集中，以对调查隐蔽犯罪收益等犯罪及其前提犯罪起作用，同时，防止犯罪人利用金融机构提供的储蓄服务以及结算体系，以确保对金融机关以及金融系统的信赖。

《处罚有组织犯罪法》所规定的可疑交易申报制度是，在金融机关怀疑在某一业务中所收受的财产有可能是犯罪收益，或者和该业务有关的交易对方可能在实施隐蔽犯罪收益等行为的时候，金融机关有申报的义务，将所有有关可疑交易的情报上报金融厅（第 54 条、第 55 条）进行分析、整理，在认为这些情报有利于检察官调查隐蔽犯罪收益的犯罪及其前提犯罪的时候，将该情报提供给检察官（第 56 条第 1 款）。检察官认为有必要对这些刑事案件展开调查的时候，可以向金融厅长官调阅上述情报的记录或者要求移送上述情报的抄本或者复印件（同条第 2 款）。另外，为了满足国际协助的要求，金融厅长官可以履行与该法所规定的金融厅长官职务相当的职权，向国外机关提供其职务上所认为的可疑交易的情报（第 57 条）。在《麻药特例法》中，没有规定要将可疑交易的情报集中到金融厅，也没有规定向检察机关提供情报。此外，也没有规定国际性的情报交换制度。因此，《处罚有组织犯罪法》中所扩充的可疑交易申报制度，在我国今后的洗钱对策中，有着重要意义。

6. 有关没收、追征的国际协助程序

第 59 条至第 74 条是有关完善没收、追征的判决执行以及保全的国际协助程序方面的规定。其中规定，对于有关国外的刑事事件，规定在收到该外国的执行有关没收或者追征的有效判决，以及为了执行没收或追征而要求保全财产的请求的时候，除了特定场合以外，可以进行与该要求有关的协助。

由于《麻药特例法》具有《麻药新条约》的实施细则的特点，因此，它在有关没收、追征药物犯罪收益的协助方面，采取了条约优先原则，规定只有符合条约的要求的情况才予以协助。但是，在《处罚有组织犯罪法》中，并没有以具体条约的实施为前提，即便在各主要国家最近的法制中，该种协助不以条约的存在为前提的情况也很多，鉴于这种情况，从与国际接轨的观点来看，不以条约的存在为前提，规定可以以相互原则为保证，满足协助请求（第 59 条第 1 款）。基于这种关系，第 59 条第 2 款规定，对于更加要求国际协助的毒品犯罪，也可以不按照条约规定，满足协助的请求。

四、为侦查犯罪而监听通信的法律

（一）监听制度的有效性、必要性等

在与毒品、枪支有关的有组织犯罪中，其准备以及实施都是秘密进行的，犯罪之后，往往实施毁灭证据、让人犯逃走等隐匿犯罪踪迹的工作，因此，在实施这些犯罪的场合，不仅对犯罪情况的把握本身非常困难，而且判定包括策划者在内的犯人，解明事实真相也是一件非常困难的事情。对这种犯罪，仅仅依靠现行的侦查手段，即便容易发现与犯罪行为有关的最下层的犯人，但是，从该犯人那里要想得到策划者的姓名、参与程度的详细供述，则不是一件简单的事情。

另一方面，在这些犯罪中，为了准备、实施犯罪行为，隐匿罪迹，复数的犯人之间就有必要互相指示、命令、联络、报告，为此使用携带电话等通信手段的情况非常多，鉴于这种实际情况，使用监听的侦查方法就成为一种非常有效手段，其意义重

大。因此，作为对付通常的侦查手段难以解明事实真相的犯罪的特别侦查手段，完善通信监听制度就很有必要。

（二）与宪法的关系

宪法第 21 条第 2 款所保障的通信秘密，当然应当最大限度地予以保护，这是理所当然的。宪法所保障的各种基本人权，是不是要受到与各自有关的条文的限制，尚有争议，但是，从宪法第 12 条、第 13 条的规定来看，禁止滥用上述权利，上述权利的使用必须受公共福祉的限制，也就是说上述权利不是绝对不受限制的东西。因此，通信秘密的保障也必须基于公共福祉的要求，在必要的最小限度之内，允许受到一定限制。通信监听，在侦查犯罪这种公共福祉的要求之下，在必要的最小限度之内，也允许实施。

实施《通信监听法》中的通信监听，必须符合以下条件：(1) 具有同法附表中所限定列举的重大犯罪的重大嫌疑；(2) 通信内容可能和实行犯罪有关；(3) 使用其他方法明显难以破获案件；(4) 监听只能针对可能用于犯罪的特定的通信手段，在允许实施监听的时候，通信秘密、国民私生活自由不可避免地要受到一定程度的限制。另外，在要实施监听之际，可以进行判断是不是符合上述条件的监听，但是这种情况也必须限定在最小限度的范围之内。因此，本法中所规定的监听通信并不和宪法第 21 条第 2 款的规定相抵触。

宪法第 35 条规定在实施搜查、扣押的时候，实行令状原则。监听通信法规定，在符合第 3 条所规定的严格条件时，法官签发的要实施监听的通信内容以及作为实施对象的通信手段，均必须是在令状上有明确的记载的时候，才可以进行，因此，这也遵循了宪法所规定的令状原则的宗旨。

（三）监听通信的条件等

接受监听的对象犯罪，特别限于只能使用该种侦查方法的有组织犯罪，即只能对毒品犯罪、枪支犯罪、集体偷渡犯罪以及有组织杀人犯罪适用（《通信监听法》第3条第1款（以下在说明通信监听法中引用该法时，只说条款名，而不记法律名称）。

通信监听用于侦查对象犯罪，根据法官签发的令状进行。作为签发监听令状的要件有：

1.实施了上述对象犯罪；

2.计划实施对象犯罪，或者基于继续实施包括同一或者同种的对象犯罪或者以实施该对象犯罪的实行行为在内的一连串的犯罪行为的计划而准备实施上述对象犯罪；

3.应当判处死刑、无期徒刑或者2年以上的有期徒刑或者监禁的犯罪与对象犯罪结为一体，为了实施该种行为进行必要的准备，或者继续实施该对象犯罪。

必须有充分理由（必须有比作为一般的拘禁条件的“相当理由”更为重大的嫌疑）怀疑实施上述行为之一，并且必须是处于有足够的理由怀疑数人共谋上述犯罪的状况。另外，在上述犯罪方面，必须有足够的理由怀疑实施了实行、准备或者毁灭证据方面的密谋、指示等有关的通信（以下简称“有关犯罪通信”），另外，还必须是根据其他方法，难以特定犯罪人或者难以查清犯罪的情况或内容。监听的对象即通信手段，是根据电话号码或者其他为了识别发射信号或接受信号的号码或者符号所特定的通信手段，这些有关犯罪的通信让人有足够的理由怀疑是犯人实施的(同上款)。

监听令状的请求权人，因为要求其在判断上必须特别慎重，限定于处于可以从比较高的立场出发来进行判断的地位的人，所以，检察官的场合，只限定于检察总长指定的检察官，司法警察的场合，只限定于国家公安委员会或者都道府县的公安委员会所指定的警视以上的警察官。与此相应，具有发布令状的权力的人，只限定于地方法院的法官（第4条第1款）。

接到请求发布监听令状的法官，可以签发规定监听期限为

10天以内的监听令状（第5条第1款）。在此期限内，法官认为有必要的时候，可以根据检察官或者司法警察的要求，延长10天，但是，总共不能超过30天（第7条）。再次签发监听令状，只限于有再次实施监听的特别情况的场合（第8条）。

（四）监听的实施

1. 在实施监听的时候，为了对通信管理权受到限制的人的权利进行保障，另外，也为了保证监听的公正实施，必须向通信管理者或者其代理者就实施监听部分的通信手段，提交监听令状（第10条）。

2. 在实施监听的时候，侦查机关可以采取必要措施，在通信设备上连接监听机器或者禁止无关者进入等（第10条）。

另外，检察官或者司法警察，在实施监听的时候，可以要求通信业者在机器连接或者其他方面提供必要的帮助，通信业者等无正当理由，不得拒绝（第11条）。

3. 实施监听的时候，被监听的通信手段的管理者或者代理者必须到场。他们不能到场的时候，地方公共团体的职员必须到场（第12条第1款）。到场人对监听器械的连接是不是针对令状中所许可的通信手段实施，是不是在令状许可的监听期间、是否遵守了时间规定，是不是采取了合适的方法，是不是将监听到的内容都做了记录等进行确认，在记录的封口上盖印等，监督监听行为的妥当实施。另外，到场人可以就监听的实施，对侦查官发表自己的意见（同条第2款）。

4. 检察官等，在实施监听期间所进行的通信，是否监听令状中所记载的应当受到监听的通信（应受监听通信）有不清楚的场合，为了判断是否应当受到监听的通信，可以在必要的最小限度之内，对该通信进行监听（第13条第1款）。与此相对，在使用外语或密码通信、传真或者电子邮件之类的、不能马上将内容还原的方法的通信的场合，由于监听的时候难以了解其内容，不能判断该监听内容就是应当受到监听的通信，可以暂且对与通信有关的信号整体进行监听，但是必须迅速对其进行翻译、解读或者形成文字或印在画面上等，对其进行判断（同条第 2 款）。

5. 在按照令状进行合法监听期间，碰巧遇到以明白的通信实施其他重大犯罪为内容的场合，由于这种通信不当场保全的话，就会坐失良机，特别有必要作为证据紧急保全。另外，在明显是该种通信的场合，与现行犯的场合一样，在是否可以监听方面，即便没有经过法官的判断，也并不违反令状原则。这种场合只限于明显是以实施监听令状中没有记载的其他犯罪为内容的通信，且对象属于前述对象犯罪的四种类型，或者应当判处死刑、无期徒刑或者 2 年以上徒刑或监禁的犯罪即特别重大的犯罪的场合（第 14 条）。

6. 对医生、律师等（作为犯罪嫌疑人而被记载在监听令状上者除外）的通信，在确认属于接受他人的请求而开展业务的内容时，不得监听（第 15 条）。它是为了保护社会一般人基于请求人和个人之间的信赖关系而向其暴露个人秘密这种社会生活上不可缺少的职业的信赖而规定的，与刑事诉讼法第 105 条所规定的拒绝扣押权的性质是一样的。

7. 监听到的所有通信，都必须按照录音或者其他通信的性质，采取适当方法在记录媒体中进行记录（第 19 条第 1 款），请到场人封口（第 20 条第 1 款），向法官提交（同条第 3 款。向法官提交的记录媒体被称为“监听原始记录”）。监听的原始记录，由法官保管。

由于被监听的通信内容要在刑事诉讼中使用，所以，另外还得根据监听的原始记录制作一份消除了与犯罪无关的通信内容的记录（以下简称“监听记录”）（第 22 条第 1 款至第 4 款）。

（五）事后措施

1. 检察官或者司法警察，对于监听记录中被记录的通信的当事人，必须告知制作了监听记录一事（第23条第1款）。该通知，除了在通信的当事人不能特定或者其所在地不明的场合以外，必须在监听完毕之后30天之内送达，在法官认为有碍侦查的时候，可以根据检察官或者司法警察的要求，将通知期限延长到60天以内（同条第2款）。

2．检察官、检察事务官、司法警察、辩护人以及其他参与监听，或者由于职务而知悉该情况或者了解被监听内容的人，必须注意不要不当地侵害他人通信秘密，并不要妨害侦查（第28条）。

3．作为有关制度以及其运用状况的资料，政府有义务将监听令状的申请和签发件数、申请签发的罪名及有关的情况向国会报告，并予以发表（第29条）。

4．《通信监听法》是在为了调查一定的重大犯罪而允许使用作为强制处分的通信监听的场合，对监听的要件和程序进行严格规定的法律。对于不属于该种场合的所谓“窃听”，必须予以严厉处罚。为此，《通信监听法》规定了具有侦查或搜查权限的公务员侵害通信秘密的犯罪（处3年以下有期徒刑或者100万日元以下罚金），该罪是刑事诉讼法中的审判请求对象（第30条）。

五、部分修改《刑事诉讼法》的法律

对证人及其亲属使用胁迫、恐吓的情况时常发生，由于存在对这种情况的不安，所以，证人们很不愿意为刑事诉讼提供帮助，这已经成为妨害刑事诉讼顺利、妥当进行的原因之一。为了防止侵害证人等的身体、财产，有必要减轻、消除证人等的不安。

为此，《刑事诉讼法》新设了第295条第2款，规定在有可能遭遇该种侵害的场合，可以禁止对证人的住所等方面的询问，另外，还增设了第299条第2款，规定检察官或者辩护人在开示证据的时候，如果判断有可能使证人遭受侵害的时候，对对方可以要求其保证不使证人的安全受到威胁。

这种措施在修改之前的刑事诉讼法中也可以实施，而且实践中也是按照需要在这么做的。但是，在法律上作明确规定，可以唤起法官、检察官、辩护人等的注意，同时，还可以在事先防止证人等受到侵害。但是，上述实际运用对于一般国民而言，有难以理解的一面，而将上述措施在法律上明文规定的话，就可以让证人等放心，也有利于证人等到庭进行充分的作证，以适当、迅速地实现刑罚权，因此，有必要在法律上明确记载上述措施。

另外，与有组织犯罪对策三法没有太大关系的一个问题是，2000 年 5 月修改的《刑事诉讼法》，主要从保护犯罪被害人的观点出发，完善了法院在询问证人的场合对证人进行保护的制度。即 1. 为了缓和证人的紧张、不安情绪，当证人在法庭上作证时，可以让合适的人陪同；2. 证人在被告人或旁听的人面前陈述的时候，因为被告人或旁听人的注视而产生强烈的压迫感，明显有影响精神上的安定之虞的时候，为了减轻其精神上的压迫感，在法庭上证人席和被告人、旁听人之间，采取设置挡板等遮蔽措施；3. 同样，为了减轻证人的精神上的压迫，将有关规定作了进一步完善，可以让证人在法庭外的其他房间，而在法庭上的法官或诉讼关系人则通过电视镜头，询问证人，也就是通过所谓摄影方式进行询问证人的程序，希望这些制度在审理有组织犯罪的审判中，也能得到运用。

日本学者眼中的中国刑事诉讼法

文：田口守一①
译：黎　宏②

一、绪论

有关《中华人民共和国刑事诉讼法》（1997年1月实施，以下简称“中国刑事诉讼法”）和日本刑事诉讼法的异同，松尾浩也教授于2001年9月在北京举行的“21世纪第一届日中刑事法学术讨论会”上所做的《日本的刑事诉讼法和中国的刑事诉讼法——其相同点和不同点》的演讲中已经作了介绍（参照后面所列文献）。松尾教授从两国刑事诉讼法典的形式比较出发，探讨了两国刑事诉讼法和宪法的实质关系以及与外国法的关系等方面的不同，同时也指出了两国所共有的重视对犯罪嫌疑人的调查这一“东方传统”。

中国在2001年2月28日批准了《经济、社会和文化权利的国际公约》（人权A条约），而且，还在研究批准1998年10月5日生效的《公民权利和政治权利国际公约》（人权B条约）各个问题。这些表明，中国也面临着刑事司法的国内标准和国际标准

① 田口守一，早稻田大学法学部教授。

② 黎宏，清华大学法学院副教授。

的接轨问题。

另一方面，在日本，由于受国际大趋势的影响，1999 年 8 月和 2000 年 5 月相继通过实施了《有组织犯罪对策法》和《被害人保护法》。而且，1999 年 6 月在政府内设置的“司法改革委员会”于 2001 年提出了《司法改革审议会意见书》，并按照该意见于当年 11 月通过了《司法制度改革促进法》。目前，正在对司法制度整体进行大幅度的改革，预计到 2004 年 6 月止，向国会提交的法律草案将达到 20 到 30 个。其中，和刑事司法有关的法律，包括建立让一般市民参加审判的“陪审员制度”以及对经济困难的犯罪嫌疑人由国家出资聘请辩护人的公益辩护制度等带有根本性的改革。总之，这一回的司法改革，无疑会是半个世纪以来最大规模的制度改革。

这样，日中两国目前都在进行包括刑事司法在内司法制度的巨大变革，其中也反映出了司法制度的国际化现象这一共同方面。当前正在面临全球化的浪潮，司法制度也未能幸免。这些都暂且不论，那么，在面临这种大的变革的时候，比较刑事诉讼法应该做些什么呢？当然，探讨各自的法律制度中的特色仍然是比较刑事诉讼法的重要课题，但是，在这样的时代，发现两国共同的问题，并对该共同问题进行研究，也可以说是重要课题。

基于上述考虑，以下就日本刑事诉讼法学中迄今为止所进行的讨论及其现状，以及中国刑事诉讼法所存在的问题，结合两国所共同存在的若干观点，进行探讨。

二、对犯罪嫌疑人的侦查和犯罪嫌疑人的沉默权

（一）1997 年的中国刑事诉讼法，为了贯彻法治原则，规定了保障被告人权利的两大原则。第一是无罪推定原则。中国刑事诉讼法第 12 条规定：“未经人民法院依法判决，对任何人都不

得确定有罪。”第二是疑罪从无原则。上述刑事诉讼法第 162 条第 3 款规定：“证据不足，不能认定被告人有罪的，应当作出证据不足、指控的犯罪不能成立的无罪判决。”问题是，这些基本原则在侦查阶段，特别是对犯罪嫌疑人进行调查的时候，是否也得到了贯彻落实？

中国刑事诉讼法第 91 条规定，侦查人员具有讯问犯罪嫌疑人的权利。关于讯问犯罪嫌疑人，刑事诉讼法第 93 条规定：“犯罪嫌疑人对侦查人员的提问，应当如实回答。”即犯罪嫌疑人有交代事实的义务，换句话说，中国刑事诉讼法不承认犯罪嫌疑人具有沉默权。一般来说，只要受到调查，就具有某种犯罪嫌疑的存在，而且，也希望犯罪人如实交待其罪，这对于该犯罪人的重返社会也是很有效的。另外，作为侦查机关来说，与“得到证据之后再抓人”（即收集证据确认嫌疑之后，羁押犯罪嫌疑人）相比，“抓到人之后再取证”（即首先羁押犯罪嫌疑人，然后根据其供述收集证据）的方法显然是更有效一些。因此，在侦查阶段自然倾向于看重被告人坦白交代。听中国学者介绍，中国存在“坦白从宽、抗拒从严”的原则，不仅在中国，在日本也有这种倾向。

但是，放任这种倾向的话，就会造成侦查机关对不坦白交代的犯罪嫌疑人强迫其交代，有时候甚至对犯罪嫌疑人实施强制的后果。但是，刑讯逼供在以下三个方面应当受到批判：第一，逼供并不一定能反映真实情况，可能误导审判；第二，强迫犯罪嫌疑人交代是对其自由意志的否定，是对犯罪嫌疑人人权的不当侵害；第三，国家的司法活动只能采用正当的手段进行，不能使用违法手段。

中国的刑事诉讼法也禁止违法取证。中国刑事诉讼法第 43 条规定：“严禁刑讯逼供和以威胁、引诱、欺骗以及其他非法的方法收集证据”，要求对犯罪嫌疑人的调查必须合法进行。作为这种要求的保障，就是在侦查机关实施违法行为的场合，对侦查人员予以处罚（参见中国刑法第136条的“刑讯逼供罪”和第143条的“非法拘禁罪”等）。

（二）在日本，犯罪嫌疑人享有沉默权（参见日本宪法第38条第1款、日本刑事诉讼法第198条第2款）。据此以保障犯罪嫌疑人不做违背自己意志的坦白交代。关于这一点，曾经有中国学者问我，在日本，既然犯罪嫌疑人有沉默权，为什么还要求他坦白交代呢？这个问题关系到日本的侦查方面的法律规定的核心问题。

当然，日本的侦查机关也有调查犯罪嫌疑人的权力。在犯罪嫌疑人中，有的人人身被羁押，有的则没有。其中，没有被羁押的人，在受到侦查机关传唤而自愿接受调查的时候，或者，被羁押的犯罪嫌疑人不行使沉默权的时候，犯罪嫌疑人的沉默权和侦查机关的侦查权之间并不发生冲突。但是，在被羁押的犯罪嫌疑人行使沉默权的时候，其沉默权和侦查机关的侦查权之间就处于紧张关系。这时候，侦查机关能否继续进行调查，法律上没有明确规定。实践中认为，犯罪嫌疑人具有接受调查的义务（忍受调查义务肯定说）。理论上则有犯罪嫌疑人没有接受调查的义务的见解（忍受调查义务否定说），以及犯罪嫌疑人具有到达调查地点并滞留在此的义务，但是可以拒绝调查的见解（到达并滞留在指定地点的义务肯定说）等，这个问题是有关侦查的法律规定中分歧最大的部分。

实践中是按照忍受调查义务肯定说进行侦查的。但是，即便在该种场合，也不允许侵害犯罪嫌疑人的沉默权，这是理所当然的。对于行使沉默权的犯罪嫌疑人，可以劝说其放弃沉默权而配合侦查机关的调查。这样做的结果是，即便对于行使沉默权的犯罪嫌疑人，也会长时间地进行调查。但是，即便在该种场合，调查也仍然是“自愿调查”，如果不是“自愿”的话，该调查就是违法调查。这里，“自愿调查”的条件成为问题。如提供虚假情报的讯问、不适当的长时间的讯问或夜间讯问等，就有侵害犯罪嫌疑人的沉默权之虞，该讯问的自愿性就要受到怀疑。简而言之，承认犯罪嫌疑人的沉默权，具有实现对犯罪嫌疑人进行妥当调查，确保自愿坦白交代的机能。

（三）无论是承认犯罪嫌疑人的沉默权的日本法，还是不承认犯罪嫌疑人的沉默权的中国法，都必须想方设法建立保证对犯罪嫌疑人进行妥当侦查的制度。在此，我想提出以下四个方面的措施：第一，由“第三者机关”对侦查本身进行监督。如可以考虑在讯问时，让辩护人到场。这种方法在日本正在讨论，尚未付诸实施。当然，侦查机关目前也并没有禁止辩护人出现在讯问现场。第二，保留详细的调查记录，以便在事后可以认定有无非法侦查。如将讯问情况进行录音、录像等。在日本的“司法制度改革审议会”上也曾讨论过这个问题，最后，审议会的提案是，用书面将每次调查的情况都准确地记载下来的方法。第三，规定不得将违法侦查所取得的坦白交代作为证据使用。日本法要求坦白交代必须是自愿的，在自愿性上具有疑问的坦白交代不具有证据效力（日本刑事诉讼法第 319 条第 1 款）。关于这一问题，以后还要提到。最后也就是第四，处罚违法取证的侦查人员。前面已经说过，中国对这种情况要予以处罚，日本也一样。只是，处罚不忠于职守的侦查人员的方法，到底在多大程度上有效，仍然存在疑问。

（四）无论是中国还是日本，在犯罪嫌疑人的调查上都存在重大问题，这可以说是在程序上注重侦查的表现。如果说侦查程序和审判程序必须保持适度平衡的话，那么，有必要在偏重侦查向偏重审判的改变方面下些工夫。

三、侦查阶段中的犯罪嫌疑人的辩护制度

（一）中国的旧刑事诉讼法（1979 年的中华人民共和国刑事诉讼法）中，没有规定在侦查阶段犯罪嫌疑人可以聘请辩护律

师。与此相对，现行刑事诉讼法第96条第1款规定："犯罪嫌疑人在被侦查机关第一次讯问后或者采取强制措施之日起，可以聘请律师为其提供法律咨询、代理申诉、控告"；第33条规定："公诉案件自移送审查起诉之日起，犯罪嫌疑人有权委托辩护人"，承认犯罪嫌疑人在被起诉之前就有权委托辩护人。和旧法相比，这一规定是个重大变革，对于保障犯罪嫌疑人的权利，发挥律师的重要作用具有意义。

但是，在实践中，辩护权的行使似乎很困难。作为其原因有以下几点：1. 侦查机关利用中国刑事诉讼法第96条第1款第3项中"涉及国家秘密的案件，律师会见在押的犯罪嫌疑人，应当经侦查机关批准"的例外规定，从政治理由出发，将中国的国家秘密的概念广泛地进行解释。2. 现行刑事诉讼法虽然承认了会见律师的权利，但是，在第96条第2款第2项和第3项中又规定："律师会见在押的犯罪嫌疑人，侦查机关根据案件情况和需要可以派员在场。涉及国家秘密的案件，律师会见在押的犯罪嫌疑人，应当经侦查机关批准。"据说，由于这一规定的存在，实践中侦查机关派员出现在会见现场已成为普遍情况。3. 1980年的律师法要求律师必须为社会主义和人民的利益服务；1996年的新律师法规定律师具有比旧法时代更加自由的地位，特别是律师早已不是国家公务员了，但是，根据刑事诉讼法第38条的规定，其辩护活动仍然面临风险。即该条虽然是禁止律师隐匿、伪造证据的规定，但是，由于侦查机关的扩大解释，所以，据说几乎所有的辩护活动都可以包括在其中。另外，中国刑法第306条第1款中新规定了处罚辩护人等毁灭证据的辩护人妨害作证罪，有学者指出，这一规定已经成为对律师进行报复的手段。不管怎么说，在中国，侦查阶段的辩护活动面临困难，这似乎是确定无疑的。

（二）日本法中的侦查阶段的辩护活动的实际情况是这样的：首先，日本法也规定犯罪嫌疑人有权聘请辩护人（日本刑事诉讼法第30条)。对有关聘请辩护人的时间或辩护活动没有作特别规定。但是，有关辩护人会见犯罪嫌疑人的权利的讨论还是有的。日本法虽然规定保障犯罪嫌疑人秘密会见辩护人的权利（日本刑事诉讼法第39条第1款)，但同时也规定“在侦查上有必要的时候”，侦查机关也可以对会见的时间进行指定等（会见指定权。同法第3款)。最近，最高法院的大法庭判决（最大判1999年3月24日民集53卷第3号514页）虽然也承认会见律师是被告人的基本权利，但是也认为侦查机关的指定会见的日期、场所、时间等的会见指定权也合乎宪法规定，两者之间的协调就成为目前的重要课题。判例认为所谓“在侦查上有必要的时候”，是指“现在正在调查犯罪嫌疑人，或者是正在实地调查、勘验现场等要求犯罪嫌疑人必须到场，而一旦侦查中断，就会有明显的障碍的场合”，其他场合下行使会见指定权，就是违法。

另外，目前的司法制度改革中的一个重要课题就是，前面已经谈到的对犯罪嫌疑人的公益辩护制度。日本法律规定犯罪嫌疑人有聘请辩护人的权利，但实际上犯罪嫌疑人聘请律师的程度很低。虽然没有准确的统计资料，但是从被告人接受法律援助的辩护情况来推测，在10%到20%左右。所以，侦查阶段上的犯罪嫌疑人的辩护制度，应该说，在日本法中还很不完备。因此，日本律师协会在1990年开始，实施所谓的“值班律师制度”。即让律师轮流做好准备，在收到有关人员的联络的时候，就赶到犯罪嫌疑人那里，会见被羁押的犯罪嫌疑人，并免收首次咨询费用。它不是法律所规定的制度，而是律师协会自主实施的一种制度，但是，之后在全国被推广，其利用者大幅度地增加。可以说，这个制度证明了在侦查阶段为犯罪嫌疑人提供辩护的必要性，其所取得的成绩是提出给犯罪嫌疑人提供公益辩护制度的立法草案的原因。

但是，给犯罪嫌疑人提供公益辩护的制度中也存在许多问题。(1) 在日本，律师的分布本来就不平衡，多数律师都集中在大城市，因此，在设计公益辩护制度的时候，地方的刑事辩护由谁来承担，成为现实问题。(2) 公益辩护案件过多的话，有的律师就可能进行“不讲质量的辩护”，如何解决这一问题，有必要考虑。(3) 更为根本性的问题是，公益辩护案件增多的话，辩护人的法律性质即辩护人到底是犯罪嫌疑人的“代理人”还是一定的“司法人员”又成为问题。如犯罪嫌疑人向辩护人告知自己其实是真犯人的替身，并请求他为其辩护，即为所谓“替身犯人”进行辩护的时候该如何处理就成为难题。多数人认为，即便被告人希望自己被判有罪，但这并不是被告人的正当利益，因此，作为辩护人仍然应当主张其无罪。

（三）另外，通常认为，辩护人在侦查阶段展开活动，对于侦查机关查清事实、收集证据的侦查活动来说会产生不好的影响，因此，有必要重新确认在侦查阶段辩护人所应具有的作用。目前，以日本法为例，可以列举出以下几点：1. 在犯罪嫌疑人被羁押的场合，作为商量对象，消除犯罪嫌疑人的不安情绪；2. 向犯罪嫌疑人介绍其家人等外面的情况，缓和其孤独感；3. 向犯罪嫌疑人说明诉讼程序或犯罪嫌疑人享有的权利等法律知识；4. 监督侦查机关合法地进行调查；5. 收集对犯罪嫌疑人有利的证据；6. 改善犯罪嫌疑人振作精神的环境等。当然，这种有利于犯罪嫌疑人的活动由侦查机关自身来承担（实质辩护），也不是不可能的。但是，第一，调查犯罪嫌疑人的侦查活动和保护犯罪嫌疑人的保护活动都由同一机关进行，当然要受一定限制，不可能充分实施；第二，不仅如此，而且，如果说本来在刑事司法中，发现真实和保障犯罪嫌疑人的权利的活动应当同时实现的话，则应当考虑构想国家机关和辩护人相互配合为前提的侦查体制，这样，就会明白为了犯罪嫌疑人的利益而进行的辩护活动（形式辩护）的必要性。

（四）即便说需要完善侦查阶段上的犯罪嫌疑人的辩护制度，但是，在侦查阶段上的犯罪嫌疑人的辩护人应当具有什么样的权限的问题上，各个国家可以根据自己的刑事司法制度的发展过程而加以决定，决不是说能够建立完全一样的制度。正如日本法中一样，即便构想理想的制度，但是在支撑该制度的律师人数还不足的场合，律师的培养就成为前提问题。侦查阶段上的辩护问题和司法制度的整体有关，也必须放在司法制度整体提高的背景下加以考虑。

四、证据排除法则的范围

（一）以下，想谈谈通过违法程序所收集到的证据的处理问题。前面已经提到，中国刑事诉讼法第 43 条规定，严禁使用刑讯逼供的违法方法收集证据，但是，这并不意味着法律规定了排除使用该种方法所收集到的口供。关于这一点，1998 年的最高人民法院的司法解释（《关于执行刑事诉讼法若干问题的解释》）第 61 条规定，严禁以非法的方法收集证据。凡经查证属实属于采用刑讯逼供或者威胁、引诱、欺骗等非法的方法取得的证人证言、被害人陈述、被告人供述，不得作为定案的根据。根据这一规定，可以将违法取得的口供从证据中加以排除。但是，问题在于，将违法取得的口供从证据中加以排除的理由。这一问题在中国好像也有讨论，我们先看看日本的研究情况。

在日本法中也规定“强制、拷问以及威胁所取得的口供，不当地长时间关押之后所取得的口供以及其他在自愿性上存有疑点的口供，不得作为证据使用”（日本刑事诉讼法第 319 条第 1 款），因此，违法取得的口供被排除在证据之外。关于不法取得的口供不得作为证据使用的学说有三个。虚伪排除说认为，该种口供在内容上有不真实之虞，所以要排除；人权保障说认为，该种口供侵犯了沉默权等人权，所以要加以排除。上述两种学说都是从口供的属性中寻求排除的理由。与此相对，违法排除说撇开口供属性论，认为侦查机关取得口供的手段违法，因此，该口供应当被排除。在违法排除说看来，对犯罪嫌疑人的调查程序违法的话，仅此就要排除口供的证明力。在理论界违法排除说影响很大，但是在实务界，主张虚伪排除说或人权保障说。可是，实践中也有案例倾向违法排除说。如侵犯了犯罪嫌疑人选择辩护人的权利的口供不得作为证据的判例可以看做是以违法排除说为根据的。

关于中国的司法解释中所谓的“非法方法”的范围到底有多大？是不是侦查机关的任何违法方法都是“非法方法”？这一点，似乎存在广义说与狭义说之分，强调发现真实原则或者必罚原则的话，就会和采用违法排除说式的理解之间发生矛盾；重视刑事诉讼中的正当程序的话，就会出现即便是反映真实的情况也要从证据中加以排除的局面。这个问题在排除可以成为证据的事实的问题上，是更加紧迫的问题。

（二）在中国的司法解释中，被排除的证据仅仅是口供，物证好像并不包括在内。关于违法取得的物证是不是作为证据，日本法中也没有明文规定。本来，在违法取得物证的场合，第一，物证的证明力并不因为取得手段的合法、非法而发生变化，因此，从重视发现真实的角度来看，即便取得物证的手段违法，也不得将该物证从证据中加以排除。第二，由于不能放任违法侦查不管，所以，对于实施违法侦查的侦查人员要用刑法加以处罚。在日本过去也是这么考虑的。

1978年日本最高法院作出了一个具有划时代意义的判决，宣布对违法取得的物证，适用对违法证据排除法则（最判1978年9月7日刑集32卷6号1672页）。之后，在日本，对于违法取得的物证适用违法证据排除法则便成为一个原则。问题是排除法则的根据为何，关于这一点，通常从三个方面考虑：（1）违反了适当程序；（2）违反了司法的廉洁性（judicial integrity）；（3）是防止将来再次发生违法侦查的最好方法。其中，最后一点即防止违法侦查是最有说服力的根据。即作为侦查机关，即便费力地通过非法手段取得了物证，但如果该物证并不能作为证据采用的话，就是白费力气，以后就不会实施违法侦查了。这种有关物证的违法证据排除法则，显然和口供的证据能力方面的违法排除说之间在理论上是一致的，它体现了在刑事诉讼程序上也要坚持适当程序的强烈愿望。

（三）但是，根据违法证据排除法则而在实际上将物证排除在证据之外的案件，或者根据违法排除说将口供排除在证据之外的案件，还并不多。排除法则是根据各国的国情而发展的，日本的排除法则也还处在发展阶段。就中国法而言，排除违法取得的口供的重要意义，仍然以在法律中加以规定为妥。当然，法律不可能将所有的情况都加以规定，但是，对作为其线索的法律内容应当加以规定。另外，为了在侦查中确定正当程序原则，对有关物证的排除法则也有必要进行探讨。无论如何，正如过去德国联邦法院所说的一样，“无论付出怎样的牺牲，也要追求真实的刑事诉讼法的原则毕竟是不存在的”。对这一点，日中两国应该再次加以明确。

五、当事人主义的审判构造的意义

（一）1997 年的中国刑事诉讼法在审判上，设计了许多当事人主义的规定。即（1）旧法中规定法官依照职权对被告人进行讯问，而现在则原则上由检察官和辩护人等进行讯问、发问（第155条）；（2）对证人发问原则上也是由检察官和辩护人等进行（第 156 条）；（3）对物证、书证的调取，首先也是由检察官和辩护人进行（第 157 条）；（4）被告人、辩护人具有要求调取证据的权利（第 159 条。旧法中也有类似规定），等等。

当事人主义在提起公诉阶段也有体现。旧法规定，在提起公诉的场合，法院对于犯罪事实清楚、证据确实充分的案件，必须决定开庭审理，对主要犯罪事实不清、证据不充分的案件，可以退回人民检察院补充侦查，即事先进行概括性的审查成为法院的义务。这种事先审查是使审判程序流于形式的原因。现行法在这一点上规定："人民法院对提起公诉的案件进行审查后，对于起诉书中有明确的指控犯罪事实并且附有证据目录、证人名单和主要证据复印件或者照片的，应当决定开庭审判"（第150条），即在一定程度上排除了"先判后审"。这种审判程序上的当事人主义，对于保障被告人在审判阶段上的权利具有重大的进步意义。

中国上述在审判上的当事人主义，从日本法的角度来看，有两点很大的误解：第一是诉讼对象论。日本法采用了所谓诉因制度或者说是诉因变更程序制度（日本刑事诉讼法第256条第3款，第312条），因此，审判的对象或者说是攻击、防御的对象常常限定于起诉书中所记载的诉因事实。也正因此，所以，可以说，审判中当事人（检察官和被告人）在有关诉因上的攻击、防御就可以说是诉讼的中心。这一点，在中国法中，即在查明了和起诉书中所记载的犯罪事实不同的犯罪事实的场合，在程序上是不是仍然按照当事人主义处理，并不清楚。第二是法院的职权调查问题。中国法第158条第1款规定："法庭审理过程中，合议庭对证据有疑问的，可以宣布休庭，对证据进行调查核实"，即赋予法院独自的庭外调查权，它和根据当事人在法庭上的攻击、防御进行审理的当事人主义之间是互相冲突的。另外，日本法中，也有法院依照职权调取证据的规定（日本刑事诉讼法第298条第2款），但是，它仅仅是指合议庭上对证据进行调查，和中国法中的规定不同。

（二）一方面，在书面证词的处理上，日本法和中国法之间也有类似之处。中国刑事诉讼法第157条规定："对未到庭的证人的证言笔录、鉴定人的鉴定结论、勘验笔录和其他作为证据的文书，应当当庭宣读"，因此，对于侦查机关所取得的书面证词也可以采用宣读的方式。但是，最高法院的司法解释第142条第1款规定："证人应当出庭作证"；第55条第2款规定："对于出庭作证的证人，必须在法庭上经过公诉人、被害人和被告人、辩护人等双方询问、质证，其证言经过审查确实后，才能作为定案的根据。”按照这个司法解释，书面证言不仅要当庭宣读，而且还要经过“查证属实”的程序。但是，据中国学者讲，不经过质证的传来证据也被大量采用。

另一方面，日本刑事诉讼法第320条第1款规定了不许采用传来证据的所谓传闻法则，但同时作为传闻法则的例外，又认可了当着检察官的面所作的证言笔录（以下简称“检面笔录”）的证据能力（第321条1款2项）。另外，在日本，当着检察官的面所作的证言笔录和当着司法警察的面所作的证言笔录之间有严格区别。问题是认可“检面笔录”的条件。一是该笔录的陈述者因为死亡、精神或身体上的不便、下落不明或者身在国外而不能亲自到庭陈述的场合；二是该陈述者虽然出庭陈述，但是陈述内容和“检面笔录”的内容“相反或者实质上不同”的场合。后者的场合，“检面笔录”的内容必须具有“可以采信的特别情况”(第321条第1款第2项的后段)。这里的“后段笔录”的规定，因为是承认与证人在法庭上所陈述的内容不同的“检面笔录”的证据能力的规定，因此，如何保证对该陈述进行质证就成为问题。实践中，可以说是根据一定程度的质证来认可证明能力的，因此，根据法庭上的质证来查明真相和根据检察官在密室进行的行为来查明真相，两相比较，至少可以说，前者优先的态度并没有坚持到底。这样，在日本法中，尽管具有排斥传来证据的原则，但实际上，是根据该例外规定，在某种程度上仍然认可了传来证据。

从当事人主义的审判角度来看，原则上应当根据审判中进行的当事人之间的质证来进行证据调查。但是，从中国和日本实际上大量将书面特别是侦查取得的书面材料作为证据使用的情况来看，可以说，仍然具有再检讨的余地。但是，书面材料也并非完全没有意义，因此，当务之急是确立认定书面材料作为证据的标准。这一点，中国似乎是以司法解释来解决的，但仍然有必要通过完善明确的法律规定来解决这一问题。当然，日本法中尽管有法律规定，但是如上所述，其中仍存在许多问题。

六、结束语

以上，对日中两国共同存在的问题进行了探讨，作为结束语，想谈一下刑事司法制度的“操作者”的问题。无论怎么好的制度，如果没有运用该制度的人，也只是“画饼”而已。这一点，是日中两国目前所面临的重大课题。

首先，日本的司法制度改革中，正在考虑建立让市民参加刑事审判的“裁判员制度”。中国已经在实施“人民陪审员参加审判的制度”（中国刑事诉讼法第 13 条）。中国法中，人民参加刑事诉讼是总则中“依靠群众”原则（第 6 条）的体现，即便审判制度上，也规定人民法院应当由审判员 3 人或者由审判员和人民陪审员共 3 人组成合议庭（第 147 条），人民陪审员和审判员具有同等的权利（第 147 条第 3 款）。日本的裁判员制度，对什么样的案件适用，虽然尚未决定，但日本国民是否会积极参加刑事司法，充分发挥其作用，仍然是一个重大课题。在这一点上，应该以中国的陪审制度所取得的成就作为参考。

其次，是法律专门人才的培养问题。对于中国来说，培养大量具有高度的法律素养的法官、检察官、律师是所面临的课题。正在此时，今年也就是 2002 年 3 月，中国开始实施统一司法考试。日本的报纸也特别报道“有 36 万人报名”。我想，在对如此多的考生的法学教育、适当的考试、实务培训等方面，都存在许多需要探讨的课题。

另一方面，在日本，法律职业人才的培养问题也是司法制度改革的一部分，成为一个重大课题。在 2004 年 4 月开设有日本特色的法学院即“法科研究生院”的决定已经确定，各个大学正在进行组织准备工作。司法考试合格者到2010年，也将增加到现在的3倍（即3000人）。这也是“法制化社会”的全球化的体现。这样，如何培养大量的高质量的法律专门人才，将他们送入社会，应当成为日中两国共同的课题。

最后，我在1992年12月出席“第三届日中刑事法学术讨论会”的时候到了上海，得到了一个“中国水墨字画”，上面载有唐招提寺长老孝顺的话，“山川异域，风月同天”。我和他的心情也完全一样，希望超越制度上的差别，实现共同的理想。

参考文献（日文）

王云海《论中国刑事诉讼法的修改》，《法律时报》第68卷10号（1996年），第56页以下。

刘瀚　《刑事诉讼中的当事人主义——对中国刑事诉讼法修改的一个评价——》，比较法学第31卷第1号（1997年），第110页以下。

傅宽芝　《违法收集证据的排除法则的比较研究》，比较法学第31卷第1号（1997年）121页以下。

田口守一、张凌　《中国刑事诉讼法的修改》，法学家1109号（1997年），第62页以下。

肖贤富　《新中国刑事诉讼法的特征和今后的课题》，2000年4月早稻田大学、中国社会科学院法学研究所共同研讨会《中国刑事法、民商法的新展开》

李晓鹤　《日中刑事诉讼制度的历史比较——口供的变迁》，中央大学大学员研究年报第30号（2001年），第203页以下。

野村稔、张凌　《中国刑事诉讼法的司法解释（1）（2.完）》，比较法学第34卷第2号（2001年），第183页以下，第35卷第1号（2001年），第201页以下。

松尾浩也　《日本和中国的刑事诉讼法——其相同点和不同点》，

西原春夫编《21世纪第一回（总计第7回）日中刑事法学术讨论会报告书 日中比较过失论》，成文堂（2001年），第182页以下。

21世纪第2次（总第8次）
中日刑事法学术研讨会
实　　录

21世纪第2次（总第8次）中日刑事法学术研讨会开幕式致辞

吴俊培①

各位专家　各位代表　各位来宾：

早上好！

适逢中日两国友好建交30周年之际，在这秋风送爽、丹桂飘香的金秋十月，中日两国刑事法学的专家学者齐聚东湖之滨、珞珈山下，共襄学界盛举。首先，请允许我代表武汉大学全体师生并以我个人名义向出席21世纪第2次中日刑事法学术研讨会的各位专家学者表示热烈的欢迎和衷心的感谢！

武汉大学是中华人民共和国教育部直属的重点综合性大学，学校环山绕水、风景宜人，被誉为世界上最美的大学之一。建校一百余年来，我校已发展成为学科门类齐全、师资力量雄厚的国内知名、国际上有一定影响的重点大学。目前，学校共有100余个本科专业，涵盖哲学、经济学、法学、教育学、文学、历史学、理学、工学、农学、医学、管理学等十一大学科门类；学校现有教师5 000余人，其中正副教授3 000余人。学校国际学术交流频繁，目前已与世界上60多个国家和地区的200多所大学、

① 吴俊培，武汉大学副校长。

科研机构建立了合作交流关系。在新的世纪，面对新的机遇和挑战，武汉大学正努力加强自身建设，力争在2010年把武汉大学建成国内外知名的高水平大学。

武汉大学法学院是我国法学教育与研究的重点基地之一，现有3个本科专业、13个硕士点、5个博士点、1个博士后流动站，2个国家重点学科。学院拥有一流的师资，其中，刑事法学在著名法学家马克昌教授的带领下，已形成了高水平、高学历、高职称的合理学术梯队，学术成果斐然。

共同犯罪和有组织犯罪是法学领域的两大焦点，世界各国学者对该问题的研究也方兴未艾。本次研讨会将主要围绕这两大议题作深入的交流与探讨。我深信与会的专家学者在友好的气氛、热烈的研讨中，必将深化中日两国法学界，尤其是刑事法学界对这一问题的认识和研究。

本次研讨会承蒙武汉大学法学院刑事法研究中心主办，武汉市中级人民法院、武汉大学出版社的大力支持，他们的工作为这次大会的顺利召开和成功举行奠定了良好的基础。在此，我谨代表武汉大学全体师生对为本次研讨会的顺利召开付出辛勤劳动的人士表示最诚挚的谢意！

最后，衷心祝愿大会圆满成功！祝各位代表身体健康！谢谢！

21世纪第2次（总第8次）中日刑事法学术研讨会开幕词

马克昌①

女士们、先生们：

期望已久的21世纪第2次（总第8次）中日刑事法学术讨论会今天在东湖之滨、珞珈山麓开幕了。武汉大学校园以浓郁的桂香、荡漾的碧波迎接东瀛贵宾和国内同行的到来。我谨代表武汉大学法学院刑事法研究中心向与会代表表示热烈的欢迎和祝贺！

这次讨论会之所以能于今年在武汉召开，首先应当感谢西原春夫教授和高铭暄教授。因为按照会议安排的日程，今年本该休会，但西原教授考虑到我们的迫切愿望，经与高教授等商妥，决定于今年在武汉增开一次，这才能有今天讨论会的召开。武汉市中级人民法院和武汉大学出版社的积极协助，学校领导、外事部门和法学院的大力支持以及与会代表的共同努力，使计划增开的讨论会得以变成现实。“喝水不忘掘井人”，这里请允许我向为讨论会的召开作出贡献的个人和单位表示衷心的谢意和敬意。

经与西原教授商定，这次讨论会的主题为共犯。讨论的题目

① 马克昌，武汉大学法学院教授。

有六个，即共犯的分类、共同过失与共犯、间接正犯、共犯与身份、有组织犯罪的概念和有组织犯罪的对策。每一题目由中、日学者各写一篇论文，每人报告时间为30分钟，采用同声翻译以节约时间，两位报告人报告完毕，由与会者提问、评议或补充，然后由报告人答疑或答辩。每一题目的报告和讨论由中、日双方学者共同主持。希望与会代表共同努力，使学术讨论能够深入下去。

最后祝愿与会代表在汉期间身体健康、生活愉快，祝愿讨论会圆满成功！谢谢！

21世纪第2次（总第8次）中日刑事法学术研讨会致辞

西原春夫①

新世纪第2次（总第8次）中日刑事法学术讨论会今天在武汉召开，并举行了如此隆重的开幕式，可喜可贺！

本次讨论会的顺利召开，是以马克昌先生为首的武汉大学刑法专业全体先生们的不懈努力的结果——对这支强有力的高水平的团队我们充满敬意与羡慕，并称其为“马家军”——在此，我谨代表日方代表团，对他们表示衷心的感谢！

正如我一直强调的一样，中日刑事法学术研讨会有着很长的历史。

早在上个世纪80年代我担任早稻田大学总长之时，得到与早稻田大学有着良好关系的上海市对外友协的支持，而在1988年召开了第一次刑事法讨论会。现在想来，那已经是14年之前的事情了。

其后，由日本与中国轮流承办，大致上隔年举行一次。第6次讨论会正好是上世纪末的1999年。由于考虑到上海市对外友协是中方的赞助者，会议地点便一直局限于上海，但其他城市也提出了在本地召开的希望。于是，经与我多年的好友中国人民大

① 西原春夫，日中刑事法研究会会长。

学高铭暄教授协商，决定自2001年开始采取下面的体制而继续举行讨论会。

第一，中日双方分别组成“中日刑事法研究中心”、“日中刑事法研究会”，以组织对组织的形式开展活动。这是由于考虑到，尽管我与高铭暄教授一时半时还不会去另外一个世界，但不可能再活20年、30年，而只有作出如此安排，我们才会安安心心地长期地活下去。

第二，会议地点尽量不局限于某一个地方，而是轮流承办。因为只有这样，参加中日刑事法学术交流的人员才会不断发展壮大。

第三，迄今为止，讨论的重点主要放在理论性问题上。今后想结合现代型犯罪而展开，力求对其预防与对策有所裨益。去年在北京召开的新世纪第1次讨论会就集中探讨了“过失犯”这一问题，并取得了很大的成果。

接受承办新世纪第2次讨论会的是武汉大学的马先生。人民大学的高先生与我同年，都出生于1928年，应该说马先生是长我们二岁的长者，但一般都称我们为同时代的人。如果该中日刑事法学术讨论会能够长期延续下去，如果那时还能记起为讨论会打下基石的、出生于20世纪20年代的马、高以及我西原的话将非常感谢。

在此，我还想明确一点，在1988年至1999年这一段时期，与我在一起的“掘井人”是时任上海市对外友协会长的李寿葆先生以及今天在座的华东政法学院的苏惠渔先生。

本次会议的主题是“共犯与有组织犯罪”。仅仅翻阅法律条文，也会发现中日两国之间存在很大差异。例如，就“共同正犯”而言，中国对此作了详细的规定，而日本只是规定了“共同实施犯罪者”这一点。还有，中国规定了“有组织犯罪”这一犯罪类型，而日本则未作任何规定。并且，中国在刑法分则中明确规定了“黑社会组织”、“恐怖组织”、“间谍组织”、“邪教团体”

等概念，而这在日本刑法中则完全找不着。

之所以出现这些差异，这是一个包含立法技术在内的非常复杂的问题，所以，即使是其本身也是一个极有意思的研究对象。但并不仅仅只是这些。如只是着眼于条文本身的不同，就有可能产生误解；如果不知晓其实际的运用，也会有出现理解错误的危险。

从这一意义上讲，尽管彼此都曾经历过，但仍然应该说，中日学者会聚一堂加深相互间的理解这一点本身就具有非常重要的意义。

衷心祝愿三天的会议讨论活跃、进展顺利，并取得很大成果。

谢谢！

21世纪第2次（总第8次）中日刑事法学术研讨会致辞

刘亚文①

各位法学专家，女士们，先生们：

今天，江城武汉迎来了国内外的尊贵客人，21世纪第2次中日刑事法学术研讨会在风景如画的武汉大学开幕了。我谨代表武汉市中级人民法院对各位贵宾表示热烈的欢迎，对大会的顺利召开表示衷心的祝贺！

武汉市中级人民法院与武汉大学法学院，特别是刑事法研究中心有着长时期的密切交流和合作。马克昌先生及其领导的刑事法研究中心参与了我院大量疑难案件的处理，对我院的工作给予了宝贵的支持；为我院输送优秀的刑事法学人才，并帮助我院培训司法干部，提高了我院司法人才的专业水平。同时，我院的司法实践也为法学院提供了活生生的教学案例，疑难案件的讨论给法学研究的深入创造了契机。这证明，司法界和理论界相互需要、紧密联系。司法实务部门需要法学研究部门提供理论支持，理论研究越深入，就越有利于司法工作的正确开展；法学研究部门也离不开司法实务的实践工作，丢掉为司法实践服务的宗旨，失去了司法实践的土壤，再高贵的理论之花也会枯萎。正是基于

① 刘亚文，武汉市中级人民法院院长。

这种认识，我院高度关注本次中日刑事法研讨会，并为大会做了一些协助工作而感到荣幸。

我们希望通过这次大会，结识更多的国内外的专家、学者，并成为密切合作的朋友，以帮助我院提高业务水平，欢迎各位到我院参观、指导工作！

祝愿各位与会代表身体健康！祝愿研讨会取得圆满成功！

21世纪第2次（总第8次）中日刑事法学术研讨会致辞

江建勤①

各位法学专家、各位领导：

首先，我代表武汉大学出版社向刑事法学术研讨会的召开表示热烈的祝贺！

武汉大学出版社这次有机会赞助会议，并且为大会服务我们感到非常荣幸。武汉大学出版社是全国一百家高校出版社中四所全国优秀出版社之一，是教育部命名的先进高校出版社。出版社成立21年来，我们坚持为学校教学科研服务的宗旨，在社会效益和经济效益方面取得了可喜的成绩。先后有7种图书获得过国家大奖。2001年，出版社确立了以法律、经济、管理图书为重点，以测绘、地图、图书信息情报、人文、水利等图书为特色。到今年年底，发行图书码洋可望达到一亿元人民币。这些成绩的取得应当归功于学校的正确领导，应当归功于全校教师，特别是法学院老师的支持。

我们愿以这次会议为契机，结识更多的专家，广交朋友、多交朋友、真交朋友，愿为国际刑事法学学术活动的开展，为支持老师的教学科研活动继续做好我们的工作。

愿这次研讨会取得圆满成功！

---

① 江建勤，武汉大学出版社社长、总编。

共犯的分类研讨述评

——以中日刑法的比较为中心

何荣功①

由武汉大学法学院刑事法研究中心主办、武汉市中级人民法院和武汉大学出版社共同协办的21世纪第2次（总第8次）中日刑事法学术研讨会于10月12日至14日在武汉大学隆重召开。来自中日刑法学界及司法界的100余名专家学者共聚一堂，就双方共同关注的“共同犯罪和有组织犯罪”中的相关问题进行了广泛、深入的研讨。其中，“共犯的分类”就是本次讨论会研讨的重要议题之一。围绕这一主题，武汉大学法学院林亚刚教授和日本东京大学西田典之教授作了精彩的报告，报告的具体内容可参见林亚刚教授的《论共同犯罪的若干问题——以共犯为中心》和西田典之教授的《共犯的分类》两篇论文，兹不赘述。现就与会代表在评议和讨论阶段对本专题集中关注的问题做如下综述，并予以简要的评析。

一、关于“放风”行为的法律性质

提问者（西田典之教授）：请问林教授，在中国刑法中实行

① 何荣功，武汉大学法学院2000级刑法学硕士研究生。

行为作何理解？以盗窃为例，为盗窃者站岗放哨的行为是否属于实行行为？

林亚刚教授：我认为在中国刑法中对实行行为的理解与日本刑法理论中实行行为的含义是一样的，都是指实行刑法分则规定的构成要件的行为。“共谋共同行为”有例外，当然，有区别的是日本刑法解决的是行为的“实行行为性”，而中国刑法是在成立犯罪的意义上来理解“实行行为”。至于为盗窃者站岗放哨的行为，在中国刑法中属于起“辅助作用”的行为，应当属于非实行行为。

评析：放风，又称望风、把风，指为进行秘密活动者在外守望、观察动静的行为。① 在共同犯罪中，它是一种比较常见的共犯行为，对其行为性质的认定直接关系到实行犯与帮助犯的区别以及对实行行为本身的认识。不过，由于世界各国对共犯的立法体例存在差异，学者们对正犯与帮助犯的区分标准持有不同认识，所以对放风行为的性质的认识一直聚讼不休。比如，在大陆法系国家和地区，特别是德日刑法理论上，就存在“主观主义共犯论”和“客观主义共犯论”的长期对立。

主观主义的共犯论由于以行为人的目的、利益的差别探求正犯与从犯的区别，因此，“放风行为的性质应就行为人之犯意决定之，若放风者以自己犯罪之意思而参与犯罪时，应视为正犯；否则为从犯。”②

客观主义共犯论对放风行为的性质的认识则相对复杂，认识也不统一。其内部的“时间说”主张，把风行为由于其在他人犯

---

① 《辞海》，上海辞书出版社 1979 年版，第 1214 页。

② 参见韩忠谟著：《刑法原理》，台湾雨利美术印刷有限公司 1981 年版，第 297～298 页。

罪实施之际予以帮助，自应为正犯与准正犯。[①] "行为说"或称"构成要件说"却指出，把风行为系于实施之际所为重要之帮助，尚非实施犯罪构成要件要素之行为，应为从犯。而"行为等价值说"则认为，放风行为的性质"应以实施行为之价值判断，凡行为在客观上就行为之性质及价值可认为是实施行为者，为正犯；反之，自一般观念上如认为系限制从属的行为者，则为从犯。若逢起果条件之行为与排除妨果条件之行为并存时，则以起果条件之行为为实施，以排除妨果条件之行为为帮助"。[②]

在司法实务中，对放风行为的认定，不同国家和地区，即使是同一国家和地区的不同时期，其判例的立场也不尽一致。在日本，判例所采取的态度是，应根据不同的情况，研究不同事态中守望行为的具体意思，作出从犯或共同正犯的解释。赌博的守望行为属于从犯；而盗窃、强盗、杀人、骚乱的守望行为属于共同正犯。[③] 我国台湾地区，在前期由于采用主观共犯论，认为把风行为成立共同正犯，其后由于采用客观共犯论中的"行为说"，强调把风行为是帮助行为。现行"刑法"公布施行以后，由于理论上再次肯定主观主义共犯论的立场，所以，我国台湾地区认为把风者如以自己犯罪意思而参与，应成立共同正犯。[④]

犯罪是行为人主观方面和客观方面的有机统一，主观主义共犯论根本不顾行为人的客观行为特征，完全根据主观方面来区分正犯与共犯，在方法论上是片面的。况且，"犯罪目的、犯罪利

---

① 参见蔡墩铭著：《刑法总则争议问题研究》，台湾五南图书出版公司 1976 年版，第 278～279 页。

② 参见刁荣华主编：《最高法院判解研究》（下册），汉林出版社 1983 年版，第 102 页。

③ ［日］木村龟二主编，顾肖荣等译：《刑法学词典》，上海翻译出版公司 1991 年版，第 378 页。

④ 参见蔡墩铭著：《刑法总则争议问题研究》，台湾五南图书出版公司 1976 年版，第 278～279 页。

益只是参与共同犯罪的主观原因，属于犯罪动机的范畴，不具有决定犯罪形态的意义”。① 所以，从放风行为人实施行为的主观动机中寻求其法律性质，是不科学的。客观共犯论中的“时间说”，以行为人实行放风行为的时间来确定放风行为的法律性质，认为在事中予以帮助的，即为正犯，这不仅否认了实行行为的法律定型性，也否认了事中帮助犯存在的可能性，故也不足取；“行为等价值说”以完成犯罪行为的实际效果作为区别正犯与从犯的标准，在大陆法系有关国家的立法体例下，该说对于合理解决共谋共同犯罪而未实行者、事前有分工的共同犯罪未实施实行行为者以及有组织的共同犯罪中的幕后指使者的刑事责任具有合理性，但是，仅仅以放风行为对犯罪的实施或完成是否与实行行为等价来认定其法律性质，在罪刑法定主义时代，这种理论也难为坚持构成要件定型说的学者们所接受。

根据我国犯罪构成的一般理论和我国刑事立法的实际情况，② 我认为，对实行行为理解坚持“构成要件说”的立场更为适宜，实行行为即是指实施刑法分则规定的构成要件的行为。而在一般情况下，由于放风行为本身不可能对法益造成直接侵害，而在客观上大都只是对犯罪的实现起到了加功或加担的作用，因此，上述林亚刚教授根据我国刑法理论对实行行为的一般界定，对放风行为所持的“非实行行为”性质的认识应当是可取的。

不过，需要指出的是，我国刑法对帮助行为的规定比较复杂。即使行为人实施的是帮助他人犯罪的行为，但如果刑法分则已将其规定为独立的罪名，此种情形下，该行为在刑法上应当视

① 刘凌梅著：《帮助犯研究》，武汉大学博士论文打印稿 2002 年 3 月，第 154 页。

② 关于我国的立法实际情况，也就是指，与大陆法系特别是德日刑法相比我国刑法规定有组织犯这种共犯形态。具体内容在本文第五部分将详述。

为犯罪的实行行为，不再是共同犯罪的帮助行为。如我国刑法第383条第3款规定的协助组织卖淫罪。该罪处罚的就是为他人组织卖淫的行为实行“协助”的行为，而协助行为当然可以包括对组织卖淫活动实施放风的行为。此种情形下本属帮助性质的放风行为由于刑法分则的规定，而成为犯罪的实行行为。因此，对于该种场合的放风行为人当然应当以实行犯论处。

二、关于“教唆犯”的刑事责任

提问者（西田典之教授）：林教授，中国一贯重视打击造意犯，并处以重罚，但根据现行中国刑法典的规定，为什么教唆犯也可按从犯处罚？

林亚刚教授：在中国历史上，“造意者为首”是表明教唆犯教唆他人犯罪的主观恶性大。现行刑法规定对教唆犯可以成立从犯，即表明教唆他人犯罪的并不当然地都成立主犯，这是因为教唆他人犯罪的情况复杂，有的被教唆人是已有犯意但尚不坚定，实施被教唆之罪的犯意并不完全是由教唆而引起，所以，教唆犯在共同犯罪中的作用就是“次要”的。另外，“间接教唆”的教唆者、教唆犯教唆从犯的等也能够说明这一点。所以，教唆犯教唆他人犯罪，在共同犯罪中并不都成立主犯。

评析：教唆犯的刑事责任，实际上就是要解决教唆犯的处罚原则问题。在我国刑法史上对教唆犯的处罚是存在差异的。在封建刑法时代，对犯意制造者的教唆犯一般认定为首犯，处以重罚。比如《唐律》规定：“诸共犯者，以造意为首”。这种重视打击造意犯的立法，说明我国古代刑事立法不仅关注共犯行为的客观危害，也特别重视共犯者主观方面的危害及其主观恶性。

现代各国刑法对共同犯罪的认识大都坚持主客观相统一的原则，主张行为人刑事责任的根据是犯罪人实行犯罪的社会危害性和犯罪人人身危险性的统一，对行为人刑事责任轻重的判断也大都以犯罪人实施犯罪行为的性质，以及犯罪人在犯罪中所起的作用来确定。因此，具体共同犯罪案件中的教唆犯究竟是主犯还是从犯，也是按照教唆犯在共同犯罪中所起的作用而定，不可一概按照主犯论处。特别是我国刑法对教唆犯的立法与大陆法系相比存在较大差异，比如，就教唆犯的成立范围而言，大陆法系特别是德日刑法认为教唆犯是指教唆他人实行犯罪者，教唆犯的对象仅限于实行犯。而根据我国刑法的规定，在我国刑法中教唆他人犯罪的为教唆犯，这里的教唆他人就不限于教唆实行犯，也包括教唆他人实施帮助行为的情况，因而，对于教唆帮助犯就难以认定其在整个共同犯罪中起主要作用。

实际上，在大陆法系的刑事立法中，尽管对教唆犯一般处以正犯的刑罚，但是正如学者们指出的那样，“所谓判处正犯的刑罚，是指适用对正犯规定的法定刑处罚，并非意味着以正犯现实被判处的宣告刑为标准确定教唆犯的刑罚，同时，对教唆犯的量刑，还应当考虑教唆犯本身的情况，从而在具体的案件中，教唆犯可能受到重于或轻于正犯的刑罚”。① 所以，即使在大陆法系刑法中，对教唆犯的处罚也并非千篇一律地处以重罚，事实上也是全面考虑了教唆犯在共同犯罪中的地位和作用。所以，不同的案件对教唆犯的处罚客观上仍然存在主从之别，只不过没有如我国刑法中“主犯”、“从犯”的称谓罢了。

三、关于“教唆未遂”的司法认定

提问者（林亚刚教授）：在日本刑法中教唆未遂一般不可罚，请问西田教授，若教唆犯教唆的是严重的犯罪，如危害国家安全的犯罪，在未遂的情况下是否也不可罚？

---

① ［法］卡斯东·斯特法尼著，罗结珍译：《法国刑法总论精义》，中国政法大学出版社 1998 年版，第 318 页。

西田典之教授： 在日本刑法中教唆未遂除有特别规定外一概不可罚。针对特别严重的几类犯罪，日本刑法为了处罚未遂等形态，刑法典将未遂，甚至预备、阴谋特别设立了独立罪名而予以处罚。

评析： 在大陆法系，特别是德日的刑法中，教唆未遂是指教唆行为已经实施，正犯尚未至于着手实行犯罪的情况。① 比如，甲教唆乙去盗窃，乙却没有决意犯罪或虽决意但未着手实行。关于教唆未遂情况下的教唆行为人是否应可罚，“共犯从属性说”与“共犯独立性说”的认识截然不同。

共犯从属性说，又称客观说，以客观主义共犯论为基础，认为教唆犯从属于实行犯而使教唆犯具有犯罪性与可罚性，在故意犯罪的阶段上自然也应当与实行犯相一致。② 所以，(1) 教唆没有引起被教唆者实行犯罪决意的场合当然不可罚；(2) 虽然教唆犯引起了被教唆者实行犯罪的决意，但实际上没有去实行的场合也不可罚；(3) 因教唆使被教唆者产生了实行犯罪的决意，虽然实行犯着手实施了犯罪，但却没有达到既遂的场合，只有法律规定处罚该罪的未遂时，作为该罪的教唆犯的未遂犯才予以处罚。③

共犯独立性说，也称主观说，它从犯罪征表说的立场出发，强调教唆犯的教唆行为是一种独立的罪型，对其犯罪阶段的划分，应以教唆行为本身是否已得逞为标准。④ 依该说在上述三种

---

① 参见马克昌著：《比较刑法原理》，武汉大学出版社 2002 年版，第 715 页。

② 参见贾宇：《教唆犯理论的初步比较研究》，载《河北法学》1991 年第 2 期。

③ 参见 [日] 野村稔著：《刑法总论》，全理其、何力译，法律出版社 1999 年版，第 420 页。

④ 参见贾宇：《教唆犯理论的初步比较研究》，载《河北法学》1991 年第 2 期。

情况下，只要法律规定处罚未遂罪，便能够作为未遂犯的教唆犯加以处罚。①

上述西田教授的回答，我们可以看出对于教唆未遂的性质认定，西田教授持共犯从属性的立场，而且这种观点也得到当今日本刑事司法界判例的广泛支持。我认为，对于教唆未遂的性质认定，若采取共犯从属性说的立场，与采纳共犯独立性的理论相比确实更为可取，在客观上也有利于缩小共犯的处罚范围，符合刑法的谦抑性。但对于教唆未遂性质的认识若采取共犯从属性说也并非不存在疑问，因为按共犯从属性说，共犯行为作为其本身是不具有犯罪性的，共犯从正犯处“借用”了正犯的犯罪性与可罚性，由此才有了责任根据。但是，有他人的犯罪性和可罚性才形成自己行为的犯罪性和可罚性这一思想，与作为近代刑法根本的个人责任的原理是有矛盾的。② 所以，对于教唆未遂的法律性质是否应当完全坚持共犯从属性说仍然值得进一步研究。

在我国刑法理论及实践中，同样存在教唆犯的未遂形态，根据我国刑法的规定，我国有不少学者将教唆犯的未遂形态区分为“未遂的教唆”和“教唆的未遂”两种具体情形。③ 尽管学者们对“未遂的教唆”和“教唆的未遂”的概念认识不尽一致，但大都认为在我国可属于教唆未遂的情况相当广泛，归纳起来，可以存在以下具体情形：（1）被教唆人接受了教唆并进行了犯罪预备，但因意志以外的原因被迫停止着手实行犯罪的；（2）被教唆人接受了教唆并进行了犯罪预备，但随后自动中止犯罪的；（3）

---

① 参见［日］野村稔著：《刑法总论》，全理其、何力译，法律出版社 1999 年版，第 421 页。

② 参见［日］木村龟二主编：《刑法学词典》，顾肖荣等译，上海翻译出版公司 1991 年版，第 388 页。

③ 参见马克昌、杨春洗、吕继贵主编：《刑法学全书》，上海科学技术文献出版社 1993 年版，第 153 页。

被教唆人接受教唆并着手实行被教唆的罪，但因意志以外的原因未得逞的；(4) 被教唆人接受教唆并着手实行被教唆的罪，但在犯罪过程中自动有效地中止犯罪；(5) 教唆犯的教唆行为未实行终了，被他人制止或者被教唆人拒绝接受教唆；(6) 教唆行为实行终了，但被教唆人拒绝接受教唆；(7) 被教唆人接受了教唆，产生犯意之后又自动放弃了犯罪意图，也未进行犯罪预备的；(8) 被教唆人接受了教唆并产生了犯罪意图，但又改变了犯意，实施了其他犯罪的。

我国刑法之所以对教唆犯的未遂存在的范围的认识如此广泛，究其根源是由我国刑法理论对教唆犯的性质和犯罪未完成形态的认识所致。就教唆犯而言，根据我国立法对教唆犯的规定，通说的观点从主客观相统一的立场出发，认为在我国教唆犯的成立只需要行为人主观上具有教唆的故意和客观上具有教唆的行为即可，也就是说，被教唆者是否实施被教唆之罪的实行行为对于教唆犯成立的意义不大。所以，我国刑法对教唆犯法律性质的认识与上述日本判例态度相比，实际上是更关注教唆犯的独立性。我认为，尽管教唆犯是犯意的制造者，具有较大的主观恶性，但在共同犯罪中毕竟要通过正犯之手才能完成犯罪，因此，不关注教唆犯的实行从属性，过于强调其独立性也并非恰当。

综上所述，教唆未遂是一种客观存在的社会现象，对于这种现象如何在刑法上予以规制和处理，是单独采纳共犯独立性说的理论还是共犯从属性说的立场？抑或兼取二者之长走一条折中之路，依然是中日两国刑法学者共同面临的课题。

四、关于“教唆犯中实行过限”的处罚原则

提问者（林亚刚教授）：请问，在被教唆者实行过限时，对实行过限的部分，教唆犯是承担既遂犯的刑事责任，还是以未遂论处？

西田典之教授：被教唆者实行过限时，根据“犯罪共同说”、“行为共同说”和“部分犯罪共同说”得出的结论会存在一定的差异。现在以“部分犯罪共同说”为基础来认定实行过限在日本有广泛影响。按照该理论，首先认定在重合部分成立共同犯罪，但对过限行为人却要按照其所实施的过限罪定罪处罚。

评析：教唆犯中的实行过限，是指被教唆者所实行的超过教唆者的教唆范围的行为。① 比如，A教唆B伤害X，B却杀害X的情况。在被教唆者实行过限时，对实行过限的部分，教唆犯是承担既遂犯的刑事责任还是以未遂论处？在日本刑法理论中由于学者们对共同犯罪“共同”内涵存在不同认识素来存在争议，现在最有力的主要是“犯罪共同说”同“部分犯罪共同说”之间的对立。

犯罪共同说，又称“完全的犯罪共同说”、“强硬的犯罪共同说”，认为在共同犯罪的场合，教唆犯是从属于正犯而成立的，所以上述案例中，由于B是实行犯，A的罪名从属于B的罪名，故A是杀人罪的教唆犯，但对A只能按照故意伤害罪的法定刑处罚。② 但这种处理结果由于认定A是杀人罪的教唆犯，与A仅仅实施了教唆B伤害X的基本事实不符，实际上在根本上又破坏了完全犯罪共同说的理论基础，由此而遭到了理论界，特别是来自主张部分犯罪共同说学者的质疑和批判。

部分犯罪共同说指出，二人以上虽然共同实施了不同犯罪，但当这些不同的犯罪之间具有重合性质时，便可以在该重叠部分成立共同犯罪。在上例中，A、B在伤害罪的范围内成立共同犯罪，但由于B实施了故意杀害X的行为，所以，B也应当承担

---

① 参见吴振兴著：《论教唆犯》，吉林人民出版社1986年版，第183页。

② 因为日本刑法第38条第2款的规定：“行为符合重罪，但行为进行时不知符合重罪这一事实，不得按重罪处罚。”

故意杀人的刑事责任。① 部分犯罪共同说本是德国刑法理论的通说，德国的司法判例也采取部分犯罪共同说，但近年来部分犯罪共同说在日本刑法理论界也产生了广泛影响，日本的审判实践也基本上采取部分犯罪共同说。

但是，部分犯罪共同说也面临着理论困境，比如日本著名学者前田雅英教授指出，当“A以杀人故意、B以伤害故意共同对X实施了暴力，导致X死亡时，根据部分犯罪共同说，A、B在故意伤害致死的范围内成立共同正犯，但结局对A应当认定为故意杀人罪。在这种情况下，先肯定A的行为构成故意伤害致死罪，后又认定A的行为构成故意杀人罪，导致难以说明二者之间的罪数关系”。② 同样，在上述A教唆B伤害X，B却杀害X的情况下，一方面认定B成立故意伤害罪，同时又认定B构成故意杀人罪，这就导致对B的一行为进行了数次评价，违背刑法中的禁止重复评价的基本原则。

在我国刑法中，对于实行过限学者们分为两种情况处理，一种是重合性过限，另一种是非重合性过限。所谓重合性过限是指被教唆者实行的犯罪与教唆者所教唆的罪之间具有某种重合性情况下而发生的过限，比如甲教唆乙伤害丙，乙却杀害了丙的情况。而非重合性过限的情况相对简单，比如甲教唆乙去盗窃，乙在盗窃之后，又强奸了被盗窃家的妻子，就属于非重合性过限。③

我国刑法理论坚持主客观相统一的定罪原则，从这一基本原

① 参见张明楷著：《刑法的基本立场》，中国法制出版社2002年版，第262页。

② 参见张明楷著：《刑法的基本立场》，中国法制出版社2002年版，第258页。

③ 参见吴振兴著：《论教唆犯》，吉林人民出版社1986年版，第183～184页。

则出发，对于过限部分由于没有共同犯罪的意思联络，缺乏成立共同犯罪的主观事实基础，当然不宜认定行为人之间成立共同犯罪。但是否可以得出教唆者对过限部分一概不承担责任的结论？我认为需要具体分析。比如在上述实行过限的场合，甲由于不存在杀人的故意，当然甲、乙不能成立故意杀人罪的共同犯罪，但如果甲对乙可能杀害丙的事实有预见或存在预见的可能，就不宜一概免除甲对丙的死亡应当承担的过失责任。

五、关于“组织犯”与“共谋共同正犯”的优越比较

“组织犯”和“共谋共同正犯”分别是中日两国刑法规定的特色之所在，尽管两者规定的初衷可能不同，存在的法治环境不一样，但仍然存在一个优越比较问题。该问题是与会者在评议阶段提出的，对此，我国学者陈兴良教授的观点是明确的，陈教授认为对于认定有犯罪集团这种共犯形态，我国刑法关于组织犯的立法与日本共谋共同正犯相比具有优越性。

评析：共同犯罪是一种复杂的社会现象，在刑法理论上，根据共同犯罪的形式，就有简单的共同犯罪与复杂的共同犯罪的分类。所谓复杂的共同犯罪，是指共同犯罪人之间存在一定分工的共同犯罪，组织犯就是其中的共同犯罪人之一，对此，我国刑法总则中对组织犯有提示性规定。与司法实践的需要相一致，理论上认为，组织犯是指组织、领导犯罪集团或者在犯罪集团中起策划、指挥作用的犯罪分子。在日本共同犯罪司法实践中，也同样存在犯罪的组织行为，由于其刑法将（广义的）共犯分为实行犯、教唆犯和帮助犯，并无组织犯的规定，为了有效打击共同犯罪，便对实行行为予以扩张解释，对司法实务中存在具有组织性的共同犯罪中，未实施实行行为但为实行犯罪进行的组织行为之人，定义为“共谋共同正犯”，对其处正犯之刑。在日本的现行

刑事立法体例下，这种做法也不失为解决组织犯刑事责任的有效途径，但是从概念的科学性而言，犯罪的“组织行为”毕竟同犯罪的“实行行为”有别，将犯罪的组织行为与犯罪的实行行为相提并论，其科学性确实值得怀疑。因此，我赞同陈兴良教授的上述评价所持的基本观点。

但是，值得讨论的是：在我国已有了组织犯立法规定的情况下，是否就不需要借鉴“共谋共同正犯”的概念呢？我认为即使在我国现行立法体例下，仍然有借鉴共谋共同正犯概念的必要。

共谋共同正犯是指二人以上就共同犯罪的实行进行谋议，确定担当实行行为者，在担当实行行为的一部分人实施实行行为的情况下，没有担当实行行为只是单纯参与谋议的行为人也应当承担共同正犯的责任的一种犯罪形态。① 共谋共同正犯原本是日本刑法共同犯罪理论中的特有概念，由日本法官草野豹一郎首倡，旨在解决仅参与共谋而未亲自实行行为者、特别集团犯罪幕后主持者的责任。对此正如日本古典学派学者泷川幸辰指出的：“今日是犯罪集团的时代。在集团犯罪中，担当犯罪的实行者原则上是地位低下的小人物，而可称为中心人物的大人物，则是幕后的主持者。只处罚实行者不能达到处罚的目的。因为此种必要，所以扩大共同正犯的范围，而设计出来共谋共同正犯的一种共犯。”② 对于日本刑法中的这一概念所反映的犯罪形态在我国则可包括两种具体情形：一为犯罪集团中的组织犯，另一种则是一般共同犯罪中仅参与共谋而未实行的行为人。我国刑事立法已经有了组织犯的规定，这为解决集团犯罪中的仅参与共谋而未实行的组织犯的刑事责任提供了法律依据。但是在一般的共同犯罪

① 参见林亚刚：《共谋共同正犯问题研究》，载《法学评论》，2001年第4期。

② 参见周治平：《共谋共同正犯引论》，载蔡墩铭主编：《刑法总则论文选辑》（下），台湾五南图书出版公司1984年版，第594页。

中，同样存在行为人共谋而没有具体参与犯罪实行行为的现象，对于这一现象根据传统的共同正犯理论将仅参与共谋者认定成立正犯，是难以合理解释的，因此，借鉴共谋共同正犯的概念对于完善我国刑法理论具有积极意义。近年来，我国已有学者已经注意到该问题，并立足于我国刑法理论与司法实践的实际情况对共谋共同正犯作了较为深入的研讨，具体内容可参见我国学者所撰写的相关论文。①

① 参见林亚刚：《共谋共同正犯问题研究》，载《法学评论》，2001年第4期。

共同过失与共犯研讨综述

叶小琴①

2002年10月12日（周六）下午，郑州大学法学院院长张绍谦教授和东京大学的山口厚教授主持了共同过失与共犯的研讨，清华大学的张明楷教授和大阪大学的佐久间修教授均作了题为《共同过失与共犯》的主题发言。

张明楷教授首先主讲。他回顾了旧中国共同过失犯罪学说史上“肯定说、否定说、折中说”的分歧和立法史上“全面肯定→部分肯定→全面否定”的过程；分析了刑法理论在立法变迁中所起的重要角色，认为旧中国关于过失犯罪与共犯的关系采取了“新派→主观主义→行为共同说→承认过失的共同犯罪；旧派→客观主义→犯罪共同说→否认过失的共同犯罪”的定式。

对于新中国两部刑法中共同犯罪的规定，张教授分析了三种观点的不足，认为否认过失共同犯罪的通说并没有说明共同犯罪本质特征的根据，对于各行为人所起作用相同和可分别定罪量刑的理由也与事实不符；仅承认结果加重犯的观点在否认过失的共同正犯和肯定结果加重犯上给人自相矛盾的感觉且需进一步论证行为的共同；承认各种过失的共同犯罪同时主张对各行为人分别定罪处罚的观点丧失了承认过失共同犯罪的意义。根据立法者规

① 叶小琴，武汉大学法学院2001级刑法学硕士研究生。

定共同犯罪的原因、目的和中国严格限制刑法处罚范围的传统，他认为现行刑法并没有承认过失的共同犯罪。

对于《最高人民法院关于审理交通肇事案件具体应用法律若干问题的解释》，张教授认为《解释》第 7 条的规定没有言明“以交通肇事罪的共犯论处”，故不能肯定本条肯定了过失的共同犯罪，只是意味着强令、指使司机违章驾驶车辆的行为属于刑法分则规定的交通肇事罪的实行行为，对交通肇事罪实行行为的这种相当缓和的解释暴露出否认过失的共同正犯的缺陷；同时，对于刑法第 133 条第三种情形的规定和《解释》第 5 条第 1 款与第 2 款，由于将“因逃逸致人死亡”理解为结果加重犯、数罪或者是特殊的结合犯、不作为的故意杀人都值得商榷，而且指使司机逃逸者可能对被害人的死亡持过失态度以及基本犯这一前提条件的缺乏，张教授认为很难既否认过失的共同犯罪，又赞成《解释》；但事实上，在审判实践中存在悄悄按共同犯罪的原则处理共同过失犯罪的情况。

对于刑法理论上区分过失共同犯罪与共同过失犯罪并将前者仅限于过失共同正犯，应按照共同犯罪处理的主张，张教授进行了分析，认为其示例是过失的竞合，其提出的共同过失犯罪的成立条件有待进一步研究，其观点只是一种立法建议。

最后，张教授认为试图从解释论上肯定过失的共同犯罪是几乎不可能的；但是从立法论上看，鉴于部分实行全部责任的原则与共同正犯的关系，可以肯定过失的共同正犯，随之也可以肯定结果加重犯的共同正犯；不过，过失的教唆与过失的帮助，以及教唆、帮助过失犯则不应成立共犯。

随后，佐久间修教授主要就共同过失和“组织性过失”的犯罪成立的要件主讲。佐久教授认为，“二战”前后日本判例的发展动向决定了学说中过失共同正犯是否成立的讨论。“二战”后，违反特别法的情况、业务过失致死罪、业务上失火罪的过失共同正犯被判例所确认；与此相呼应，就构成要件过失的中心，犯罪共同说转而主张由共同危险行为惹起客观性结果为已足，脱离了共同行为标准之行为可以成立过失共同正犯的见解成为多数说。佐久教授认为刑法第 60 条规定的共同正犯在主观面上只要各共同者具有以其他共同者的行为补充自己的行为的意思就够了，共同实行的意思需从期待同事实施符合义务的行动，懈怠了自己的注意义务的不注意的主观态度去探求。对于上下级确定的监督过失，同时正犯理论是一种有力的理论，但如果只有背后的上位者掌握了使得该业务具有危险性的信息时，其设定了犯罪行为的加担者具有相等的原因力使其难以解释，此时各个能够采取避免结果措施的责任者不同，应当不限于其背后人单独成立过失犯，而有必要确认不同共同正犯类型，以根据各人不同作用科处相应的刑罚。在欠缺作为直接正犯必要的注意能力而被作为工具利用的情况下，背后的人应成立间接正犯。因此，在位于上位者与下位者之间被课以不同的注意义务的情况下，对于过失的共同正犯和监督过失能够认定共同意思和共同实行。

对于过失犯的共犯，佐久教授认为必须考虑是出于过失的共犯行为，这样分别根据行为共同说和犯罪共同说，能够认定过失犯的教唆犯和帮助犯属于过失犯的从犯。过去的判例认为过失犯的教唆、帮助都是不可罚的，但其“没有故意的行为，只在有特别规定时才处罚”的否定依据是对总则和分则关系的误解；而且，共同正犯的情况是不同的，从犯时相互性意思的联络也不需要，即便是共犯者的片面协助行为，只要客观上使得正犯的实行行为易于实行，就可作为过失正犯的片面共犯，在现行法上也能够处罚。不过，佐久教授认为由于欠缺“使对方实行犯罪”的表象、容认和共犯从属性的限制，出于过失的教唆、帮助的可罚性必须被否定。

对于结果加重犯的共犯部分，佐久教授认为日本的判例以基本犯和加重结果之间具有因果关系为已足，理论上结果加重犯的构造也不过是故意的基本犯与过失的结果犯的结合形态。对于基本犯是共同（意思），但对重结果欠缺表象、容认的情况下，只要对刑法第60条规定的“共同（实行）”理解包含着行为人不注意的行为，对于共同实施了故意的基本犯的实行者而言，就过失部分认定共同正犯也无不妥。同时，佐久教授认为结果加重犯的教唆、帮助者使得正犯对过失部分产生“犯意”，在肯定过失犯的教唆、帮助的延长线上，必须肯定结果加重犯的教唆、帮助；而且只要存在客观性注意义务的违反和具有具体的预见可能性，对于惹起或者促进了结果加重犯的狭义的共犯就可以适用该加重类型。即使对所有的过失犯的共犯（广义）予以否定，从具有因果关系作为处罚依据的判例的立场看，对于结果加重犯的教唆、帮助也是可罚的。不过，在所谓的危险性完全不能认识的情况下，对于结果加重犯的成立范围是一个限制。

最后，对于组织过失中的共同过失，佐久教授认为，监督过失中共犯论的意义就在于当一般董事将危险性事项搁置一旁的情况下认定与过失正犯相适应的实行行为性；同时个别考察过失犯中共犯的可罚性，说明其实质性的处罚依据。组织体的经营者认识到违反行政法规从事的事业具有危险性而敢于继续违法经营的结果与在现场的担当者相辅而引起重大事故时，否定过失共犯论者主张的形式意义上的处理方法是有疑问的；行为人是领导着实质的事业活动的具有优越支配行为的首谋，鉴于其对未必性或抽象性结果有认识这一点，即使不成立过失的同时（正）犯或者间接正犯，至少应当作为是对现场担当者的过失正犯有助长（故意）的共犯予以处罚。此外，对于结果加重犯中过失部分非故意的参与者的可罚性问题也有再探讨的余地。

接着，两位主讲人之间，会议代表与主讲人之间主要就以下问题进行了讨论：

一、共同犯罪理论的价值

对于共同犯罪理论，陈忠林教授产生了这样的疑问：共同犯罪究竟是一个行为一个罪还是几个行为几个罪？如果是一个行为一个罪，那么如何解释共同犯罪人的责任问题？教唆者按照故意伤害致死罪处理，被教唆者构成杀人罪处理，一个行为为什么存在不同的行为形态？如果是几个行为几个罪，共同行为如何解释？

佐久间修教授认为，复数人造成一个结果且均符合分则的犯罪构成时是单独犯。但在实践中，存在这样的情况：行为人只实施了部分行为或仅仅以某种方式参与犯罪，但均对犯罪结果的发生产生了影响，共犯理论是为了解决这些场合的定罪量刑问题。教唆杀人的虽未实行杀人行为，但根据总则可处罚，但总则的规定将分则的规定扩展了。

二、承认过失共同正犯的理论挑战

齐文远教授认为过失共同正犯理论在中日两国都面临挑战。日本的刑法分则以单独犯的既遂为模式，而且日本刑法以处罚故意犯为原则，处罚过失犯为例外，过失共同正犯理论的提出动摇了这个原则。在中国，如果承认过失共同正犯，如何解决罪刑均衡将会成为一个问题。

佐久间修教授认为，日本刑法确实以处罚故意犯为原则，处罚过失犯为例外，但这与处罚过失共同正犯不矛盾。如共同过失致人死亡，刑法第 210 条规定才处罚。在分则中，对单独犯的处罚只有刑法有规定才处罚，而对于共犯是根据总则 60 条的共犯规定处罚，这里，刑法第 38 条的规定不能适用。

张明楷教授认为，罪刑均衡不能是抽象的罪刑均衡，如两人共同过失导致他人死亡时，两人的行为都与死亡结果有因果关系，其刑事责任都要与刑法相适应。

三、犯罪共同说与中国过失共同犯罪的立法取向

西田典之教授认为中国立法上不承认过失的共同犯罪在于中国的通说采取犯罪的共同说。那么，当甲有杀人的故意，乙有伤害的故意，不知道谁的刀子将丙杀死时，在日本一般是甲构成故意杀人罪，乙构成故意伤害致死罪，而在中国如何处理这类事情，西田教授感到疑惑。

佐久间修教授也认为，由于中国的立法不承认过失的共同犯罪，那么两人的共同行为造成结果发生，谁的行为与结果之间有因果关系不能确定时，中国有学者主张构成过失的共同犯罪，实践中处理时会存在困难。

张明楷教授认为，中国有些学者就某些情形构成过失的共同犯罪的主张要看是从解释论还是立法论的立场，如果从立法论的立场讨论，作为一种建议，是可行的；但从解释论的角度则行不通。而在司法实践中则很混乱，有时按照过失的共同犯罪处理，有时不认为是犯罪。同时，张教授表示支持部分犯罪共同说，甲故意杀人，乙故意伤害致死，对致死部分以外成立共同正犯。例如，甲乙共同盗窃，甲望风乙进屋盗窃，后为了窝藏赃物乙实施抢劫行为，那么甲乙在共同犯罪的范围内成立盗窃罪的共犯，乙另成立抢劫犯，是在共同犯罪的基础上定罪的。

佐久间修教授同意张教授的观点，认为在伤害致死罪的范围内成立共同犯罪，对杀人行为另定杀人罪。

西田典之教授认为两位教授的主张对致死行为进行了双重评价。

佐久间修教授认为，伤害致死只评价到伤害为止，杀人则评价后面的行为，无双重评价。

张明楷教授也认为无双重评价，因为中国不承认过失的共同

正犯，故对致死不能成立共犯，共犯只到伤害为止。

同时，高桥则夫教授和张明楷教授进一步表示，中国不可能对伤害致死成立共同正犯，只能对伤害成立共同正犯，对致死只能按照单独犯处理。

四、过失共同犯罪的存在范围

刘艳红副教授认为，既然故意犯罪中存在教唆犯、帮助犯，而共同犯罪的犯意忽左忽右，如果不存在过失的共同犯罪的犯罪人的分类，不存在过失的教唆犯、帮助犯，只存在过失的共同正犯，就与解决复数犯罪人的复杂刑事责任问题这一共犯制度的宗旨相违背。

佐久间修教授认为，过失犯除了共犯问题外，还需要关注共同的注意义务，过失犯的教唆犯和帮助犯不能成立犯罪，因为立法有明文规定，但是对过失犯的故意教唆与故意帮助可以从解释论上存在。

五、过失共同犯罪的意思联络

佐久间修教授认为中国的立法否定过失的共同犯罪，根据在于行为人缺乏共同的犯意联络。但是，如果两人在屋顶往下扔砖瓦，两人之间存在意思联络，此时仍否认过失的共同犯罪就没有根据了。

张明楷教授认为，中国的通说中的犯意联络是指故意，不包括过失，所以在上例中仍然可以否定过失的共同犯罪。不过，张教授认为过失共犯中只要有心理联络即可，不一定要客观上的犯意联络，只要有一般的意思联络就可认为构成过失的共同正犯。

六、过失共同犯罪的共同注意义务

林亚刚教授认为，故意犯罪不存在具体的义务；结果加重犯的场合造成严重结果发生时，教唆者、帮助者、实行者都具有共同的注意义务。

佐久间修教授认为，以学说的通说来说，共犯人的共同注意义务是对过失犯的共同正犯来说的，在教唆犯和帮助犯的场合不存在此问题，实行犯的注意义务违反与教唆犯的注意义务违反是两个问题；但判例中，只要对基本犯存在过失即可。在工地上两人共同作业时，如果一方对另一方有监督的责任，则认为存在共同的注意义务。例如，两人在屋顶往下扔砖瓦，即具有共同注意义务。反之，如果甲与乙均无航行经验，两人共同驾驶船舶出海，甲还提醒乙注意安全，结果发生事故时，因为驾驶船舶的是乙，故不存在过失犯的共同正犯，也就不存在共同的注意义务。

对此，王安异博士产生了这样的疑问：屋顶扔砖瓦的案例是否可以认为不同的罪过形式可以构成共同犯罪？

佐久教授认为，故意犯和过失犯的共犯是不成立的，过失犯的场合如果介入了故意犯，则因果关系中断，过失犯不成立，但故意犯是否成立则要具体考察立法。

七、结果加重犯与共犯

讨论共同过失与共犯，对于这样的问题不能不加以考虑：行为人教唆他人犯罪，但造成加重结果，如何处理？例如，甲教唆乙故意伤害，但造成被害人死亡，甲对此的责任？

佐久间修教授认为，日本的判例认为伤害致死罪中行为人对致死部分不需要存在过失，教唆犯更是如此，所以甲要承担伤害致死罪的教唆犯。

八、“组织性过失”的犯罪成立要件

对于监督过失的存在范围，张明楷教授产生了这样的疑问：在监督过失与管理过失中，几乎每个监督者也是被监督者，监督过失责任追究责任到哪一个层次为止？对他人的故意犯罪所造成的结果，存在过失的管理者是否承担刑事责任？如果博物馆管理人员因过失未建立安全制度，造成文物被盗，是否要承担责任？

佐久间修教授认为，以过失责任追究责任时是有限制的，行为人与结果有直接关系时，才追究责任。例如，公司的总经理直接参与了决策的作出，就必须承担过失责任。同时，日本对人身权利的伤害才追究过失责任，对财产犯罪不追究过失责任。如果上例中将文物被盗改成火灾，造成人身伤亡，则可以追究博物馆管理人员的过失责任。

中日两国的刑法分则均以单独犯的既遂为模式，但实践中具有严重社会危害性的行为是纷繁复杂的，特别是二人或二人以上基于相同或不同的罪过形式共同造成危害社会的结果的情形。于是，就会产生一系列的问题：是否处罚参与者？处罚哪些参与者？处罚参与者的哪些行为？如何处罚参与者？这直接促使了共犯理论的产生。故意的共同犯罪在中日两国刑法理论上已形成共识，但共同过失行为呢？中国现行刑法没有承认过失的共同犯罪，日本现行刑法没有否认过失的共同犯罪；中国的审判实践中存在着悄悄按共同犯罪的原则处理共同过失犯罪的情况，日本自昭和 28 年 1 月 23 日最高法院的判决以后的判例也并非全部肯定了过失的共同正犯：两国的刑事司法实践均昭示了承认过失的共同犯罪的必要性。但是，承认过失的共同犯罪应基于何种立场、出于何种理由、在何种范围内等问题仍需进一步探讨！此种情境之下，中日两国刑法学者的直接对话显得弥足珍贵。

作为共犯论的两大基本立场，犯罪共同说有否定过失共犯的强烈倾向，行为共同说一般是肯定过失共犯，但是日本学界也有站在犯罪共同说的立场上承认过失共犯的见解。我国现行刑法的规定使得从解释论上肯定过失的共同正犯显得非常困难，肯定过失的共同正犯必须从立法论着手。虽然我国现行刑法并没有承认过失的共同犯罪，但《最高人民法院关于审理交通肇事案件具体应用法律若干问题的解释》中仍然保留了某些情形下承认过失的共同犯罪的余地。

在这场研讨会中，中日两国学者畅所欲言，既凸显了是否承认过失的教唆犯和帮助犯的分歧，也产生了承认过失的共同正犯和结果加重犯的共同正犯之共鸣。中日两国刑法的犯罪构成理论不同，与共犯相关的刑法规范不同，存在分歧是正常的，但结论是次要的，沟通与思想的碰撞才是关键。总体说来，这场研讨会为过失共同犯罪理论的深入探讨提供了契机，使过失共同犯罪理论得到了进一步发展。

间接正犯研讨综述

赵 慧①

本场报告由佐久间修教授和齐文远教授主持，日方高桥则夫教授和中方陈兴良教授分别作了《间接正犯》、《间接正犯：以中国的立法与司法为视角》的精彩报告。在会议休息后，与会代表就报告者提出的问题进行了热烈、友好的讨论，现将讨论内容整理如下：

提问者（高桥则夫教授）：陈教授，您主张在中国刑法共犯理论中引入间接正犯概念，但中国现行刑法中并没有间接正犯的规定，这是否会对中国现行的共犯分类造成冲击，从而促使中国刑法的共犯分类倾向于日本的共犯分类呢？

陈兴良教授：中国刑法理论界一般认为中国的共犯分类分为法定的分类和理论上的分类。刑法学者通常结合这两种分类来解释刑法中的共犯，即根据实行犯在共犯中的作用，到底是起主要作用还是起次要作用把实行犯分别归属于主犯和从犯。因此，在共犯中引进间接正犯概念不会给现有的共犯分类造成冲击。当然这仅是从刑法解释论的立场得出的结论，就我个人而言，我对中国刑法所规定的共犯分类持有不同的看法。

提问者（高桥则夫教授）：在中国，能否有另一种可能，即

① 赵慧，武汉大学法学院2002级刑法学博士研究生。

间接正犯定位于教唆犯，然后把教唆犯分为主犯和从犯进行处理呢？

陈兴良教授：中国刑法第29条规定，教唆未满18周岁的人犯罪的，应当从重处罚。对此规定，有学者认为，未满18周岁的人应包括未满14周岁的人在内。但中国刑法学界一般认为，此处的未满18周岁的人只应解释为已满14周岁未满18周岁的人在内，因此，不能把间接正犯解释到教唆犯内。在过去中国的司法实践中，由于间接正犯概念的缺失，也有把教唆未满14周岁的人进行犯罪的作为教唆犯进行处理的案例。但现在间接正犯开始在中国理论界和实务界受到重视，如最高人民法院主持的《刑事审判参考》中有这样一个案例，母亲教唆未满14周岁的儿子杀死其父亲，在该案件讨论中，有几种不同的意见，一种观点认为应认定为教唆犯，一种观点认为应认定为传授犯罪方法罪，最后法院以间接正犯对该母亲进行处理。因此，从该案例可以看出，间接正犯已经进入了中国司法界的视野。

提问者（高桥则夫教授）：您把间接正犯的着手定义为利用人的利用时期，这是否与中国处罚教唆犯的未遂有关系呢？对于这种着手的认定是否有意义呢？

陈兴良教授：在中国，教唆犯是一种特殊的共犯行为，因此在确定教唆犯的行为时，以教唆犯本身的行为的着手作为教唆犯行为的着手，而不是以正犯的着手为转移。间接正犯的行为也是如此，因此，只要利用人的行为着手了就应认定为间接正犯的着手，而不是以被利用人的行为着手来认定间接正犯的着手，两者存在一定的联系。

提问者（陈兴良教授）：我想问的是关于间接正犯在刑法体系中的地位。传统的刑法理论一般把间接正犯放在共犯论中进行研究。但在日本，也有学者认为，间接正犯是实行行为问题，应放在实行行为中进行研究。那么，这种观点在日本是主流观点吗？

高桥则夫教授：在日本刑法学界，关于间接正犯在刑法体系中的地位问题，很难说哪一种观点占主流。如在座的山口厚教授就把间接正犯放在构成要件中进行研究，就我而言，我是在与其他共犯形态进行区分的意义上把间接正犯放在共犯中进行研究的。

提问者（陈兴良教授）：在利用有故意的工具中，如果甲有破坏通信设施的故意，故意诱使乙陷入错误而认为该通信设施是没有使用价值的设施而进行盗窃的行为。在此情况下，被利用人的行为是一种故意行为，甲具有教唆乙盗窃通信设施的行为，乙只有盗窃通信设施的行为。由于甲既具有教唆盗窃通信设施的故意，又有故意破坏通信设施的行为，从而成立两罪观念的竞合犯。那么，对该行为在日本刑法中又是如何处理的呢？

高桥则夫教授：在本案中，由于被利用人的规范性障碍轻，因此应构成间接正犯，同时由于盗窃罪也成立，两罪之间成立观念的竞合。由于盗窃罪的刑罚较轻，按毁坏财物罪进行处理。但日本司法实践中如何处理，还没有明确的依据。

提问者（陈兴良教授）：您认为利用者实施利用行为时，间接正犯构成着手，如被利用人未着手实行犯罪时，利用者构成犯罪预备，而在被利用者行为之时则构成未遂。根据不同的标准来判断间接正犯的着手是否破坏了间接正犯着手认定标准的统一性呢？同时，在日本刑法中间接正犯的未遂是否具有可罚性，如处罚，是否与日本刑法中不处罚教唆犯未遂的精神相违背呢？

高桥则夫教授：我之所以把间接正犯着手规定为被利用者的着手是与我的未遂观点有关的。未遂之所以处罚主要是因为它对法益具有具体的危险性，在间接正犯中，被利用人的行为的存在实际上具有法益的具体危险性，因此与我的观点是一致的。在日本刑法中之所以不处罚教唆犯的未遂，主要是考虑到其教唆犯的未遂不具有具体的危险性的发生，因此不处罚教唆犯的未遂。

提问者（高桥则夫教授）：您刚才所举的间接正犯案件中的

小孩到底多少岁？

陈兴良教授： 12 岁。

提问者（高桥则夫教授）： 我之所以问年龄是因为我在我刚才所举的案件中，母亲指示、命令 12 岁多的孩子实施抢劫行为在日本判例中是作为共同正犯进行处理的。因此，比较两者的不同很有意义。我想问的是，这个案例的小孩在中国司法能否构成共同正犯进行处理？

陈兴良教授： 在中国刑法中，构成犯罪要求行为人必须达到法定责任年龄，在共同犯罪中也是如此。在该案中，由于小孩只有 12 岁，还没有达到中国刑法所要求的刑事责任年龄，因此不能构成共犯。在日本刑法中，要构成犯罪只考虑行为人是否具有责任能力而不考虑行为人的年龄。我想问的是，该小孩构成了共同犯罪是否一定要进行处罚，如处罚，是否意味着日本司法实践中采取了行为共同说？

高桥则夫教授： 在日本，这是共犯从属性问题。原来日本采用严格限制说，既要求具备构成要件该当性、违法性和有责性才成立共犯，而现在则主张限制从属性，只要求具备构成要件该当性、违法性就够了。如果刚才所举案例中的小孩有辨别能力，在日本司法中可能认定为共谋共同正犯。

提问者（陈兴良教授）： 如果小孩没有达到法定年龄却个人实施犯罪，如何处理？

高桥则夫教授： 日本刑法规定要 14 周岁的人才构成犯罪，在该案件中，由于小孩只有 12 周岁，因此不构成犯罪（日本刑法第 41 条规定“不满 14 岁的人的行为，不处罚”。编者注）。

提问者（山口厚教授）： 向陈兴良教授问两个关于有故意的工具的问题。

1. 在您所举的案件中，被利用人和利用人故意内容不一样，在中国刑法中是不构成共犯的，但您认为又构成间接正犯。对此，您有什么实质性根据呢？

陈兴良教授：故意内容是否相同要根据刑法规定进行确定，在我所举的例子中，两者的故意内容不同，一个是盗窃罪的故意，一个是故意破坏通信设施罪的故意，因此，两者只能在盗窃罪方面成立共犯。由于在该案件中，利用人主观上有利用他人实施破坏通信设施的故意，客观上又有故意唆使他人盗窃通信设施的行为，因此符合中国刑法理论中的间接正犯的构成。

2. 如果两者的故意都一样，利用人和被利用人都有杀人故意，是否成立间接正犯。同时，您怎样将这两种情况下的间接正犯正当化？

陈兴良教授：在中国 1979 年刑法中有故意杀人罪和反革命杀人罪的规定，如果行为人以反革命杀人的故意唆使他人杀人，在此情况下，利用者成立反革命杀人罪，而被利用者成立故意杀人罪。如果利用人和被利用人的目的完全一样，则构成共同犯罪而不是间接正犯。

提问者（童德华博士）：高桥则夫教授曾经在自己的著作中谈到这样一个例子，C 知道 A 有意杀 B，就使得 A 把 C 本人意欲杀害的 D 误信为 B，C 利用 A 的这种错误而杀死了 D。在这个案例中，高桥教授认为成立间接正犯。由于在此情况下，利用的故意工具也构成犯罪，没有意思的沟通，如何实现行为的支配呢？能否抛弃“正犯背后的正犯”而提出“正犯背后的帮助犯”或“正犯背后的共犯”呢？

高桥则夫教授：我认为对于该案件有两种可能处理方法。由于 C 支配了被利用人的行为，可以理解为一种优越的行为支配。但也有可能构成间接帮助犯。当然，如何处理被利用人的刑事责任很成问题。

提问者（张绍谦教授）：在这种情况下能否构成片面共犯？日本刑法理论界中对片面共犯的态度是什么，利用有故意工具的行为与片面共犯有什么区别？

高桥则夫教授：在日本，承认片面共犯，但只承认片面的帮助犯。刚才的案例在理论上可以解释成片面帮助犯，而且，如果从纯理论研究的角度而言，该案既可以按间接正犯进行处理，也可以按片面帮助犯进行处罚。

贾宇教授：成年人利用没有成年的人实施犯罪，12 岁小孩有故意和没有故意时如何处理，山口厚教授和陈兴良教授在理解上存在分歧，而我认为这主要是由于中日刑法体系的差异而造成的。在日本，认定犯罪先考虑有无故意的存在，如果 12 岁的人有故意则构成共犯，再讨论有无责任和是否处罚。而在我国，刑事责任能力、刑事年龄与刑事责任是联系在一起的，如果没有达到刑事责任年龄，则不构成犯罪。

提问者（山口厚教授）：根据你的逻辑，您认为在利用有故意的工具时，在理论上间接正犯和共犯都能成立，但是否有仅成立间接正犯的可能呢？

陈兴良教授：感谢贾宇教授的补充。在中国刑法理论中，有故意的工具只有成立犯罪的情况下才构成共同犯罪，如果被利用人不具备刑事责任年龄或责任能力，则不构成共犯而构成间接正犯。

提问者（冯军教授）：高桥则夫教授在您文章中谈到，母亲命令自己 12 岁的小孩去实施抢劫，母亲成立共同正犯。母亲的行为为什么成立共同正犯，母亲的行为是否具有实行行为性呢？是否具有行为支配性呢？

高桥则夫教授：对于母亲的行为应该具体分析。如果小孩有很强的自主性，母亲没有很强地支配儿子行为的话，则不能成立间接正犯，连教唆犯也不能成立。但在共谋共同正犯中，日本刑法理论和实践中对于母亲的实行行为性做了很宽的理解。例如在本案中，母亲的行为构成共同正犯是没有问题的，但日本司法实践中过多地认定此类行为构成共同正犯也是一个问题。

提问者（邱兴隆教授）：教唆完全具有刑事责任能力的人实施犯罪和教唆不完全刑事责任能力的人实施犯罪，是否都构成间接正犯？

陈兴良教授：教唆未满 14 周岁的人实施任何犯罪都构成间接正犯；教唆已满 14 周岁未满 16 周岁的人犯刑法第 17 条第 2 款规定的犯罪的，构成共同正犯；教唆已满 14 周岁未满 16 周岁的人实施刑法第 17 条第 2 款规定的以外犯罪的，构成间接正犯。

提问者（邱兴隆教授）：在这样的前提下，我想问陈兴良教授三个问题。1. 我国刑法规定教唆未满 18 周岁的人犯罪的应当从重处罚是否只能适用已满 14 周岁未满 18 周岁的人？2. 如果只适用于他们，是否违背了立法精神？3. 按你的观点，教唆有刑事责任能力的人的刑事责任比教唆未满 14 周岁的人犯罪的刑罚重，这是否与立法精神相反，如何理解？

陈兴良教授：我国刑法第 29 条规定的是，教唆未满 18 周岁的人犯罪的才从重处罚，也就是说，只有被教唆人的行为构成犯罪才有对教唆犯从重处罚的可能。未满 14 周岁的人实施的行为根本不构成犯罪，不存在教唆犯成立的问题。因此，也不与立法精神相违背。对于第三个问题，我认为涉及到对正犯和教唆犯的评价问题。在我国，间接正犯就所犯罪行负完全责任，而教唆犯仅就所教唆之罪承担责任，因此，在司法实践中确实会出现你所说的那种问题，但我认为这与我国一贯的“首恶必办”的精神是相一致的。当然，对于这种立法，我个人是有保留意见的。

共犯与身份研讨综述

杜国强[①]

2002年10月13日下午，中日刑事法学术讨论会在武汉大学人文科学馆举行了第四场报告会，会议论题为《共犯与身份问题研究》。首先，由中方代表、中国人民大学法学院赵秉志教授作了《共犯与身份研究——以职务犯罪为视角》的学术报告；日方代表、日本东京大学山口厚教授宣读了其论文《日本刑法中的"共犯与身份"》；随后，与会代表就有关问题展开了深入的研讨。

一、关于身份的概念

中方学者认为，由于身份一词在中国刑法中尚无明确规定，目前存在的主要是学理上的解释。理论界的通说为：犯罪主体的特殊身份是指刑法所规定的影响行为人刑事责任的行为人人身方面特定的资格、地位或状态。概言之，刑法中的身份是指法律明文规定的对定罪量刑具有影响的一定的个人要素。中国学者一般在广义上理解身份之涵义，认为其构成特征包含三个方面：一为事实特征，指身份是一定的个人要素。二是实质特征，指身份对定罪量刑有影响。三为法律特征，指身份由法律明文规定。认为

① 杜国强，武汉大学法学院博士研究生。

基于罪刑法定原则之要求，身份都应由法律规定，包括法律确认，不得随意扩张或限制解释。日方学者则以判例为基础，认为身份“不仅仅局限于男女性别及本国人外国人间的差别、以及亲属关系、公务员资格等，而且是与一定犯罪行为有关的犯罪人在人的关系上的某种特殊地位或状态”。日方代表介绍了学界关于身份是否需要有某种程度之持续性的争议情况，主张对身份持广义的解释，并依据这一观点，认为目的犯的“目的”也属于身份，并主张对事后强盗罪中的“盗窃”严格区分：认为在先行者所实施的盗窃行为构成既遂的情况下，有把“盗窃”理解为是构成身份的余地；但在先行者所实施的盗窃行为构成未遂的情况下，不能将事后强盗罪中的“盗窃”理解为刑法第 65 条中的身份。另外，将“盗窃”理解为责任身份也存在困难。事后强盗罪是盗窃与基于法律所规定的目的而实施的暴力、胁迫的结合，因此事后参与者的罪责只能适用共犯的一般原理来解决。

关于身份的分类，日方代表根据刑法第 65 条之规定，认为身份有构成的身份与加减的身份、违法身份与责任身份之分，另外还有一种所谓“消极的身份”，是指以不存在一定身份而构成的身份；中方代表则在分析比较中外理论界关于身份之不同分类的基础上，主张依照身份对定罪量刑的作用将身份分为定罪的身份与量刑的身份两种，认为这一分类方式不仅对解决单纯的身份或者说单个人的身份犯的刑事责任有实际意义，而且对解决共犯与身份犯的问题也有实际意义，其他分类皆可容纳于这两类之中。

二、关于共同犯罪与身份的关系

中方学者首先对中国、日本和中国台湾地区理论界关于共犯的概念、分类等问题进行了比较研究，然后从定罪与量刑两个方面对共犯与身份问题进行了探讨。在定罪方面，具体分为五种情形：其一，在纯正身份犯中，身份者加功非身份者的，二者成立共犯，非身份者至少构成胁从犯，故对非身份者依据共犯原理追究刑事责任与罪刑法定原则并不矛盾。其二，身份者互相加功或与非身份者互相加功的，依照法律具体规定或以身份者的行为性质定罪。其三，公职身份者相互加功的，如所谓的斡旋受贿，应以身份者对身份者之加功来解释其定罪关系。当被加功者（被通过其职务上的行为的国家工作人员）明知自己所处的关系、境地、事情真相时，构成共犯；被加功者若属被利用，则对加功者以间接正犯论处。其四，纯正身份犯中，公职身份者与非公职身份者互相加功的，如国家工作人员与公司、企业人员共同非法占有、挪用单位公款或收受贿赂的情况。认为我国目前理论界存在的分别定罪说、实行行为决定犯罪性质说和主犯行为性质决定说等均存在一定的缺陷，主张根据为主的职权行为确定共犯的性质，即由共犯主要利用的职权决定犯罪性质，具体包括两层意思：第一，普通身份者加功于特殊身份者的犯罪行为，由于以后者身份所含的职权内容为主，故以后者的行为定性；第二，特殊身份者加功于普通身份者的犯罪行为时，由于前者的身份所含之职权居于次要地位，故以后者的行为定性。其五，非纯正身份犯中，身份者加功于非身份者。由于中国刑法对不纯正身份犯没有规定不同罪名，故在有身份者单独实施该罪时，罪名同一；有身份者加功（协力）于非身份者，亦不改变罪名，但量刑不能以从犯处理，相反，却应当从重。这一原则适用于刑法分则对定罪量刑有基本的规定，量刑也不发生刑度或刑种之改变的情况。在量刑方面，与中国台湾地区“刑法”和日本刑法体现的“异罪异罚”原则不同，中国刑法对共犯与身份的量刑关系的解决原则是“同罪异罚”。

日本代表也从两个方面论述了共犯与身份的定罪与量刑问题。（一）无身份者对有身份者加功的场合。日本代表详细介绍了日本理论界围绕对刑法第 65 条的解释存在的几种相互对立的学说。其一，认为刑法第 65 条第 1 款规定了构成的身份的连带作用，第 2 款则规定了加减的身份的个别作用。就构成的身份犯而言，无身份者构成身份犯的共犯；就加减的身份而言，无身份者构成无身份犯的共犯。其二，认为第 1 款是对所有身份犯所构成的共犯作了规定，第 2 款则是对加减的身份犯的处刑作了特别的规定。按照这种解释，无身份者可以构成身份犯的共犯，而就加减的身份犯而言，则对无身份者处以非身份犯的共犯的刑罚。其三，主张对身份应进行实质上的区别，认为第 1 款是有关构成的违法身份犯的规定，第 2 款是有关加减的违法身份犯的规定，但根据身份的有无，违法性评价也应该各不相同，也就是说责任身份是在个别地发挥作用。按照这种解释，在责任身份犯的情况下，无身份者构成无身份者的共犯。在违法身份犯中，在加减的违法身份犯的情况下，无身份者构成无身份犯的共犯；而在构成的违法身份犯的情况下，尽管无身份者构成身份犯的共犯，但其刑罚也应该被酌情减轻。其四，认为第 1 款规定了违法身份的连带作用，第 2 款规定了责任身份的个别作用。就以违法身份为要件的违法身份犯而言，无身份者构成身份犯的共犯；就以责任身份为要件的责任身份犯而言，无身份者构成非身份犯的共犯。日方代表在对以上观点进行评析的基础上，认为第四种观点是较为合理的。（二）有身份者对无身份者加功的场合。认为对于构成的身份犯而言，由于不能认定无身份者具有犯罪的构成要件符合性，因此，对此予以加功的有身份者作为共犯也是不可罚的（在某些情况下，有身份者可能作为身份犯的间接正犯而被处罚，则另当别论）。对于加减的身份犯而言，尽管可以认定无身份者可能具备非身份犯的构成要件符合性而构成非身份犯的共犯，但对此予以加功的有身份者则并不构成非身份犯的共犯，而是依照刑法第 65 条第 2 款的规定，构成与身份的存在相对应的身份犯的共犯。

三、与会代表共同研讨

报告结束后，与会代表就有关问题进行了热烈探讨。首先，由中、日双方报告人相互提问及解答，然后由其他与会代表分别向报告人提问。

赵秉志教授（以下简称“赵”）：关于身份的概念，日本的判例为什么采取广义的身份概念，例如将目的也视为身份？在日本，广义与狭义的概念何者为主流？您主张哪一种观点？

山口厚教授（以下简称“山”）：这涉及到能否适用第65条第2款的问题，例如，营利目的的麻药进口罪与无营利目的的单纯麻药进口罪的处罚不同，采用广义的身份概念可以拓宽第65条第2款的适用范围。由于广义的概念更有利于被告，故在日本目前占主流地位。我本人也主张广义的概念。

山：无身份者对有身份者加功，对无身份者以身份犯定罪是否违背罪刑法定原则？其实质理由是什么？

赵：罪刑法定原则贯穿于整个刑法中，中国刑法总则中虽没有共犯与身份的规定，但有共同犯罪的规定，分则中个别条款也有身份犯与共犯的规定，因而与罪刑法定原则并不违背。这样定罪的根据在于共同犯罪理论与身份犯理论的结合。

赵：对两种具有不同身份者分别利用自己职权共同实施犯罪的，在日本是如何处理的？

山：教唆犯与帮助犯均从属于正犯之罪名，以实行行为者的身份为准；对于共同正犯，如单纯侵占罪与业务侵占罪，则适用刑法第65条第2款分别定罪。

赵：但是，第65条第2款只是加减的身份，是否在日本刑法中也没有关于这一问题的相应规定？如果分别定罪是否还是共同犯罪？

山：刑法第65条第2款不仅包括量刑，而且也包括定罪。

郑州大学法学院张绍谦教授：我国刑法理论以二人共犯同一罪为共同犯罪，但是对于军人和普通公民共同盗窃部队枪支、弹药的，按盗窃、抢夺枪支、弹药、爆炸物罪和盗窃、抢夺武器装备、军用物资罪哪一罪处理都不合适，这是否意味着我们有必要对共同犯罪的理论重新考虑。

赵：仍应依有身份者的实行犯定罪，分别定罪说虽然可以解决一小部分犯罪的定罪，但可能带来更多的问题，当然对这种情况在理论上可以继续探讨。

武汉大学法学院博士生黄嵩：（案例略）对于两种具有不同身份者共同实施犯罪的，应当如何处理？

赵：一般可根据为主的职权行为确定共犯的性质。在无法分清主次的情况下，应采取有利于被告的诉讼原则，即“就低不就高”的方式进行处理。例如国家工作人员与公司企业人员共谋，分别利用各自的职务便利，共同非法占有单位财物的，在无法分清主要利用何人的职权时，应以职务侵占罪定罪。

经过紧张而热烈的讨论，中日刑法学者对彼此的刑法理论有了更深刻的了解，并在许多问题上达成了共识。这对于完善我国有关共犯的立法，正确指导司法实践有重要的意义。

有组织犯罪的概念研讨综述

王明星①

有组织犯罪成为当今威胁人们生存安全的热点问题，中外学者对有组织犯罪的研究也是方兴未艾。对于有组织犯罪的概念，学界争论颇多。有的学者从犯罪学的角度对有组织犯罪的概念加以分析，有的学者则从刑法学的角度对有组织犯罪的概念进行研究。其中，争论的焦点在于：第一，定义之争；第二，范围界定；第三，人数标准。这些争论主要是由于两国刑法规定的差异性，正如日本著名学者西原春夫教授所说，中国规定了有组织犯罪这一类型，而日本在刑法中未作任何规定；并且，中国在刑法分则中明确规定了“黑社会组织”、“恐怖组织”、“间谍组织”以及“邪教团体”等概念，而这在日本刑法中却难觅其踪。

一、有组织犯罪的定义之争

日本学者川本哲郎教授认为，有组织犯罪的定义为“以暴力为宗旨，实施追求利益的活动的具有反社会性的逸脱集团的犯罪”。在日本，一直以来，有组织犯罪的代名词往往就是暴力团犯罪。最近，有组织犯罪的概念有所扩大。之所以不再局限于暴

① 王明星，武汉大学法学院博士生。

力团所实施的犯罪，而是把对象扩大到有组织所实施的犯罪，主要是因为发生了有日本公民以外的犯罪组织所实施的偷渡事件，有宗教团体所实施的凶恶事件以及由公司等法人组织所实施的欺诈商业行为等案件。

我国学者莫洪宪教授认为，有组织犯罪的概念有刑法学意义上和犯罪学意义上之分。在本届中日刑事法学术讨论会报告者论文中，莫教授主要从刑法学的角度对有组织犯罪的概念进行了分析。认为，所谓有组织犯罪，是指以获取经济利益为目的，10人或10人以上采取暴力和贿赂为主要手段，组成具有组织结构而又长期稳定，严重破坏经济、社会生活秩序的黑社会（性质）组织的犯罪活动。如此以来，有组织犯罪必须是以获取经济利益为目的。这就把邪教组织犯罪、恐怖活动组织犯罪排斥在有组织犯罪之外，因为邪教组织以及恐怖活动组织往往带有政治目的，宗教问题、民族问题致使这两类组织对经济利益的关注程度要远远轻于有组织犯罪。

日本学者川本哲郎教授提出，对于中国刑法第294条所规定的有组织犯罪概念进行限定性的解释，是否会导致有组织犯罪的范围过于狭窄，在处罚有组织犯罪上是否会遇到障碍。比如，应如何处理恐怖活动组织以及邪教组织等犯罪活动？对此问题，莫教授指出，对于刑法第294条所规定的有组织犯罪的概念进行限定性的解释，是根据我国相关的司法解释和立法解释所得出的结论。2002年4月28日，全国人民代表大会常务委员会对于“黑社会性质组织”的含义问题作了如下解释，黑社会性质组织应当具有以下特征：（一）形成较稳定的犯罪组织，人数较多，有明确的组织者、领导者，骨干成员基本固定；（二）有组织地通过违法犯罪活动或者其他手段获取经济利益，具有一定的经济实力，以支持该组织的活动；（三）以暴力、威胁或者其他手段，有组织地多次进行违法犯罪活动，为非作恶，欺压、残害群众；（四）通过实施违法犯罪活动，或者利用国家工作人员的包庇或者纵容，称霸一方，在一定区域或者行业内，形成非法控制或者重大影响，严重破坏经济、社会生活秩序。

二、有组织犯罪的范围界定

对于此问题，争论的焦点在于：有组织犯罪是否应当包括邪教组织、恐怖活动组织、犯罪集团以及间谍组织，还是仅仅指黑社会（性质）组织？

日本学者川本哲郎教授认为，有组织犯罪应该包括暴力团、国际犯罪组织、宗教团体以及企业。其中，所谓的“暴力团”，是指该团体的成员有助长集团地或者常习实施暴力的不法行为危险的某种团体。其特点主要在于，它以“老大”为首脑，仿效封建家长制，有拟制的血亲关系而构成，并以“上命下从”关系为基础而形成的组织。进入日本的国际犯罪组织主要有“香港三合会”、偷渡承包组织“蛇头”、“俄罗斯黑手党”、“韩国盗窃集团”以及“伊朗人毒品秘密贩卖组织”等。宗教团体主要指“奥姆真理教”等邪教组织。企业主要指从事有组织犯罪活动的一些企业。比如“养老金会 Orange 互助组织”完全是以欺诈为目的的欺诈组织。

莫洪宪教授认为，由于中日各自刑法的规定不同，致使两国学者在理解有组织犯罪方面存在着较大差异。在我国，从刑法学的角度，对有组织犯罪应从狭义上理解。因为刑法上有组织犯罪的概念主要是对司法实践中认定有组织犯罪有所裨益，故而，莫教授认为，有组织犯罪不应包括邪教组织犯罪、恐怖活动组织犯罪、间谍组织犯罪以及犯罪集团犯罪。但是，从犯罪学的角度对有组织犯罪下定义时，则应从广义上进行理解，此时有组织犯罪应该包括邪教组织犯罪、恐怖活动组织犯罪、间谍组织犯罪以及犯罪集团犯罪。因为刑法学应以公平正义为最高价值理念，而犯罪学则以秩序功利为最高追求目标。

我国著名刑法学家高铭暄教授认为，有组织犯罪应当包括邪教组织犯罪、恐怖活动组织犯罪以及犯罪集团犯罪。但把间谍组织犯罪排斥在外，认为间谍组织往往是代表一个国家或者一个地区的利益而组织起来的组织，具有浓厚的政治色彩，故而，有组织犯罪不应包含间谍组织犯罪。高教授还认为，我国刑法第 26 条第 2 款所规定的犯罪集团为总则的一般性规定，刑法第 120 条所规定的恐怖活动组织的犯罪、第 294 条所规定的关于黑社会性质的犯罪以及第 300 条所规定的邪教组织犯罪则属于分则中的特殊规定，它们之间的关系为一般与特殊的关系。并且指出，由于刑法分则的特别规定，有实施刑法第 120 条所规定的恐怖活动组织的犯罪、第 294 条所规定的关于黑社会性质的犯罪以及第 300 条所规定的邪教组织犯罪行为的，直接适用分则的特殊规定即可。其中，陈兴良教授也持此观点。

我国著名刑法学家赵秉志教授认为，把有组织犯罪界定为黑社会（性质）组织和犯罪集团较为合适。并且认为，把有组织犯罪限定为黑社会（性质）组织有违立法初衷，与我国的犯罪现状不太符合。赵秉志教授认为，日本以《暴力团对策法》为依据，仅规定了暴力团的概念。日本学者川本哲郎教授关于有组织犯罪的概念属于犯罪学上的概念还是属于刑法学上的概念？对此，川本教授认为，在日本，有组织犯罪属于法律上的概念。

日本学者川本哲郎教授对于有组织犯罪不包括邪教组织犯罪产生疑惑，提出中国政府如何处理“法轮功”的问题。日本著名学者西原春夫教授也提出了第 26 条第 2 款所规定的犯罪集团与刑法第 120 条所规定的恐怖活动组织的犯罪、第 294 条所规定的关于黑社会性质的犯罪以及第 300 条所规定的邪教组织犯罪的关系问题。

为何把有组织犯罪界定为黑社会（性质）组织犯罪呢？莫洪宪教授认为，主要基于以下理由：第一，1979 年刑法第 23 条涉及到犯罪集团的问题，而鲜有学者称之为有组织犯罪，学者及司法实务界对有组织犯罪的关注刚开始也仅限于1997年刑法所规定的黑社会（性质）组织犯罪。对于邪教组织犯罪的广泛关注也是在“法轮功”被政府认定为邪教以后的事情。而对于恐怖活动组织的深入研究则始于美国“9·11事件”。由此可以得出结论，在1997年刑法刚颁布时，有组织犯罪指的就是黑社会（性质）组织犯罪。第二，《联合国打击有组织犯罪公约》第2条规定，“有组织犯罪集团”是指由3人或多人所组成的，在一定时期内存在的为实施一项或多项严重犯罪，或根据本公约确立的犯罪，以直接或间接获得金钱或其他物质利益而一致行动的有组织结构的集团。由此可以看出，国际上认可的有组织犯罪应当是以经济利益或其他物质利益为目的的组织。如此以来，基于政治目的、宗教目的或者民族目的的邪教组织犯罪、恐怖活动组织犯罪、间谍组织犯罪以及犯罪集团犯罪就不包括在本公约所界定的有组织犯罪之列。为了与本公约协调一致，把有组织犯罪限定为黑社会（性质）组织犯罪是比较恰当的。第三，既然在司法实践中，对于触犯第294条规定者就不再用刑法总则中关于犯罪集团的规定，也表明黑社会性质组织已经脱离犯罪集团而独立存在，那么，把有组织犯罪限定为黑社会（性质）组织犯罪也未尝不可。

三、有组织犯罪人数的标准

在我国大陆刑法学界，对于有组织犯罪的人数标准有“3人说”、“9人说”和“10人说”。日本学者关于人数的标准较为宽泛，如川本哲郎教授认为2至3人也可以实施严重危害社会的行为，2人同样可以构成有组织犯罪。我国刑法学者多数认为“3人说”比较合适。

莫洪宪教授认为“10人说”较为合适。具体理由如下：(1)防冤的需要。从2000年底开始，中国开展了狂飙突起的“打黑除恶”运动，各地公安机关快速行动，仅在去年8个月的时间

(2001年4月至12月)，全国各级人民法院处理带黑社会性质的有组织犯罪案件3 000多件，判处罪犯12 000多名。中共中央政法委今年3月25日召开全国电视电话会议，对“严打”整治斗争进行再动员、再部署，继续把“打黑除恶”作为这场斗争的重点，以维护社会秩序。“严打”要求“从严从快”处理，如果不从认定标准上严格把握，难免会出现冤案。(2)组织规模的要求。黑社会性质组织是中国内地有组织犯罪的最高组织形式，犯罪集团是其形成的前兆，其规模一般而言不能太小。在人数要求上，她认为应当在10人以上方能构成有组织犯罪。也正如最高人民法院院长肖扬强调多年的一句话：“黑社会性质犯罪，没有后台和保护伞是绝对不能做大的。收买和贿赂政府官员是有组织犯罪的通常手段，在中国更是如此，凡是存续五六年以上的黑社会组织，都有保护伞。”(3)与犯罪集团区别的最重要的标准。我国刑法第26条第2款规定：“3人以上为共同实施犯罪而组成的较为固定的犯罪组织，是犯罪集团。”(4)实践证明的结果。在司法实践中，无论是浙江温岭的“张畏涉黑案”，还是四川“狄绍伟涉黑案”，河南“梁胜利涉黑案”等，没有一个低于10人标准的。(5)法律明确性的要求。对于有组织犯罪的人数标准并没有明确规定，为了利于司法实践中认定有组织犯罪，也很有必要对有组织犯罪的人数标准加以研究。为何强调10人为最低标准？原因主要在于罪刑法定原则中明确性的要求，正如刑法中规定的刑事责任年龄一样，必须严格定罪标准。(6)“10人说”并没有违反法律的规定，因为1997年刑法仅规定为多人参加的组织，10人也属于多人。《联合国打击有组织犯罪公约》规定了3人或者3人以上，可以说，10人说也未违反此公约。

有组织犯罪的对策研讨综述

张　勇①

日中双方学者就预防和控制有组织犯罪的现状、法律对策以及社会对策等问题深入细致地进行了阐述，并发表了各自的观点和看法。

大泉隆史先生指出，近年来，日本在同有组织犯罪斗争方面采取了一系列的立法措施，并于2000年12月在《联合国国际有组织犯罪公约》上签字，并且准备在2003年提出与实施该条约相配套的国内法草案。他着重介绍并探讨了日本于1998年制定的有组织对策三法：《处罚有组织犯罪法》、《通信监听法》、《部分修改刑事诉讼法的法律》。一是阐述了处罚有组织犯罪法有意强化了对有组织犯罪的处罚，规定了有组织犯罪的加重类型；规制犯罪收益，规定了对洗钱行为的处罚、对犯罪收益的没收和追征、可疑交易的申报制度以及有关没收和追征的国际协助程序等。二是探讨了为侦查犯罪而监听通信的法律有效性、必要性，监听制度与宪法的关系，监听通信的条件、实施、事后措施等 。三是部分修改刑事诉讼法，防止证人的身体、财产受到侵害，减轻、消除证人不安的问题。

贾宇先生认为，有组织犯罪是当今国际社会普遍关注的一个

① 张勇，武汉大学法学院刑法学专业博士生。

严峻的社会问题，具有组织性、经济性、社会区域性、政治腐蚀性、暴力性等特点，需要针对有组织犯罪提出一套以兼顾预防和惩治，社会预防和法律救济并重，内外结合的防治措施体系，堵源塞流，标本兼治，才能取得理想效果。一是在社会对策方面，宏观上应通过加强社会管理，健全社会结构与整合机制，堵塞有利于有组织犯罪形成的诸种消极因素的分化、组合，阻止黑社会组织的出现。包括大力加强社会主义民主政治建设、发展社会主义市场经济、加强文化道德教育、加强社会治安综合治理等。微观上通过加强社会保障制度建设、加强对流动人口的管理力度、加大金融机构管理力度、加强枪支弹药等危险物品的管理工作、加大边防出入境的管理力度，以防止有组织犯罪的形成与扩大。二是在刑事法律对策方面：1. 完善刑事立法。应明文规定有组织犯罪的单位主体，进一步明确和增加具有自首立功情节的有组织犯罪的减免刑和人身保护制度等，适当加重有组织犯罪的法定刑，并引入财产刑，完善有关洗钱犯罪的规定等。2. 健全刑事司法。应成立专门的反有组织犯罪机构，采取特殊的侦讯技术，或允许检察机关对有组织犯罪直接立案侦查，在法律允许范围内，借鉴西方的污点证人司法豁免制度。3. 刑罚方面，对于不同犯罪人确定具有显著区别的刑种、刑度，做到方法适当，处刑合理，在刑罚适用和执行中注重法律实施的社会效果和犯罪人的再社会化。

大泉先生、贾宇先生及与会学者在热烈的学术气氛中就有组织犯罪的对策问题进行了认真的交流和切磋。讨论情况如下：

贾宇：在中国，最高人民法院 2000 年 12 月的司法解释将“保护伞”作为有组织犯罪的特征之一。在日本，有组织犯罪有无类似“保护伞”的存在，如何应对之？

大泉：在日本，实践中会遇到下级警察卷入有组织犯罪的情况，而对高层警官来说是不存在的，暴力团也无法企望警察高层或者检察官卷入有组织犯罪之中。日本对犯罪的侦查主要由为数

20余万人的警察负责，另外有经过严格选拔出来的高素质的检察官，为数1万余人。根据刑事诉讼法的规定，检察官负责指挥和监督警察的侦查活动，并具有建议惩戒处分警察的权力，这就从制度上有效地防止和遏制了警察的违法侦查活动和腐败现象。警检双方形成了传统上良好的配合和制约关系。例如在处理奥姆真理教的案件中，当时警方准备只对东京地区进行搜查行动，但检察机关认为是不够的，应当将搜查行动扩展到其他地区。虽然双方产生了分歧，但警方最后服从了检察机关的意见，结果是十分圆满的。

贾宇：我从新闻媒体上了解到，日本对“沙林毒气案”的主犯判处死刑，惩罚可谓严厉，但对奥姆真理邪教组织仅给予观察处分，在日本法律上是否有对之取缔的可能？

大泉：当时检察官确实申请过对该组织给予解散处分，警察审查委员会考虑到奥姆真理教对社会的威胁虽未消失，但还未到解散它的程度，所以给予其观察处分。

贾宇：请介绍一下日中检察机关协助打击有组织犯罪活动的情况。

大泉：从1998年起，日中警方首脑就协助打击有组织犯罪活动问题举行会谈，以后每年都召开会议。双方的合作十分有效。例如，去年秋天，日方根据中方情报破获了一起大规模集团偷渡案件。

大泉：1997年中国进行刑法改革，修订后新法的有关有组织犯罪的规定有何变化？

贾宇：修订后的刑法首次在刑法条文中明确规定了“组织领导参加黑社会性质组织罪”、“入境发展黑社会性质组织罪”、“包庇纵容黑社会性质组织罪”三个罪名。2000年12月4日最高人民法院做出司法解释，规定了黑社会性质组织的具体特征，即组织性、经济性、保护伞、暴力性。2002年4月全国人大作出立法解释，取消了其中保护伞的内容。

大泉：贾宇先生在报告论文中主张在中国司法改革中应赋予检察官独立的侦查权，是基于何种理由？

贾宇：因为带有黑社会性质的有组织犯罪有其特殊性，它与司法、行政中的腐败现象密切相关。在中国，检察机关对职务犯罪有侦查权，如将带有黑社会性质的有组织犯罪的侦查权赋予检察机关，则更能够有效地打击此类犯罪。

大泉：污点证人制度在西方的必要性在于承认被告人的沉默权，但中国并无规定沉默权，是否有必要引入污点证人制度？

贾宇：污点证人制度可以看做是一种通过司法豁免，鼓励罪犯作证，从而分化犯罪的鼓励性措施，这一点对中国惩治和打击犯罪是有积极意义的。

西田典之：日本法律将洗钱的行为方式规定为接受和隐藏，中国法律将哪些行为包括在洗钱行为当中？

贾宇：中国刑法第191条规定了洗钱罪的行为，后来在刑法修正案中增加规定。

田口守一：请问贾宇先生，监听通信制度在中国是如何规定的？

贾宇：在中国，对犯罪嫌疑人进行监听必须由公安机关负责人或检察机关主管副检察长批准，监听人员无权自行决定。

王明星（武汉大学博士生）：大泉先生在报告中谈到的有组织犯罪的概念是否仅指暴力团？贾宇先生在报告中的有组织犯罪的概念是否以经济目的为必要？

大泉：我在报告中所说的有组织犯罪并不限于暴力团，这与《有组织犯罪处罚法》的规定是一致的。

贾宇：实践中，有组织犯罪基本上都具有经济目的，《联合国有组织犯罪公约》中所规定的有组织犯罪也是以经济为目的的。因此，我在探讨有组织犯罪的对策时，强调了有组织犯罪的经济性。至于有组织犯罪的概念，当然不能局限于黑社会性质组织的犯罪。

大会讨论记录

叶小琴①

一、共犯的分类

时　间：周六上午（2002.10.12）
主讲人：西田典之教授，林亚刚教授
主持人：田口守一教授，李希慧教授
翻　译：金光旭副教授

(一) 主讲人互相提问

西田典之教授问林亚刚教授： 共犯有两种分类法，即分工分类法和作用分类法，林教授认为应该结合两者。那么请问：（1）实行犯是实施了刑法中构成要件该当行为的人，请以盗窃罪为例，解释其在中国的概念。（2）例如，甲主谋，命令乙去杀害丙，甲起主要作用，乙成立杀人罪吗？（3）法律已经规定了主犯、从犯、教唆犯和胁从犯，应该只要区分这几种概念就可以了，理论上是否有进一步探讨其他分类的必要？（4）中国刑法第29条规定了教唆犯的处罚，中国历史上历来从重处罚造意，刑法上有无单独规定教唆犯的必要？是为了处罚教唆未遂吗？（5）

① 叶小琴，武汉大学法学院2001级刑法学硕士研究生。

在日本，实践中对于实施实行行为的人也有按照从犯、帮助犯处罚的情况，例如犯罪集团的头目将麻药让手下交给他人，手下只构成麻药转让罪的从犯。望风的人是仅仅在具体盗窃场合起作用，还是整个盗窃谋划到实行的过程都起作用？

林亚刚教授回答：（1）实行行为既包括起主要作用的人，也包括起次要作用的人。（2）起次要作用的人也有实行犯，实行犯与正犯不完全相同，本例中甲与乙都是实行犯和主犯。（3）教唆犯是按照分工分类的，中日两国的从犯概念不一致，日本的从犯在中国是对从犯的行为的具体表现形式，需要区别其异同。（4）教唆犯是按照分工进行分类的惟一共同犯罪人，只有再根据作用来分析，才能确定刑事责任。重罚造意是古代的说法，是理论研究的说法，现行刑事政策仍对其作用进行分析，实事求是地归入主犯或从犯。（5）整个过程可以构成主犯。

林亚刚教授问西田典之教授：（1）日本通说认为教唆的未遂不可罚，但如果教唆非常严重的犯罪，如国事犯罪，仍然不可罚吗？（2）部分犯罪行为共同说抬头，但如果被教唆的人实行过限，构成既遂还是未遂？"部分"的实质是罪名还是行为上的共同？

西田典之教授回答：（1）有特别规定时才处罚，如内乱罪处罚阴谋，但阴谋罪是一个独立的罪名，如被教唆之人未犯内乱罪，仍处罚，此时处罚的不是教唆的未遂行为，因为阴谋行为是实行行为。（2）日本也有这种趋势。根据刑法第38条规定，完全犯罪共同说认为正犯与教唆犯均构成杀人罪，行为共同说根据刑法45条的规定得出相同的结论。

（二）会议代表向主讲人提问

高桥则夫教授问林亚刚教授：首先谈一点感想，中日两国的法律规定不同，但在实践中，日本按照作用处理，中国的胁从犯比较特殊，在其背后操纵的人如何处罚？

林亚刚教授回答：按照作用处罚。

齐文远教授问西田典之教授：必要共犯与任意共犯的分类意义，是行为形式上的意义？还是构成要件意义上的意义。如果是行为形式上的意义，则无存在的必要，以日本刑法的第 184 条的重婚罪为例，被欺骗而重婚的也要处罚吗？

西田典之教授回答：例如，集团犯只规定对主谋和随从人处罚，主体是特定的，但对其他人员如何处罚呢？日本判例对集团外部的人也可适用共犯的处罚。又如，对象的共同参与中，刑法只对一方规定了处罚，另一方的处罚呢？故必要的共犯与任意的共犯的区分有实际意义。例如，日本战前刑法对送贿行为没有处罚，故理论上必须解决受贿行为的另一方的处罚问题。被欺骗而重婚的人的处罚，根据被欺骗方对重婚的认识来决定，但在实践中即使有认识，存在故意，因为有起诉犹豫制度，也不一定处罚。

问：（1）日本有共谋共同正犯之概念，但这与正犯的概念有矛盾。中国则有组织犯的概念，包括在主犯中，能更好地解决实践中对未实行犯罪但谋划了犯罪的人的刑事责任问题，不知西田典之教授如何认为？（2）林亚刚教授认为共犯不是我国的概念，但这只是在总则范围内成立，分则有大量的"共犯"规定，这种矛盾造成了共犯分类的混乱和实践中处罚的无章。林亚刚教授认为呢？

西田典之教授回答：我认为共谋是实行犯或未实行但起了主要作用的人，也有学者认为是共同正犯。对组织犯，实践中比现行刑法处罚更重，故有日本 1969 年的组织犯罪对策法。

二、共同过失与共犯

时　间：周六下午（2002.10.12）

主讲人：张明楷教授，佐久间修教授

主持人：张绍谦教授，山口厚教授
翻　译：金光旭副教授

（一）主讲人互相提问

张明楷教授问佐久间修教授：（1）过失共同正犯成立的本质是有共同的注意义务，如何解释？例如，甲与乙均无航行经验，两人共同驾驶船舶出海，甲还提醒乙注意安全，结果发生事故，甲与乙是否有共同的注意义务？（2）教唆他人犯罪，但造成加重结果，如何处理？例如，甲教唆乙故意伤害，但乙造成被害人死亡，甲对此的责任如何？日本对此的理论观点和判例如何？（3）监督过失与管理过失：①几乎每个监督者也是被监督者，监督过失责任追究责任到哪一个层次为止？②对他人的故意犯罪所造成的结果，存在过失的管理者是否承担刑事责任？如博物馆管理人员因过失未建立安全制度，造成文物被盗的情形。

佐久间修教授回答：（1）在一个工地上，两人共同作业，如果一方对另一方有监督的责任，则认为存在共同的注意义务。例如两人在屋顶往下扔砖瓦，即具有共同注意义务。例子中，驾驶船舶的是乙，故不存在过失犯的共同正犯，也就不存在共同的注意义务。（2）甲要承担伤害致死罪的教唆犯，因为日本的判例认为伤害致死罪中行为人对致死部分不需要存在过失，教唆犯更是如此。（3）①以过失责任追究责任时，是有限制的，行为人与结果有直接关系时，才追究责任，如公司的总经理直接参与了决策的作出，就必须承担过失责任。②日本对人身权利的伤害才追究过失责任，对财产犯罪不追究过失责任。如果本例中将文物被盗改成火灾，造成人身伤亡，则可以追究过失责任。

佐久间修教授问张明楷教授：（1）中国的立法否定过失的共同犯罪，根据在于行为人缺乏共同的犯意联络。但如果两人在屋顶往下扔砖瓦，两人之间存在意思联络，此时仍否认过失的共同犯罪有什么根据？另外，实践中如果行为人的共同过失行为造成严重结果时，仍不处理，没有不方便吗？(2) 两人的共同行为造成结果发生，谁的行为与结果之间有因果关系不能确定时，中国有人主张构成过失的共同犯罪，实践中处理时有无困难？

张明楷教授回答：(1) 我在解释论中是解释通说的理由，其中的犯意联络是指故意，不包括过失。我主张心理联络即可，不一定要客观上的犯意联络。(2) 这要看是从解释论还是立法论的立场，如果从立法论的立场讨论，作为一种建议，是可行的，但从解释论的角度则行不通。司法实践中很混乱，有时按照过失的共同犯罪处理，有时不认为是犯罪。

(二) 会议代表向主讲人提问

林亚刚教授问佐久间修教授：故意犯罪不存在具体的义务，结果加重犯场合造成严重结果发生时，教唆者、帮助者、实行者之间的共同注意义务如何？

佐久间修教授回答：共犯人的共同注意义务是对过失犯的共同正犯来说的，在教唆犯和帮助犯的场合不存在此问题，实行犯的注意义务违反与教唆犯的注意义务违反是两个问题。这种说法是以学说的通说来说的，但判例中，只要对基本犯存在过失即可。

何荣功硕士（武汉大学刑法学 2000 级）问张明楷教授：论文集第 26 页您使用的“其次”（张明楷教授论文“结论”部分的第二段中间）是否意味着同时犯也要遵循部分实行全部责任的原则？

张明楷教授回答：这是对通说而言的，前提一定是要有共同过失，同时犯不存在共同的故意或过失，当然不适用此原则。

刘艳红副教授问佐久间修教授：故意犯罪中存在教唆犯、帮助犯，其共同犯罪的犯意忽左忽右，不存在过失的共同犯罪的犯罪人的分类，不存在过失的教唆犯，帮助犯，只存在过失的共同正犯，这是否与解决复数犯罪人的复杂刑事责任问题这一共犯制度的宗旨相违背?

佐久间修教授回答: 过失犯除了共犯问题外,还需要关注共同的注意义务,过失犯的教唆犯和帮助犯不能成立犯罪,因为立法有明文规定,但是对过失犯的故意教唆与故意帮助,我认为可以从解释论上存在。

王安异博士(武汉大学刑法学 2000 级)问佐久间修教授: 屋顶扔砖瓦的案例中,是否可以认为不同罪过形式可以构成共同犯罪?

佐久间修教授回答: 故意犯和过失犯的共犯是不成立的,过失犯的场合如果介入了故意犯,则因果关系中断,过失犯不成立,但故意犯是否成立则要具体考察立法。

陈忠林教授问佐久间修教授: 共同犯罪究竟是一个行为一个罪还是几个行为几个罪?如果是一个行为一个罪,那么如何解释共同犯罪人的责任问题?例如,教唆者按照故意伤害致死罪处理,被教唆者按照杀人罪处理,如何解释?一个行为为什么存在不同的行为形态?如是几个行为几个罪,共同行为如何解释?

佐久间修教授回答: 复数人的行为造成一个结果,均符合分则的犯罪构成,那是单独犯。但在实践中,行为人只实施了部分行为或仅仅以某种方式参与犯罪,但均对犯罪结果的发生产生了影响的情形,共犯理论是为了解决这些场合的定罪量刑问题。教唆杀人的虽未实行杀人行为,但根据总则可处罚,但总则的规定将分则的规定扩展了。

冯军副教授问张明楷教授: 论文集第 26 页"但是,意思的联络……只要有一般意义的意思联络即可……因而任何一方对他方造成的事实、结果,只要具有预见可能性,就必须承担责任"(张明楷教授论文"结论"部分的第二段末尾)的主张是否自相矛盾?

张明楷教授回答: 这里并没有谈过失的共同正犯的条件,因为通说提到"意思的联络",故我认为只要有一般的意思联络就可认为可以构成过失的共同正犯。

齐文远教授：(1) 问佐久间修教授：日本以处罚故意犯为原则，处罚过失犯为例外，过失共同正犯理论的提出是否意味着这个原则的动摇？(2) 问张明楷教授：承认过失共同正犯如何解决罪刑均衡问题？

佐久间修教授回答：日本刑法确实如此规定，但这与处罚过失共同正犯不矛盾，如共同过失致人死亡，刑法 210 条规定的才处罚。

齐文远教授再问佐久间修教授：日本的分则不是以单独犯的既遂为模式吗？

佐久间修再回答：在分则中，对单独犯的处罚只有刑法有规定时才处罚，而对于共犯则是根据总则第 60 条的共犯规定处罚，这里，刑法第 38 条的规定不能适用。

张明楷教授回答：不能是抽象的罪刑均衡，两人共同过失导致他人死亡时，两人的行为都与死亡结果有因果关系，其刑事责任都要与刑法相适应。

西田典之教授：(1) 问张明楷教授：中国立法上不承认过失的共同犯罪在于中国的通说采取犯罪的共同说。那么，甲有杀人的故意，乙有伤害的故意，不知道谁的刀子将丙杀死时，如何处理？在日本，一般是甲构成故意杀人罪，乙构成故意伤害致死罪。(2) 问佐久间修教授：部分犯罪共同说如何处理？

张明楷教授回答：支持部分犯罪共同说。甲构成故意杀人罪，乙构成故意伤害致死罪，对致死部分以外成立共同正犯。如甲乙共同盗窃，甲望风，乙进屋盗窃，后乙为了窝藏赃物而对丙实施抢劫行为，那么甲乙在共同犯罪的范围成立盗窃罪的共犯，乙另成立抢劫犯，这是在共同犯罪的基础上定罪的。

佐久间修教授回答：同意张明楷教授的说法。您举的例子中，甲乙在伤害致死罪的范围内成立共同犯罪，对甲的杀人行为另定杀人罪。

西田典之教授追问：对致死行为的双重评价是否妥当？

佐久间修教授回答：伤害致死罪只评价到伤害为止，杀人罪则评价后面的行为，无双重评价。

张明楷教授回答：无双重评价。中国不承认过失的共同正犯，故对致死罪不能成立共犯。共犯只到伤害为止。

高桥则夫教授发言：中国不可能对伤害致死成立共同正犯，只能对伤害成立共同正犯，对致死只能按照单独犯处理。

张明楷教授：我的意思就是如此。

三、间接正犯

时　间：周日上午（2002.10.13）

主讲人：高桥则夫教授，陈兴良教授

主持人：佐久间修教授，齐文远教授

翻　译：金光旭副教授

（一）主讲人互相提问

高桥则夫教授问陈兴良教授：（1）您建议在中国刑法中引进间接正犯的概念，会不会对中国现行的共犯论形成冲击，甚至使其崩溃？（2）是否有另一种可能，将间接正犯定位于教唆犯，在此范围内划分主犯和从犯？（3）您将间接正犯的着手时间定位于利用行为开始时，对于处罚教唆未遂的立法规定而言，是否没有特别的意义？

陈兴良教授回答：（1）共犯有法定的分类与理论的分类，中国学者解释中国刑法时以法定的分类为框架，然后将正犯解释在法定的按照作用分类的类别中，如起主要作用，则解释为主犯。故在中国刑法引进间接正犯的概念，不会对中国现行的共犯论形成冲击，甚至使其崩溃。虽然我个人对中国的法定分类有看法，但在立法已有规定的情况下，必须从解释论的立场通过解释使其变得更加合理。(2) 在中国刑法中，“教唆不满 18 周岁的人犯罪的，应当从重处罚”（刑法第 29 条），有学者认为这也包括不满 14 周岁的人，我不同意这种观点，一般将此处解释为已满 14 周岁不满 18 周岁的人。而且，即使如此，这也不能包括间接正犯的其他形式，所以不能将间接正犯包括在教唆犯中。中国的司法实践中有将教唆不满 14 周岁的人犯罪按照教唆犯处理的。但是，最近最高人民法院有一个判例：母亲教唆不满 14 周岁的女儿投毒杀死其父亲。最高法院刑事审判一庭讨论时有两种意见：间接正犯和传授犯罪方法罪（载于《刑事审判参考》），结论是按照间接正犯处理。因此，间接正犯的概念已经进入最高法院法官的视野，以后也必然在司法实践中越来越多地发挥作用。(3) 两者有一定联系。根据中国刑法理论，教唆犯的着手时间为教唆行为的开始，如被教唆人未实行犯罪，则以未遂论。间接正犯的利用行为是一种特殊的实行行为，应该以利用行为开始为实行行为的开始。

陈兴良教授问高桥则夫教授：(1) 对于间接正犯的问题，有的学者将其放在共犯论中研究，但也有的学者将间接正犯作为实行行为的一种，将其放在行为论中研究。哪种观点在日本居于主流？您是否同意主流观点？(2) 利用有故意的工具时，被利用者的行为是故意犯罪，但此时利用者的行为如何定性？如：甲有破坏通信设施的故意，欺骗乙说设施无用，唆使乙去盗窃。此时乙有盗窃的故意，而无破坏通信设施的目的，故构成盗窃罪。但是，甲为盗窃罪的教唆犯和破坏公用电信设施罪（刑法第 124 条）的想像竞合犯，日本刑法中如何处理？(3) 间接正犯的实行的着手时间（论文第 46 页，高桥教授论文的第四部分）您认为被利用者未实施犯罪时，构成预备；被利用者已经实行犯罪或未遂时，利用者着手。这是否违反了着手标准统一性？间接正犯的未遂是否处罚？如处罚，是否与日本刑法中不处罚教唆犯的未遂有冲突？

高桥则夫教授回答：（1）很难说在日本哪种学说居于主流。山口厚教授在一本专著中将其放在实行行为论中讨论，但在另一本教材中为了将其与其他共犯相区别而在共犯论中研究。(2) 例子中：如果通信设施中有一个关键性部件，甲唆使乙去盗窃。甲依破坏通信设施罪的间接正犯处理，乙只有盗窃一个小零部件的故意，情节微小，甲也成立盗窃罪的教唆，两者竞合时，轻的盗窃罪被吸收。但是，我不知道司法实践中是否真的有这样的案例。(3) 被利用者实施行为的时间为利用者的着手，未遂是否成立以是否有结果发生的具体危险为标准，我以是否有具体危险的发生为统一着手时间标准。日本刑法不处罚教唆未遂也是因为没有结果发生的具体危险，这一点与我的见解是统一的。

高桥则夫教授问陈兴良教授：最高院案例中被告人的女儿是多少岁？

陈兴良教授回答：12 岁。

高桥则夫教授问陈兴良教授：我刚才的报告中也有一个母亲唆使 12 岁的儿子抢劫的案例（论文集第 45 页关于（4）的第三个示例），结论是共同正犯，中国不能这样吗？

陈兴良教授回答：日本法院不仅考虑刑事责任年龄，还具体判断其刑事责任能力吗？此时，小孩是否构成犯罪？如不构成，是否意味着日本法院采用行为共同说，即使一方不构成犯罪，仍成立共犯。如 12 岁小孩单独实施抢劫，是仅判断其刑事责任年龄，还是要具体判断其刑事责任能力？

高桥则夫教授回答：单独犯时不满 14 周岁时不构成犯罪。在日本，这是共犯从属性问题。原来要求具备构成要件符合性、违法性、有责性才成立共犯，现在具有构成要件该当性和违法性即可，有责性是不要求的。例子中，小孩知道毒药情况吗？

陈兴良教授回答：是。

高桥则夫教授回答：此例日本会判母亲与女儿构成共谋共同正犯。

（二）会议代表向主讲人提问

山口厚教授问陈兴良教授：关于利用有故意的工具：（1）您的例子中利用人与被利用人的故意内容不同，在中国是不能以共犯论处的。此种情况下您认为间接正犯成立，有何实践性根据？（2）两者故意相同时，例如同为杀人故意，间接正犯是否成立？如何进行实质性的正当化？

陈兴良教授回答：（1）故意的同与不同应依法律的规范标准。例子中一人有盗窃的故意，一人有破坏通信设施的故意；但两者在盗窃的故意上是相同的，故利用者是想像竞合。从主客观上找根据，主观是有利用他人破坏通信设施的故意，客观上有利用行为，被利用者的盗窃行为即是间接正犯的行为，符合中国的犯罪构成理论。（2）故意相同如何理解？中国1979年刑法有故意杀人罪和反革命杀人罪，以反革命目的区分，但两者均有杀人的故意，利用者成立反革命杀人罪的间接正犯。如在利用有故意的工具时两者的故意完全相同，不能成立间接正犯，间接正犯是利用有故意无目的的工具，此时成立共同犯罪。

童德华博士（武汉大学刑法学99级）问高桥则夫教授：作为前提性标准，区分共犯与正犯要考虑主观。佐久教授认为还要考虑行为的支配、危险性等因素。高桥教授认为规范的行为支配中成立间接正犯，那么事实的行为支配呢？例如：乙唆使丙在一定的时间、地点将甲杀死；甲听到，甲想杀死×，故邀约×在乙和丙商定的时间去乙和丙商定的地点，结果丙将×杀死。德国提出“正犯背后的正犯”的概念，但是：（1）没有犯罪意思的沟通如何形成行为的共同？（2）利用行为如何支配被利用的行为？（3）利用行为与结果的发生之间的因果关系？高桥教授认为不成立“正犯背后的正犯”的概念，应成立间接正犯。但这对以上三个问题难以解释。我认为，用“正犯背后的帮助犯或共犯”的概念更能体现行为者的责任。

高桥则夫教授回答：我论文第45页的例子，有两种处理，一种是杀人犯的间接正犯，利用人相对处于支配地位、处于优越地位，影响了丙的行为。但成立片面帮助犯也可，不过此时被害人不同，由甲替换成×了，此例属于客体错误。丙成立杀人罪，无疑议，但甲的行为值得探讨。

张绍谦教授问高桥则夫教授：日本刑法中对片面共犯如何看待？利用有故意的工具与片面共犯的区别？此案能否按片面共犯处理？

高桥则夫教授回答：日本只处罚片面帮助犯，本例以此处罚是有可能性的。能否对第二个问题举一个例子帮助理解？此例理论上甲可成立片面帮助犯，但我承认利用有故意的工具属于间接正犯的情形，山口厚教授是不承认的，我认为在×死亡之中，甲处于优越地位，起了主要作用，故成立间接正犯更合适。

贾宇教授发言：我感觉两人没有讨论到一起。陈教授说利用12岁的人杀人，12岁的人有故意时构成共同犯罪，无故意时构成间接正犯。我认为，这是由于中日刑法的判断体系不同。日本首先考虑共犯成立，本例中两者均有故意，有行为，故不成立间接正犯。至于刑事责任年龄，是有责性的判断问题。我国犯罪的成立与责任的认定是一致的，是否成立犯罪与刑事责任能力的判断同步，如已经知道其无刑事责任年龄，就不会去判断有无故意，在中国只能按照间接正犯处理。不知我的理解对不对？

山口厚教授发言：利用有盗窃故意的人去破坏通信设施成立间接正犯，利用有杀人故意的人去杀人，理论上共同正犯与间接正犯均可成立，但在判断上则不同。

陈兴良教授发言：贾教授作了非常重要的补充。间接正犯中，是先判断共犯是否成立，排除这种情形，故成立间接正犯。利用有故意无目的的工具犯罪，如工具成立犯罪，就谈不上间接正犯了，那是共同正犯。

冯军教授问高桥则夫教授：您论文第45页的例子中，母亲为什么会成为共同正犯？您说："母亲的指示、命令也不足以压制长子"，母亲的指示不具有很强的压制性，故不具有实行行为性。那么，如何成立共同正犯？

高桥则夫教授回答：母亲的指令对长子的行为没有强烈的影响，定间接正犯不合适，定教唆犯也不合适，因为先考虑间接正犯。

冯军副教授问高桥则夫教授：母亲的实行行为性呢？

高桥则夫教授回答：共谋共同正犯中对实行行为的概念已经作了非常宽松的扩大，共谋行为已经被视为实行行为。但是，司法实践中会容易扩大共谋共同正犯的适用范围，这是一个大问题。

邱兴隆教授问陈兴良教授：确认这样一个问题：间接正犯的成立，教唆完全不负刑事责任的人与部分刑事责任的人犯任何罪，教唆人当然构成间接正犯，不负教唆犯的责任？

陈兴良教授回答：教唆不满 14 周岁的人犯任何罪，或者教唆已满 14 周岁不满 16 周岁的人犯刑法第 17 条规定的 8 种罪以外的罪，成立间接正犯。教唆已满 14 周岁不满 16 周岁的人犯 8 种罪的犯罪构成共同正犯。

邱兴隆教授问陈兴良教授：（1）"教唆不满 18 周岁的人犯罪从重处罚"是否只适用于 14～16 周岁犯 8 种罪和 16 周岁以上犯所有罪的情形？（2）如果认为只适用于这两种情形，是否人为地缩小了立法精神，违背法律解释的原理？这是适用限制解释，按照当然解释不满 18 周岁的人应包括所有 18 周岁以下的人。（3）教唆年龄大的人犯罪的刑事责任比教唆年龄小的人犯罪的刑事责任小，这与立法精神是否相悖？

陈兴良教授回答：（1）请邱教授注意法律的规定是"教唆他人犯罪的"，我是一般的学理解释。（2）这是间接正犯与教唆犯的刑事责任评价问题，一般间接正犯的刑事责任应大于教唆犯，间接正犯相当于自己实施犯罪，应承担全部责任，教唆犯是对教唆部分承担责任，故刑法才规定“教唆他人犯罪的”。我国刑法有“首恶必办”的传统，但这值得商榷。

四、共犯与身份

时　间：周日下午（2002.10.13）

主讲人：赵秉志教授，山口厚教授

主持人：李洁教授，西田典之教授

翻　译；金光旭副教授

（一）主讲人互相提问

赵秉志教授问山口厚教授：您论文的第二部分与中国的有一定差异，我就身份问题的概念提出几个小问题：（1）日本的判例为什么要采取广义的身份？根据和用意何在？（2）日本理论界是广义说还是狭义说占主流？（3）山口教授自己的看法呢？

山口厚教授回答：（1）意义在于，对身份掌握得宽是为了适用刑法第65条第2款（论文集第77页）。如走私麻药罪和以营利为目的的走私麻药罪，如前者加功于后者，就可以将后者解释为身份犯，可适用这一款。

赵秉志教授：如果不如此，那一般的人就可以直接适用后罪。这样解释原本是为了从宽处罚，但是这样解释后定罪更加严格，同时脱离了身份的原意。

山口厚教授：被告人具有以营利为目的的，直接适用后罪即可，但如其没有此目的而与有目的的人一起走私麻药，不如此解释就会构成以营利为目的的走私麻药罪共同正犯，处罚更重。如此解释就适用第65条第2款，有利于被告人。（2）与判例相同的观点占主流，这样对被告更有利。（3）我也如此。

山口厚教授问赵秉志教授：我就纯正身份犯提问：（1）无身份的人向有身份的人加功，适用有身份的人的罪名，从罪行法定原则出发没有问题吗？(2) 纯正的身份犯向无身份的人加功，适用有身份的人的罪名，其实质的理由何在？中国有无此方面的讨论？

赵秉志教授回答：(1) 不。罪行法定原则是总则的规定，但分则也有规定。中国刑法总则没有身份犯的规定，但不意味着如此会违反罪行法定原则。因为中国有共同犯罪的明确规定，分则关于特定身份犯的构成要件有明确的规定，将两者结合在一起就可以得出特殊主体的共同犯罪的结论。如果不这样，就不符合共同犯罪的实际情况，也不符合刑法的明文规定。另外，总则身份犯规定的缺乏在分则的一些条文中得到了弥补，如伙同贪污的分则规定就弥补了总则没有规定身份犯的缺陷。(2) 纯正的身份犯向无身份的人加功，适用有身份的人的罪名，实质的理由在于共同犯罪理论和特殊主体犯罪理论的结合。

山口厚教授：在日本，如没有刑法第 65 条第 1 款的规定，能否适用共犯的规定，理论上曾有讨论，但不充分。

赵秉志教授再问山口厚教授：两种身份的人分别利用身份，共同犯罪，日本如何处理？

山口厚教授回答：容易解决，其具有从属性的要件，罪名依照实施行为的正犯来确定。关键是共同正犯。例如，日本有委托物侵占罪、业务侵占罪，适用第 65 条第 2 款的规定加减业务侵占罪的共犯，单纯委托物侵占罪的共犯的刑罚。

赵秉志教授追问山口厚教授：这还是不是共同犯罪？第 65 条第 2 款不能解决，其只是解决了刑罚的问题，日本没有统一的身份犯的规定？

山口厚教授回答：第 65 条第 2 款不仅仅是量刑的规定，也是犯罪性质的规定，不同犯罪之间能否成立共犯？中国实行完全犯罪共同说，日本则是部分犯罪共同说或行为共同说，可以承认。

（二）会议代表向主讲人提问

张绍谦教授问赵秉志教授： 现役军人与普通公民共同盗窃部队枪支，均为共同正犯，定哪个罪（盗窃罪和盗窃武器装备罪）都不合适，共同犯罪的理论是否有重新思考的必要？

赵秉志教授回答： 这不是共同犯罪的难点所在，这是有身份者和无身份者共同犯罪，按照有身份者的行为定罪。我认为，难点在于具有不同身份的人共同犯罪，定哪个罪都不合适，将共同犯罪局限于同种犯罪解决了一小部分问题，但是带来了更大的问题和实践中的混乱。

童德华博士（武汉大学刑法学99级）发言： 中国刑法总则没有身份犯的规定，赵教授已经从实质上作了解释，我想从形式上补充：日本原来从形式上理解共犯，但现在已经开始从实质上理解共犯，是从形式说到实质说的转变。中国过去对共犯的分类以作用为主，但现在也开始以实质为主，兼顾形式说的内容，日本总则规定身份犯只是使无身份的人与有身份的人共同犯罪的处罚更有依据。中国没有规定，但“两人以上共同犯罪”的规定并没有身份要求。

陈兴良教授： 没有补充，与我的观点一样。

黄嵩博士（武汉大学刑法学2001级）问赵秉志教授和山口厚教授： 就赵教授提出的难点提问：关于贷款诈骗罪，由于金融机构内部的人员有两种身份，国家工作人员和其他人员实施贷款诈骗，分别定贪污罪和职务侵占罪，但是两者相勾结共同贷款诈骗，分别利用其身份时，如何处理？并请山口教授回答日本的处理方式。

赵秉志教授回答： 以为主的职权来定罪量刑，可以解决绝大多数情况的定罪。当然，有时分不清主要和次要，可以按照有利于被告人的原则，即就低不就高来处理。我的观点主要是强调不能分别定罪。

山口厚教授回答：日本的贪污罪没有主体区分，但有一般委托物侵占罪和业务侵占罪，如果这种情况在日本，国家工作人员和其他人员分别定贪污罪和职务侵占罪。

赵慧博士（武汉大学刑法学 2002 级）发言：关于无身份的人加功于有身份的人的处罚，赵教授认为构成统一罪名，日本则按照不同罪名。这涉及到从属性的理解，从属性包括成立、处罚、罪名的从属性。从属性在我国是严格的从属性，日本则仅指成立或处罚从属性，片面的犯罪共同说中融入了的内容。

山口厚教授发言：日本不采取完全犯罪共同说，是因为实践中的很多案件无法处理。如杀人罪和伤害罪在伤害的范围内是重叠的，部分犯罪共同说可以解释。但是部分犯罪共同说仍然存在问题，又出现行为共同说，甲伤害乙杀人，甲和乙伤害致死罪的共同正犯成立，另外乙成立杀人罪的单独犯，是法条竞合，所以出现行为共同说。

陈忠林教授问山口厚教授：（1）共同犯罪在拉丁语是指多人参与犯罪，这样犯罪共同说是共犯理论的原始形态。现在的理论不能解决实践问题，缺陷究竟在哪儿？为什么法律作出许多例外的规定，理论上出现许多例外的学说？（2）如果有故意无目的人能成为工具，相同犯罪故意的他人的行为不能成为工具吗？如果可以，那么教唆犯也如此，那么间接正犯还有无存在之必要？

山口厚教授回答：共犯理论之所以这么费解，是因为大家有不同的违法观和责任观。但现在的理论仍然是对共同犯罪的原始理论之发展。利用有故意的人作为犯罪工具，是有一定要件和标准的，并不能全部归入工具之列；对于教唆犯来说，正犯必须有实行行为，而在实践中却不全部如此，故有必要保留间接正犯的理论。

大谷实教授小结发言：1997 年的中国新刑法最大的特点就是规定了罪行法定原则，日本在共犯领域如何遵守罪刑法定原则呢？日本提出了正犯的概念，实行行为成为一种明确的概念。所以，我预测中国1997年刑法中，中国会以正犯为中心规定共同犯罪，但实际与此相反。昨天上午，中日在概念上具有相当大的分歧，为了讨论需要付出相当大努力。到了下午，情况有了转变，中国学者非常有条理的整理概念，对过失犯理解得非常透彻。今天上午，中国第一位研究间接正犯的陈兴良教授作了精彩报告。今天下午，赵秉志教授提出了很多令日方有参考性的意见。有提问者也提出日本原来从形式上理解共犯，但现在已经开始从实质上理解共犯，是从形式说到实质说转变。又有提问者认为共犯论是否已经走到了尽头。在日本也有人认为，共犯论是令人绝望的一章。但这说明共犯有许多研究的问题。报告人相互提问的方式令我耳目一新，听众也提出了宝贵的意见，祝贺明天的大会圆满成功。

五、有组织犯罪的概念

时　间：周一上午（2002.10.14）
主讲人：川本哲郎教授，莫洪宪教授
主持人：高桥则夫教授，苏惠渔教授
翻　译：金光旭副教授

（一）主讲人互相提问

川本哲郎教授问莫洪宪教授：我补充一点日本与中国在对有组织犯罪处理上的不同，中国刑法第294条处罚参加组织的行为，日本不能。（1）对刑法第294条通过目的，暴力和贿赂，保护伞等作限定解释，将恐怖主义组织和邪教组织排除在外，在处罚的范围上是否过窄？（2）恐怖主义组织和邪教组织将如何处理？如法轮功？

莫洪宪教授回答：（1）刑法第294条未对黑社会性质组织作出界定，2000年司法解释和2002年立法解释对此作出了补充，

2002年立法解释现在是司法实践中的认定标准，两者有不同，我个人倾向于司法解释。(2) 对于恐怖主义组织和邪教组织有单独的规定，不属于刑法第294条的规定范围。

川本哲郎教授问莫洪宪教授： 保护伞在人大的解释上是选择性要件，对吗？

莫洪宪教授回答： 是，但我个人不赞成，我个人倾向于司法解释。

莫洪宪教授问川本哲郎教授： (1) 日本的暴力团对策法强调有组织犯罪的集团性，是否在认定上只需要这种特征？(2) 您在介绍有组织犯罪的现状中介绍了四种，那么日本是不是有这四种类型？但是您在分析犯罪原因时则分为两种情况，主要分析暴力团，为什么？

川本哲郎教授回答： (1) 论文集第84页，既有集团性，也有常习性的限定，但法律中有指定暴力团与一般暴力团的区别；效果是构成人从事违法行为，公安委员会可以发出禁止从事这种行为的行政命令，如其不从，则以不遵从行政命令的理由来动用刑法，其逃避法律制裁，经常动用临近犯罪行为的违法行为，只能采取处罚行政犯的方法加以处理。(2) 暴力团对策法只规定了暴力团的犯罪对策，没有针对其他三种，故有组织犯罪对策法对其他三种加以处罚。

莫洪宪教授问川本哲郎教授： (1) 暴力团的准成员按照暴力团对策法如何处理？ (2) 日本有指定暴力团和一般暴力团的区分，那么后者是否绝对按照暴力团对策法处理？

川本哲郎教授回答： (1) 暴力团对策法只适用于暴力团的正式成员，所以暴力团将许多正式成员转为准成员来逃避处罚。(2) 日本有24～25个被认定为指定暴力团，占了暴力团成员的一半，本法是为了对危害最大的暴力团进行对策，指定暴力团的构成人，以便处罚。

川本哲郎教授问莫洪宪教授： (1) 在集团性人数的认定上，

2～3人也有危害性很大的情况，我个人认为2～3人也可以构成集团，您10人的标准的根据何在？(2) 存在国际犯罪组织，犯罪组织之间有时互相勾结，有时也互相争地盘，中国也有如日本一样的实体法对策吗？香港是中国的一部分，如何对付跨地区的犯罪组织？

莫洪宪教授回答：(1) 我国的立法无规定，只有总则规定犯罪集团是3人以上，两者除了在组织化程度上有区别外，10人也是为了与其相区别。联合国关于打击有组织犯罪的公约第2条"3人或多人"，立法上既可以是明确的规定，也可以是模糊的规定，我国已经签署了这个公约。(2) 签署公约使我国必须承担国际义务，这对于我国的立法和司法将产生影响，我正在进行这方面的研究，我本人承担这一个课题。[(翻译问) 现在还无立法？] 无。

（二）会议代表向主讲人提问

赵秉志教授 问川本哲郎教授：日本的有组织犯罪过去仅仅限定在与暴力团有关的犯罪，是犯罪学还是刑法学的概念？刑法学的概念有无特征的概括？问莫洪宪教授：(1) 您在论文中将中国的有组织犯罪等同于黑社会性质组织犯罪，那么在中国将有组织犯罪限于黑社会将犯罪集团排除的根据何在？好处如何？(2) 您的论文中主张用黑社会来表述有组织犯罪，这与立法的原意是否吻合？与其犯罪现状是否一致？

川本哲郎教授回答：有组织犯罪是法律上的概念，以往怕规定有组织犯罪会影响结社的自由，但窃听的法律涉及到私人的权利，反对意见比较大。

莫洪宪教授回答：(1) 有组织犯罪在组织特征上有独立于正常社会的运转系统，在经济特征上攫取暴利，政治特征上虽然不是政治团体，但其发展与政治活动密切相关，必须通过政治收买来生存发展，这些是集团犯罪所不具备的，因此将集团犯罪排除在外。(2) 立法上确实是“黑社会性质组织”，有组织犯罪各国有具体的国情。在我国，有些团伙集团升格为集团犯罪，有些地方黑恶势力升格为有组织犯罪，这均有案例佐证，黑白合流的特征越来越明显。有学者针对典型案例中的组织，与国际上典型的有组织犯罪进行比较，认为在犯罪规模和影响上不够，在我国只能以“性质”来说明。但是这应该如何来比较？是比较有组织犯罪的规模和影响，还是基础和特征？我认为，只要有组织犯罪的条件具备，形态上具有有组织犯罪本质特征，能对主流社会形成控制机制。我认为我国的有组织犯罪从形式上比较完善，有组织犯罪在立法上有两种形态，更加符合国内的实际。

赵秉志教授问莫洪宪教授： (1) 您的提法与立法当然不吻合。我的问题关键是，立法者认为我国不存在黑社会而采用“性质”的提法，您这种提法与立法的初衷是否吻合？(2) 有组织犯罪与黑社会组织或黑社会性质组织哪一个等同更好？

莫洪宪教授回答： (1) 刑法第 294 条第 1 款的规定强调中国内地的有组织犯罪处于低级阶段，对于其向高级形态的发展缺乏预见性。黑社会组织与黑社会性质组织的性质相同，只是发展水平和成熟程度不同，用黑社会（性质）组织就可以统一。(2) 刑法第 294 条第 1 款对境内的黑社会组织进行的规定，没有考虑港澳的渗透，两者的性质没有区别，用统一的概念进行统一，可以避免法律上的漏洞，国际“有组织犯罪集团”定义，作为缔约国，中国要使国内的立法与其相吻合和统一。

西原春夫问： 莫教授的演讲水平很高，使我很受感动。我想将其与前两天的讨论结合起来提问：共犯的总则和分则规定的关系，总则规定共同犯罪、单位犯罪，尤其是刑法第 26 条的规定，分则规定了恐怖活动组织、邪教组织等，完全区别于分则的规定，还是包容关系？请莫教授或中方其他人员回答。

莫洪宪教授回答： 总则是关于集团犯罪的规定，刑法第 294 条是针对组织、领导、参加黑社会性质组织的行为，两者不同。

陈兴良教授回答：总则是对犯罪集团中组织、领导犯罪的人员的规定，是对组织犯的规定，是为了解决未实行犯罪但在犯罪集团中起组织、领导作用的人的定罪和量刑问题。在分则中，对于黑社会和恐怖活动组织的组织和领导行为作了规定，是特别规定，此时可以直接按照分则定罪量刑。其他的犯罪集团中，需要引用总则的规定解决定罪根据问题。

川本哲郎教授问莫洪宪教授：刑法第 295 条规定的传授犯罪方法罪，与总则帮助犯的规定的关系？为什么将传授犯罪方法罪放在第 293 条与第 296 条之间？

莫洪宪教授回答：教唆犯中也有传授犯罪方法，传授犯罪是犯罪要件的实行行为。这是按照犯罪所侵害的法益来对罪名进行分类。

张明楷教授回答：陈教授从必要的共犯不再适用总则的规定作了回答，我想从另外的角度再作回答。莫教授对有组织犯罪有自己的定义，第 26 条第 2 款规定“3 人以上共同犯罪的，是犯罪集团”，那么总则的规定是否适用分则有关有组织犯罪的规定，如果不适用则两者是相容的，如果适用则这两者是冲突的。这个问题还要由莫教授来回答。

莫洪宪教授问西原春夫教授：您是这个意思吗？

西原春夫问：分则关于特殊类型的组织犯罪的规定是对总则组织犯罪规定的限定性规定，那么立法者的意图是：将行为人作为特殊类型的共犯来处罚？还是对不包括在特殊类型中的组织犯罪不作处罚？

高铭暄教授发言：我下午有小结发言，本不就具体问题发言。但是，西原团长发言了，我比他还小几个月，也应该发言。莫教授对有组织犯罪有自己的定义，但定义范围太狭小。根据刑法第 26 条的规定 ，犯罪集团是犯罪组织，如果将犯罪集团排除在有组织犯罪之外是自相矛盾的。这一总则的规定是为了解决刑事责任问题，刑事责任问题具有普遍意义。刑法第 294 条规定的黑社会组织，刑法第111条规定的间谍组织，刑法修正案（三）规定的恐怖活动组织，参加就构成犯罪；还规定了邪教组织；还在刑法第358、365、317、318、364等条文中规定组织什么罪，这算不算有组织犯罪？涉及这些行为时则直接适用分则的规定，我同意陈兴良教授的观点。但犯罪集团不限于分则规定的集团，对于分则没有规定的犯罪集团的犯罪，总则的规定可以发挥作用。

西原春夫问：感谢大家对我提问的回答。我和高老师之间这样的讨论可能是很难看到的一个光景。请允许我再提一个问题。刑法第294条处罚参加行为，黑社会性质组织成员如果实施了犯罪行为时如何处理？

高铭暄教授发言：处罚原则是数罪并罚。对第294条以外具体的犯罪要根据第26条确定其应当承担的刑事责任。

六、有组织犯罪的对策

时　间：周一下午（2002.10.14）

主讲人：贾宇教授，大泉隆史总务部长

主持人：陈忠林教授，川本哲郎教授

翻　译：金光旭副教授

（一）主讲人互相提问

贾宇教授问大泉隆史总务部长：（1）在中国，黑社会犯罪在官员的庇护下犯罪，存在保护伞的问题，日本是否存在这种问题？如果没有，那么是如何解决这种问题的？（2）日本对沙林毒气案的主犯处死刑，这表明日本对邪教的打击很严厉。但对于奥姆真理教这种已经确认的邪教组织仅仅处以观察处分，那么依照日本的制度能否彻底的取缔邪教？（3）您对中日合作打击有组织犯罪的情况很了解，能否作一个介绍？

大泉隆史总务部长回答：感谢贾教授的报告和提问。(1) 保护伞的问题涉及到许多很微妙的问题。作为中国的邻国日本的检察官，我希望中国的司法机构良好运转，这是出自对中国人民良好的祝愿，绝不是对中国的司法制度的恶意批判。我本着希望中国的司法改革能取得圆满的目的来阐述我的观点。在日本，有时警察会被卷入到有组织犯罪中去，但一般是下层的，高级的被卷入还是没有的，恐怕日本的暴力团也没有这样的奢望，能将高级的官员卷入有组织犯罪。当然，我了解日本的司法制度有不足，但清廉是没问题的，日本的国民也会同意这一点。有必要介绍对犯罪的侦查机构。侦查主要由警察机关负责。警察约有 20 多万人，另外还有麻药机关、保安队，检察厅有 11 000 名职员，其中检察官 1 014 人。要想成为检察官，必须是大学的法律专业毕业，然后通过司法考试，再经过 1 年半的司法研修。在日本，检察官和法官是公务员，但工资是其中最高的。在 11 000 人中，检察官是统管全局的。有最高检察厅、8 个地方检察厅、50 个地区检察厅。司法警察官负责侦查，由检察官加以监督。刑事诉讼法第 193 条规定检察官具体领导和监督司法警察官的活动，如其不服从，则可以向警察机关申请对其处惩戒处分，当然目前还没有发生这样的实际例子。司法警察确实与检察官相配合，服从其指挥。所以，警察如果想违法侦查，立假案等是很难的，因为有检察官的监督。这并不仅仅有法律的强有力的法律规定，更因为检察官指导有方，警察很服气，对检察官的指挥能力很敬佩。例如，对奥姆真理教的搜查，警察机关主张对其在东京的本部进行搜查，但检察官认为应该在其全国各地的分支进行搜查。虽然意见不同，但警察仍对检察官加以配合，取得了非常圆满的结果。在日本，警察机关有非常良好的传统，希望保持这种传统，有必要对新的检察官进行教育。检察官以维护国民的利益为出发点，追求平等、正义、真相等，我认为警察也是如此。正因为双方有共同的认识，才能由检察官指挥来实现公平正义。(2) 我们曾经向公安审查委员会申请解散处分，但没有获得批准。其理由是案件已经结束，犯罪的危险性已经没有，还达不到解散的地步。我们认为其危险性还没有完，继续对其处以观察处分。（3）例如，去年秋天我们根据中国警察机关的情报破获了一个集团偷渡的案件。1998 年两国商议开始实施治安当局协议，1999 年开始实施最高警察当局协议。日本的代表机关是法务省，中国是公安、外交、司法、海关等机关参加，对打击有组织犯罪起了很大作用。

大泉隆史总务部长问贾宇教授： （1）1997 年中国刑法、1996 年刑事诉讼法已修改，能否介绍新法与旧法在处罚有组织犯罪上的不同？（2）您主张司法改革中给予检察官独立侦查权，理由何在？这恐怕反映了您对检察官的期待，这对我们日本检察官也是一种启发。（3）您认为该引入污点证人制，但在国外，这是因为犯罪嫌疑人有沉默权，检察机关为了让其放弃权利，才让其在供述后免责。而中国的犯罪嫌疑人没有沉默权，还有必要引入这一制度吗？

贾宇教授回答：（1）1996 年的诉讼法修改没有关于有组织犯罪的专门程序规定，主要是在 1997 年刑法中有所体现，如刑法第 294 条规定了三个罪名，第 120 条规定了组织、领导、参加恐怖活动组织罪。2000 年 12 月 4 日有司法解释，2002 年又有立法解释，两者有不同。主要在于保护伞的地位上，前者要求有，后者不要求。鉴于立法解释的效力高于司法解释，我个人赞同立法解释。（2）日本与中国在检察机关和警察机关的运作机制上不同。中国的检察机关和警察机关是分工的关系，有其特殊性。官员的贪污贿赂等案件由检察机关侦查，一般刑事案件由警察机关侦查。如果警察在有组织犯罪的侦查过程中涉及到官员腐败问题，就很难有效的继续侦查，而检察机关在官员腐败的侦查权更有效，所以由检察机关来统一行使侦查权则能更加有效地侦查。（3）污点证人的司法豁免是一种奖励，这在中国的理由也是一样的。“如实供述”只是一种要求，如果犯罪嫌疑人不如实供述，我国的警察没有更有效的方法让其陈述，故给其司法豁免则能有效地分化有组织犯罪分子。

王明星博士（武汉大学刑法学2001级）：（1）问大泉隆史总务部长：您的报告中的对策只是对暴力团的对策吗？（2）问贾宇教授：您在有组织犯罪的定义中强调经济目的，是不是所有的有组织犯罪都是如此？根据我的推测贾老师也是将集团犯罪等排除在这一定义之外的。我国学界在1997年前很少提有组织犯罪，只是提集团犯罪、团伙犯罪，只有1997年刑法修改后才提出有组织犯罪。今天上午高老师提出了广义的有组织犯罪概念，从刑法学上我很赞成，但从犯罪学上来说，为了更有力地打击有组织犯罪，应将其定义限于黑社会组织。我国学界有很多学者在概念上适用广义的有组织犯罪，但在对策上则是仅仅局限于保护伞、三特征、四特征等，即局限于狭义。我非常赞成今天上午莫老师报告中的观点。

大泉隆史总务部长回答：暴利团对策法是针对暴利团犯罪，但有组织犯罪对策法则针对此外的有组织犯罪。所以我的报告是包括了暴利团犯罪和一般的有组织犯罪的对策。

贾宇教授回答：（1）我的报告贯彻了我对于有组织犯罪的定义，后文的对策也不仅限于黑社会犯罪。刚才是因为大泉先生问到了黑社会犯罪的立法状况，所以我着重谈了黑社会犯罪。（2）我对经济目的的强调主要考虑：区别于有政治目的组织；司法实务中恐怖活动组织、邪教组织也有经济目的，并不存在为了杀人而杀人的组织；此外，联合国打击跨国有组织犯罪公约中对有组织犯罪的定义也强调直接或间接获取经济利益。

西田典之教授问贾宇教授：（1）在对有组织犯罪的对策上，对洗钱行为的打击很关键。在日本，洗钱行为是指接受、隐藏犯罪收益的行为，那么中国的规定呢？（2）请问中国实际的有关洗钱罪案例？（3）中国是公约的缔约国，已经有了哪些立法，或者将会有哪些立法？

贾宇教授回答：（1）刑法第191条作了规定。（2）案例有，但我的手头没有资料，如果您感兴趣，我可以帮您查一下。（3）我仅仅将公约理解为有组织犯罪对策的参考，我并没有看到公约的文本，对此不清楚。这恐怕得求助于在场的中国专家。

田口守一教授问贾宇教授：对于中国引入污点证人制度，因为中国的犯罪嫌疑人无沉默权，我认为如果在其供述后对其免责，违反了诉讼法的有罪必究和以事实为根据、以法律为准绳的原则。(2) 日本有旁听通讯，中国有没有旁听通讯？在日本，强制搜查由检察官批准，如果中国有这种制度，那么在实际执行时是不是也如此？

贾宇教授回答：刑事政策上我们必须采取分化瓦解的做法，不违反有罪必究的原则。因为对有组织犯罪的打击关键在于对组织的打击，不是要落实到每一个犯罪分子。如果我们教条地理解法律的规定，我们就会使主要的犯罪分子如首要分子逃脱处罚。(2) 在侦查阶段，侦查机关负责批准侦听通讯，具体而言是由主管的副检察长或公安局局长批准，具体的侦查人员无权侦听通讯。

皮勇博士（武汉大学刑法学1998级）问大泉隆史总务部长：中国有组织犯罪越来越多地利用计算机等高新技术来实施犯罪，那么：(1) 日本的情况如何？(2) 日本有无针对性的措施？(3) 日本侦查机关的具体做法？

大泉隆史总务部长回答：(1) 也是如此。如奥姆真理教等邪教案件，另外如金融领域 。(2) 最近，对非法侵入他人的计算机修改资料的被规定为犯罪。(3) 主要是对警察进行培训，加强侦查能力。但在对有组织利用高新技术犯罪的现状的把握上存在相当的困难。

研讨会总结发言

高铭暄①

尊敬的西原春夫教授，
尊敬的马克昌教授，
尊敬的日本朋友，
尊敬的国内同行，
女士们，先生们：

21 世纪第 2 次（总第 8 次）中日刑事法学术讨论会，经过三天的紧张而有序的研讨，今天下午已进入尾声，即将宣告闭幕。

这次学术讨论会，在武汉大学校领导的关怀下，在武汉大学法学院刑事法研究中心的主办和武汉大学出版社、武汉市中级人民法院的协办下，经过与会全体人员的努力，开得非常成功，研讨得非常深入，效果也非常之好。

大会的研讨分两个阶段：前一阶段围绕共犯问题，研讨了共犯的分类、共同过失和共犯、间接正犯以及共犯与身份这样四个主题。后一阶段围绕有组织犯罪问题，研讨了有组织犯罪的概念和有组织犯罪的对策这样两个主题。有 12 位教授作了主题发言，也就是说，每个主题都有 1 位中国教授和 1 位日本教授分别作了

① 高铭暄，中国人民大学教授。

系统的、详细的、深刻的主题发言。主题发言之后，发言人之间互相提问、互相回答，之后由与会者提问、主题发言人解答。这当中有评议、有质疑、有辩驳、有交锋，可以说是你来我往，气氛热烈生动活泼。这种研讨方式，调动了与会人员开动脑筋的积极性，使研讨的问题得以展开，得以深入。举例说，在研讨“共犯的分类”问题时，就涉及到许多问题。根据我的笔记，归纳一下，涉及以下 8 个问题：(1) 日本刑法中的共犯分类和中国刑法中的共犯分类，共同点在哪里？区别点在哪里？(2) 实行行为的范围如何确定？盗窃现场的望风行为是实行行为还是帮助行为？(3) 中国一贯重视打击造意者，为什么教唆犯还有可能按从犯处理呢？(4) 实行犯是否都为主犯，还是也有从犯？(5) 在日本，教唆未遂是一概不可罚，还是也有例外？(6) 甲教唆乙伤害丙，而乙却杀了丙。甲、乙是否成立共犯？是什么罪的共犯？对甲、乙如何定罪？理论根据是什么？是采用犯罪共同说，还是部分犯罪共同说，还是行为共同说？(7) 必要共犯意义何在？甲有妻子，欺骗乙女与其结婚，甲构成重婚罪，乙女不知情，不能成立犯罪，能说甲乙是重婚罪的必要共犯吗？(8) 共同正犯与共同实行犯是同一概念还是不同的概念？当然，我的记录不全，也可能有遗漏。这样 8 个问题在不同程度上都做了一些讨论。虽然不能说都取得共识，但把问题提了出来，彼此交换了看法，就加深了对问题的了解。这就有助于进一步研究。

又比如，研讨“间接正犯”问题时，涉及了以下问题：(1) 如何划分间接正犯与教唆犯的界限？(2) 如何确定间接正犯的“着手”时间？(3) 间接正犯是构成要件行为中的问题，还是共犯中的问题？(4) 间接正犯的利用对象包不包括故意犯罪的情形？(5) 间接正犯中利用者和被利用者的故意内容能否不同？(6) 甲、乙共谋杀丙，丙闻讯以丁来代替自己，乙误把丁当成丙而杀之。这时对丙的行为如何评价？是片面共犯还是间接正犯？(7) 对间接正犯和教唆犯的评价，哪个轻，哪个重？(8) 间接正犯的概念和中国刑法共犯的分类有没有冲突？对这些问题展开讨论，同样有助于今后进一步的深入研究。

因时间关系，我只举这两个主题为例。实际上，6 个主题都有所展开，都涉及一系列有关的问题。从以上举例中我们可以看出，我们这次研讨会无论在广度上还是深度上都是值得称道的，也是可以引以自豪的。大谷实教授和宫泽浩一教授昨天和今天分别就第一阶段和第二阶段的研讨做了小结发言，他们两位对这次研讨会的评价都是肯定的。我赞赏他们的评价。

由于后面还有西原春夫教授的闭幕词，我已占用了不少时间，就此结束我的发言，谢谢大家。

闭幕式致辞

西原春夫[1]

尊敬的高铭暄先生，
尊敬的马克昌先生，
尊敬的苏惠渔先生，
尊敬的各位与会代表：

三天的研讨会转瞬即逝，又到了致闭幕词的时候。刚才高先生已经作了研讨会的总结发言，在此我首先想谈一下总体感受。

第一，我深感中国刑法学已经发展到了一个很高的水准。1988年，我与现在在座的华东政法学院苏惠渔教授一起在上海主持召开了第一届中日刑法研讨会，当时的印象是中国的研究人员以及实务部门的人员基本上不了解日本刑法学，并且研究人员之间好像并无观点上的对立，大家的想法也似乎完全一致。这一切距今也不过才14年的时间。

日本人提到中国的发展，首先想到的往往是北京、上海等大都市的高楼、地铁等硬件方面的建设，但我可以保证：中国刑法学的发展速度绝不亚于大都市的高楼大厦的建设。

第二，我深感在中国刑法学的快速发展之中，日本刑法学的意义越来越大。我认为之所以有此结果，其原因就在于大量的刑

---

① 西原春夫，日中刑事法研究会会长。

法学者辛勤地阅读了日本的文献资料，也更多地翻译了日本的文献资料，以及赴日研究日本刑法并将其介绍过来的学者日益增多。即便在此意义上，也可以说这次中日刑事法学术研讨会的意义与以前相比尤为重大。

第三，本次研讨会的日方参加者都深深地感受到了在座各位对学问的热情。很多日方与会者都特别提到了站在后面、自始至终目不转睛地聆听演讲的青年学子的身影，并为之深深感动。我深切地感到，三天以来一直充满会场的紧张热烈的学术空气正是中国刑法学得以不断发展的原动力。

第四，我想谈谈会议的组织承办工作。本次会议采取了同声翻译的形式，这对于节省时间、保持会议紧凑持续进行作用很大。所谓研讨会，我想当然存在无尽的讨论，这次会议保证了充足的讨论时间，应该说与会诸位都会有一种满足感。

另外，住处、餐厅、会场彼此很近，午餐后能有近一个半小时的休息时间，凡是种种，这些安排尤其令日方代表感动。下午能在精力充沛没有睡意的状态下参加会议，这不能不说是得益于会议组织者精心周到的安排。

第五，我还想说，这次会议之所以能圆满成功，翻译的出众能力是很重要的一个原因。第一次至第三次会议之时，尽管有优秀的专职“翻译”，但由于不是法律专业人才而往往不能恰如其分地翻译法律术语，因而在相互沟通上费劲不小，苏惠渔先生想必还记得这些往事。

现在涌现出如此多精通日语的法律专业人才，不能不说是得益于数十年来中日学术交流的不断深入。在此，我想与在座诸位一起向特意从美国赶回来的金光旭先生，以及张凌先生、黎宏先生、王昭武先生表示衷心的感谢！

总之，这次会议之所以取得巨大的成功，只能说是与以马克昌先生为首的武汉大学刑事法研究中心的各位先生的长期不懈的努力分不开的。不仅仅是会议本身的组织，就是在生活方面也作了无微不至的精心安排，从而使得我们在逗留期间没有丝毫不适之处，也度过了非常愉快的三天。在此，请允许我代表所有与会者，向以伟大的“后台”马先生，以及在幕后默默工作不为人知的总指挥莫洪宪先生为首的“马家军”的各位先生表示深深的谢意！

来年的9月下旬，21世纪第3次（总第9次）中日刑法研讨会将在日本的京都、也就是在大谷实先生担任总长的同志社大学召开。不能在日本接待所有在座诸位，我深感遗憾，我谨祝愿在日本古都——京都召开的会议取得丰硕成果！

谢谢大家！